国家社会科学基金（教育学）项目"新课程改革背景下的写作教学模式研究"（BAA110009）研究成果

浙江省温州大学教育学重点学科经费资助

现代教育学论丛

丛书主编⊙郑信军 彭小明

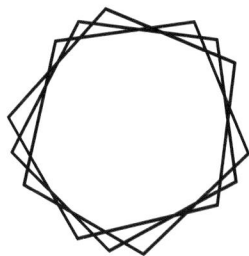

写作教学模式论

Models for Teaching Composition

彭小明 刘亭玉 等著

ZHEJIANG UNIVERSITY PRESS

浙江大学出版社

图书在版编目(CIP)数据

写作教学模式论 / 彭小明等著. —杭州:浙江大学
出版社,2015.5(2022.2 重印)
ISBN 978-7-308-14598-5

Ⅰ.①写… Ⅱ.①彭… Ⅲ.①作文课－教学研究－中
小学 Ⅳ.①G633.342

中国版本图书馆 CIP 数据核字(2015)第 073624 号

写作教学模式论

彭小明　刘亭玉 等著

丛书策划	
责任编辑	吴伟伟 *weiweiwu@zju.edu.cn*
封面设计	续设计
出版发行	浙江大学出版社
	(杭州市天目山路 148 号　邮政编码 310007)
	(网址:http://www.zjupress.com)
排　　版	浙江时代出版服务有限公司
印　　刷	广东虎彩云印刷有限公司绍兴分公司
开　　本	710mm×1000mm　1/16
印　　张	16.5
字　　数	261 千
版 印 次	2015 年 5 月第 1 版　2022 年 2 月第 2 次印刷
书　　号	ISBN 978-7-308-14598-5
定　　价	60.00 元

写作教学模式述评(代序)

彭小明

　　"模式"是我们现在常用的一个概念。《现代汉语词典》的解释是："某种事物的标准形式或使人可以照着做的标准样式。"①具体到写作学习、作文教学上，"模式"应该可以指值得遵循的、具有推广可能性的，并具有操作程序的"套路""招式"或"范式"。

　　新时期，特别是"新课改"以来，我国对中小学作文教学进行了有效的改革，涌现出了诸多教学模式，如观察分析表达模式、语言思维模式、文体中心模式、注重过程模式、分格作文、快速作文、快乐作文、读写结合、情境作文、想象作文、材料作文、话题作文、生活作文、活动作文、绿色作文、文化作文、新概念作文和非构思作文等，在全国产生了相当大的影响。下面评介我国中小学典型的作文教学模式，以帮助大家寻找写作教与学入门的路径。

一、基于"语言·思维"的写作教学模式

　　语文是语言学科。语言是思维的载体，是思维的物质外壳；思维是语言的内核，是语言的内部形态。于是我们把思维称为"内部语言"，称语言为"外部语言"，从这个意义上说，语文学科又是思维学科。在语文

---

　　① 中国社会科学院语言研究所词典编辑室编：《现代汉语词典》，商务印书馆 2012 年版，第 913 页。

教学中,思维的训练往往是通过语言训练来实现。但为了达到更好的语言训练目的,也可以通过训练思维来训练语言。语言训练与思维训练相结合是语文教学的重要原则。

作文教学如何把语言和思维训练结合起来?观察分析表达模式、语言思维模式和分格作文模式为我们提供了成功的例子。

(一)"观察—分析—表达"教学模式

这是北京著名特级教师刘胐胐和首都师范大学教授高原提出的侧重于培养学生认识能力的"三级训练"体系。其总体思路是:观察是基础,分析是核心,表达是结果,三者有机结合为一个整体。这一模式主要针对初中生作文教学,初中一年级着重进行观察训练,主要目的是培养学生的观察能力,训练方式是写观察日记、观察笔记,这一阶段侧重练习记叙和描写。初中二年级进行分析训练,主要目的是培养学生的分析能力,训练方式是写分析笔记,这一阶段侧重进行议论和说明的练习。初中三年级进行表达训练,主要目的是提高学生的表达能力。训练方式是进行语感随笔和章法训练,侧重于语言运用和文章构思训练。①

这一模式符合写作"主客互化"律,是写作规律"双重转化"(由"物"到"意",由"意"到"文"的转化)、"三级飞跃"(感知—内孕—外化)的具体运用,比较符合学生的写作学习思维和语言转换规律。

(二)"语言与思维结合"教学模式

这是北大附中语文教师章熊提出并成功实验的写作训练和作文教学模式。章熊认为,各种不同的文体在语言上的要求有所不同,而思维的条理性则是相同的,写作学习应该是语言训练和思维训练的结合。他认为,写作训练应该包括五个方面:语言练习(长短句变化、语感的培养等);形式逻辑训练(语言清晰性、语言连贯性、思维条理性的练习);想象与联想、综合与概括的训练;写作技巧的局部练习(如说明性练习、观点与材料的处理等);阅读与分析练习。②

---

① 刘胐胐、高原:《作文三段训练体系简介》,《北京师范大学学报》1986 年第 6 期,第94—96 页。

② 毕养赛:《中学语文教学引论》,浙江教育出版社 1988 年版,第 309 页。

　　这种教学体系的特点不是以语言知识和思维知识教授为核心,而是以思维训练为手段来提高学生的语言基本功,以语言训练为抓手来培养学生思维能力。这一模式符合心理学、语言学的基本原理,语言与思维对应,以语言表达思维,以思维寻求语言,语言思维同步共进,能有效地提高写作能力。

(三)"分格作文"教学模式

　　这是黑龙江省常青老师设计并推广的作文教学模式,他称之为"作文基本训练分格教学法"。这一教法要求学生先进行"分格训练",后进行"综合训练",使学生"于无法之中求得法,有法之后求其化"。分格训练的所谓"格",是单一的基本教学单位,相当于人们常说的"片断练习""单项训练"的片断或项目。常青把表现五味(声、色、味、形、触感)和七情(喜、怒、哀、惧、爱、恶、欲)的基本元素划分为 265 个格,每一格配以范文,由易到难,由简而繁,逐格训练,循序渐进地提高学生观察、思维、想象、表达等写作能力。如有写人格、记事格、景物格、章法格、形式格。[①]

　　分格作文训练法已经涉及表层的语言思维模式的培养,有利于学生的思维和语言的发展。这一模式符合写作"循序渐进"律,符合单项训练与综合训练相结合的写作教学原则。写作学习没有"分格训练"作文不能具体化,没有"综合训练"作文不能整体化。综合训练是宏观控制,分格训练是微观把握。学生经"化整为零""化零为整"训练后,写作水平自然可以提高。

二、基于"文体·过程"的写作教学模式

　　20 世纪 70 年代末,写作课教材中知识体系的基本框架就是"八大块":绪论、材料、主题、结构、表达、语言、修改和文风。这种知识体系偏重的是文章理论知识。当时人们认为,只要学习了写作理论知识就可以提高写作能力。进入 80 年代后,一些学者开始反思,认为仅学习理论知识对提高写作没有多大帮助,主张进行写作过程训练,尤其是文体技法训练。于是,写作理论研究从以写作理论知识体系为中心转向以文体技

---

① 周进芳:《中学作文教学研究》,华中科技大学出版社 2002 年版,第 194 页。

法训练为中心。"文体中心,过程为主"理念深入人心。

（一）"文体中心"教学模式

20 世纪初,以美国现代修辞学家希尔为代表的英美学者"文体学"传入我国,自此以后,我国近百年的作文教学基本上以"文体为序列"、以"文体为中心"。这种写作教学模式结构基本上是:先记叙文后说明文,再议论文,三个层次,分别对应于初中、高中作文教学。初一以记叙文为主,初二以说明文为主,初三以议论文为主;高一以复杂的记叙文为主,高二以复杂的说明文为主,高三以复杂的议论文为主。"文体中心"论的作文教学模式着重培养学生对每种文体的特征以及模式的把握能力,通过教学掌握每种文体的写作知识和方法,从而形成记叙文、说明文、议论文的文体写作规范。例如 20 世纪 80 年代,上海特级教师钱梦龙等在"文体中心论"的指导下,创造了"模仿—创造"的作文训练体系。

这一教学模式多年以来为我国中小学所采用,有普遍的影响。其优点是学生写作"文体意识"强,作文也容易"入门",效果明显。但这种训练模式的消极影响更大,整个中小学语文教学基本上围绕这些"虚拟"的文体知识转,淡化了写作整体素养的提高,不利于学生的全面发展。

（二）"重视过程"教学模式

我国古代作文教学以"熏陶—自悟"为主,可以称"熏陶式"作文教学法;现代作文教学以"模仿—创造"为主,可以称"模仿式"作文教学法。在语文教学改革实践过程中,许多有远见的教师意识到作文教学效率低下,是因为不重视"写作过程",如果重视"过程训练",必能快速提高学生写作能力,于是出现了许多"重视过程"的作文教学方法。

"文体为纬—过程为经"是比较典型的重视过程的教学模式。以北京景山学校周蕴玉老师和上海于漪老师为代表。他们的做法是:以各种文体的写作特点为纬线,以写作的一般能力——审题、立意、选材、布局谋篇、语言运用等为经线,精选典范作品为例文,按照单元要求设计教学方案,组成一个读写结合、分阶段、有层次的训练序列。

"重视过程"的写作教学模式超越了写作教学的"熏陶模式""模仿模式",形成了以"过程为中心"的教学模式。它是对"文体中心"作文教学理念的反思,为新课程改革提出"淡化文体,重视过程"开了先声。

（三）"快速作文"教学模式

这是湖南中学语文特级教师杨初春创造的教学模式。这一教学模式应"升学教育"之需,以"作文速度"为中心,在全国有广泛的影响。杨初春把快速作文教学体系概括为"五步四法两课型"。"五步"即基础训练(如兴趣、积累、语言)、思维训练、技巧训练、速度训练、综合训练。"四法"即写作限期限时法、指导先"实"后"虚"法、评阅浏览自改法、训练分步达标法。"两课型"即写作实践型和理论指导型。[①]

在记叙、说明、议论三种文体的写作技巧模式方面,他提出"快速写景状物三法""快速抒情达意四法""快速记人记事三法""说理议论四法""快速给材料作文三法"等。从这个意义上说它也是"文体中心,过程为主"这一大模式的具体表现。

这一教学模式切合现代社会快节奏的要求,符合"为考而教,为考而学"的应试之需,有短期的效果,所以较受广大中小学教师和学生欢迎。但写作能力是一个人整体素养的体现,要"快速作文"必须从提高写作主体素养入手,"博而能一""厚积薄发"就是这个道理。

三、基于"动力·兴趣"的写作教学模式

学生学习写作,首先要有心理推动力,不然写作学习就是被动的、枯燥的、无效的行为。具体说,这种作文的心理推动力主要包括两个方面:一是作文写作兴趣、热情的培养;二是作文成功感、成就感的培养。这两方面关系密切,写作有兴趣、有热情,作文就容易成功;反过来学生成功感、成就感的培养,又会促进学生写作兴趣与积极性的生成,从而形成良性循环。

因此,激发写作动机、培养作文兴趣一直是广大教师作文教学的第一要务。在这方面,"情境作文"教学模式、"活动作文"教学模式和"话题作文"教学模式等在全国影响最大。

---

① 杨初春:《实用快速作文法》,漓江出版社1992年版,第26页。

(一)"情境作文"教学模式

情境作文是由教师为学生设计、渲染出一种合情合理的情境,以激发学生的写作欲望和作文兴趣,引发学生的联想和想象,并结合平时所积累的材料而表达成文的一种作文形式。它强调从学生的生活实际、心理实际和思想实际出发,进行联想、写作。

国内最早提出情境教学概念并进行系统实验的是江苏南通的李吉林老师。李老师认为设置精彩的教学情境,能有效地激起学生的情绪,促使学生带着感情色彩去观察、体验客观事物,并展开积极的思维与想象,从而激发起表达的动机,这样学生就会不自觉地将情境中的声、色、形的表象与自己储存的词语联系起来,文章自然呼之欲出。①

"情境作文"的优点在于为写作者提供特定的"情境",给学生呈现了具体可感的写作对象,因而更易于调动写作情绪,激发写作兴趣,而这些对产生主动、积极的写作心理和行为是至关重要的。这一教学模式符合建构主义教学原理。建构主义认为,"情境"是学习者积极建构知识的前提和物质基础。只有在情与境相融、心与心相碰、教与学互动的情境中,学生的主体才会积极主动建构意义和生命。

(二)"活动作文"教学模式

活动作文,是指以参加活动为基础,以观察生活为手段,以作文材料的获得、写作任务的完成为目标,从而提高学生语言文字表达能力的开放性实践型作文形式。

活动作文比较成功的案例是上海大学李白坚教授提出的"现场演示"作文教学法。李白坚在 2000 年第 1 期《写作》杂志上介绍说,"演示作文教学法"是一种以小学五、六年级及初中一年级学生为教学对象,以在作文课上设计可记叙的生动、活泼、有趣的游戏演示活动为作文内容,通过游戏演示活动,激发学生情绪,诱导学生在轻松愉快的氛围中完成从思维到文字的转化,并大规模提高思维创造力及写作水平的作文教学法。"现场演示"作文向生活汲取素材,更依靠课堂现实活动创设情境,

---

① 李吉林:《李吉林情境教学:情境教育》,山东教育出版社 2001 年版,第 7 页。

本质上可以理解为"活动写作,写作活动"式的作文。①

"活动作文"模式的价值在于"训练大于知识","训练先于知识";"活动大于技法","活动先于技法";"实践大于理论","实践先于理论"。这一模式符合"趣味性"教学原则,符合"活动课程"原理,为"动力学"作文教学开了先河。

(三)"话题作文"教学模式

话题作文往往用一段提示语指明写作范围,启发思考,激活想象,让习作者在同一个谈话中心下,陈述各自从不同角度、不同立场产生的观点,或联想到的经历、体验,是一种不限文体的作文形式。话题作文最先是从1999年高考的写作题目设计中出现的。其特点是"三自":要求题目自拟,立意自定,文体自选。"三开放":写作范围开放——以"话题"作文;写作文体开放——淡化文体(但不能没有文体意识);写作要求开放——降低审题难度(但有一定的限制性)。

话题作文从材料作文脱胎而来,与材料作文一样都有材料提供,但话题作文与材料作文的"材料"作用不尽相同。材料作文要求在内容上对材料进行直接评述或引申发挥,开头、主体、结尾都要紧扣材料,并在形式上限制了角度、写法、体裁;话题作文则不然,在内容上源于材料而不限于材料,只要与话题有关即可,在形式上角度、写法、体裁可根据写作者的爱好、特长自由选择。话题作文与材料作文形式相比更加自由、开放。由于话题作文像材料作文一样提供故事、事件、轶事、名言等易于激发学生的写作兴趣的材料,写作要求上限制又少,便于学生发挥,很快成为高考命题的主要方式,也成为我国当代最流行的写作教学训练模式。

四、基于"做人·作文"的写作教学模式

作文与做人有密切的关系,这是古今中外写作界的共识。中国有句俗话叫"文如其人",意思是说具有什么样的人品,写出来的文章也就具有什么样的品格;做人达到什么样的境界,写出来的作品也就能达到什

---

① 李白坚:《大作文》,上海交通大学出版社2001年版,第36页。

么样的境界。写作不仅仅是辞章、技艺的问题,更是作者素养本质的体现。因此,写作学习就是学会做人的过程,"文道合一""人文共进"是"立人"与"立文"之间本质、必然的联系。在这方面,"绿色作文""生活作文"和"新概念作文"教学模式为我们提供了成功的案例。

（一）"绿色作文"教学模式

这是一种基于学生心理,符合写作规律,倡导表达真情,追求个性张扬,主张做人与作文相统一的健康写作教学模式。绿色作文强调以兴趣为导向,面向社会、生活、自然,真实反映学生的心理状态、认知水平和生命存在,是一种原生态的校园写作。

由于应试教育对作文的污染,使作文教学陷入了"一切为了考试"的泥潭。我国中小学师生为了"分数"往往绞尽脑汁、千方百计地寻求应试作文的套路,"一凑、二抄、三套"成了学生作文的捷径,到处充斥着千人一面、千部一腔、千篇一律的现代八股文。作文成了没有"精神",没有"生命",没有"灵魂",徒有躯壳的文章。吉林特级教师赵谦翔称这样的作文为不死、不活、不黑、不白的"灰色作文"。针对这种情况,他提出了追求情感真诚、思想真实、个性真切的"绿色作文"的口号。要求作文为做人而写,伴人生而在,以做人促进作文,以作文升华做人,使作文成为完善人生的健身器。①

这一作文教学模式提倡作文与做人相结合,符合新课程改革的"人文并进"的教育理念,符合人类教育"成人与成才一体"的终极目标,有利于学生的全面发展。

（二）"生活作文"教学模式

所谓"生活作文"是一种以真实的生活世界为写作对象,以现实生活需要为作文能力培养目标,从观照学生真实生活、拓展作文内容入手,充分关注学生个性差异,努力激发写作内驱力,提高语言运用能力,提升学生人格的作文理念及教学策略。

吉林省榆树市秀水镇第二中学特级教师李元昌创立的"社会生活

---

① 王鹏伟:《中学语文作文教学研究》,东北师范大学出版社2003年版,第254页。

化"写作教学模式是生活作文成功范例。他认为,教育就是为了培养未来的劳动者,所以语文能力,特别是写作能力,必须同社会生活结合在一起。他的这一模式又称"放—收—放"作文教学法。第一个"放",是引导学生走向生活,解决作文的材料。第二个"放"是回到社会生活中去用,他认为学生为文不是为了应考,更重要的是为了适应生活、改造社会。于是他积极提倡为生活作文、为社会写作、为农民服务。①

主张以生活为中心的作文教学是新时期我国写作教学改革的一大亮点。生活的积累与体验对于学生写作而言十分重要,有了丰富的生活积累和体验,学生自然就能有物可言,有情可发。"生活作文"与"绿色作文"教学模式有异曲同工之妙,注重作文与生活相统一,强调作文与做人相结合,有利于学生全面发展。

(三)"新概念作文"教学模式

作文教学改革是语文教学改革的"瓶颈",怎样教作文、如何写作文一直都是师生深感头痛的难题。教师教作文往往按"命题—指导—写作—批改—讲评"五个程序进行;学生写作文,往往人云亦云、亦步亦趋,本应千姿百态的文章成了千人一面、众口一词的"新八股"。

为了改变这一局面,1998 年由上海《萌芽》杂志社等发起的"新概念作文大赛"催生了新的写作教学模式。"新概念作文大赛"组委会《征文启事》中说,"新概念"提倡"二新一真":"新思维"——创造性、发散性思维,打破旧观念、旧规范的束缚,打破僵化保守,无拘无束;"新表达"——不受题材、体裁限制,使用属于自由的充满个性的语言,反对套话,反对千人一面、众口一词;"真体验"——真爱、真切、真诚、真挚地关注、感受、体察生活。"新概念作文"的出发点是探索一条还语文教学以应有的人文性和审美性的道路,让充满崇高的理想情操、创造力和想象力的语文学科,真正成为提高学生综合素质的基础学科。②

"新概念作文"同传统作文的教学观念是大相径庭的。新概念作文强调学生创新的思维、真实的体验、个性化的表达,是"人文共进"理念的

---

① 王鹏伟:《中学语文作文教学研究》,东北师范大学出版社 2003 年版,第 236 页。
② 周进芳:《中学作文教学研究》,华中科技大学出版社 2002 年版,第 225 页。

集中体现。这一模式是"新时期"作文教学改革的"先声",是对传统作文教学的"扬弃"。

以上评介了我国中小学数个典型的作文教学模式,但这只是"冰山一角",并且随着社会的发展、写作教学研究的深入,还将出现许多新的模式。对于"模式"我们要辩证地看待,一方面我们需要"模式"(建模),以便按"法"指导学生,学生按"式"模仿学习;另一方面我们又要突破"模式"(解构),打破"公式化""程式化"的套路,创新发展,以便写出更加新颖的文章。

目　　录

绪论　写作模式与写作教学模式

　　写作是社会成员间交流、传播信息、传承文明的重要活动,也是人类认识和改造客观世界及人类自身的重要手段。学生的写作水平是语文综合素养的体现。写作教学是语文教学的重要组成部分,历来被称为语文教学的"半壁江山"。但是,一直以来写作教学的效果都不理想,因而备受争议。

　　据调查,一方面,学生的写作存在"模式化"倾向。学生的作文假话、套话连篇,写作套路僵化,内容、题材千篇一律、千人一面。写作作为人们普遍使用的一种表达方式,具有一定的规律性和模式,正如古人所说的"文有大法,文无定法",但如果写作模式僵化,写出的作文就会像八股文。另一方面,教师的写作教学模式僵化严重。写作教学虽然也有模式可循,但是大部分语文教师处于套用单一写作教学模式的状态,甚至对于学生写作的语言和结构都有固定的模式要求,学生只能机械地按照框架套作,其主动性和创造性遭到了扼杀,因而对于写作毫无兴趣。写作课也就成为一种程序化教学。如何让学生写作有一定的参考模式,又让学生不拘于模式?在这方面,教师研究写作教学模式就显得很重要。

　　为了研究、阐述写作教学模式的建构,我们先厘清几个概念。

　　1. 模式。我们要研究写作教学模式,就应该遵循知识范围由大到小和逐层深入细化的序列化原则,必须要先探讨模式的含义。著名教育模式研究专家查有梁先生在《教育建模》一书中给模式下了这样的定义:

"模式是一种重要的科学操作与科学思维的方法,从理论中提炼而出,一经证实,又可以形成理论。它是为解决特定的问题,在一定的抽象、简化、假设条件下,再现原型客体的某种特征;它是作为中介,从而更好地认识和改造原型客体、建构新型客体的一种科学方法。"①美国两位学者哈德克雷夫和比尔认为"模式是再现现实的一种理论性的、简约化的形式"②。我们认为模式是沟通理论与实践的"中介",是一种简化的标准样式,具有理论性、再现性和可模仿性,并且能够指导理论和实践。

2. 教学模式。从模式的一般原理和特点上我们再来看教学模式,美国学者施瓦布和冈特等人合编的《教学:一种模式观》一书中对教学基本模式进行了系列的研究。他们认为:教学就是构造课堂环境,对能力、兴趣、需要各不相同的学生的学习进行有效组织的过程,教学模式则为组织教学环境提供一定的结构、程序和步骤。所谓教学模式,就是指"导向特定的学习结果的一步步的程序"③。我们认为教学模式是教育工作者在科学的教学理论指导下,不断总结丰富的教学经验,为达到某一特定的教学目标而建立的具有普遍意义的比较稳定的教学结构或教学程序的范型。

3. 写作模式。周进芳在其《中学作文教学研究》一书中指出:"文章的写作模式,是整个人类写作精神文化创造稳定化了的反映。相对稳定的模式,体现了人类对写作观念、问题的价值尺度以及写作规律性的认识,是人类整体智慧的反映。"④我们认为写作模式即人们将长期的写作实践经验进行总结而提炼出的写作活动通常应该遵循的基本法则。它具有一定的通用性,可帮助初学写作者快速入门。

4. 写作教学模式。闵登峰在其硕士论文《二十年来中学作文教学模式研究》中将作文教学模式的定义概括为:"在基础教育中,在一定的写作理论和教学理论的指导下,为了完成特定的写作教学目标,而建立起

① 查有梁:《教育建模》,广西教育出版社 2000 年版,第 12 页。
② 转引自冯克诚、西尔枭:《实用课堂教学模式与方法改革全书》,中央编译出版社 1994 年版。
③ 高文:《现代教学模式研究》,山东教育出版社 2000 年版,第 194 页。
④ 周进芳:《中学作文教学研究》,华中科技大学出版社 2002 年版,第 143 页。

来的较为稳定的教学结构框架和活动程序。"①张文泰等人编著的《中学作文教学研究》一书中提出了自己独特的写作教学模式理念。他们认为："写作教学模式是在一定的写作模式和教学模式制约和影响之下形成的,它既有写作模式的痕迹,又带有语文教学模式的特征。"②我们认为写作(作文)教学模式是教师在教学模式的基础上,在遵循写作学习和写作教学的内在规律下,在写作教学实践的过程中,逐步建立起来的经过实践检验行之有效的比较固定的写作教学程序、教学方式。

当前中小学写作教学中存在着很多问题,尤其是学生写作模式化以及语文教师一直使用传统写作教学模式造成的写作教学僵化无效问题。这些原因是如何造成的? 我们来分析一下。

1. 没有模式或模式单一。据调查,部分中小学生写作处于胡编乱造或者套用模式状态,写作教学也处于混乱或者受单一模式影响的状态。中小学的语文教师每次写作课的教学过程和方式基本都是一样的。一直使用传统的写作教学模式:指导—命题—写作—批改—讲评或典型文章示范—写作知识讲解—学生限时作文—教师批改讲评。可见语文教师没有自己的模式,不得不将传统的写作教学模式作为自己唯一的模式。正是由于这样一成不变的写作教学模式才会导致学生把写作当成是一种任务,致使学生在写作教学中的主体地位常常被教师的主导地位所取代,学生长期处于被动应付状态,对写作失去兴趣。

2. 有模式却模式僵化。有些语文教师在写作教学中掌握了一种写作教学模式,却固步自封,导致模式僵化,成为一种"程式化"的套路,同样使写作教学落入"格式化"的俗套之中。如果囿于已有的模式,把模式看作僵化静止的手段,就会像一头驴子绕着磨盘走,永远也不能走出圈子。学生的写作也会脱离真实表达,只会往按照老师要求的框架里填充雷同的素材,导致写作"模式化"。正如四川省中学语文研究会理事、四川师范大学附属实验学校副校长李文华所说:"现在中小学的作文教育存在一种模式化的问题,作文被设定为各种模式,学生们就会比着框框

---

① 闵登峰:《二十年来中学作文教学模式研究》,2010 年首都师范大学学位论文,第 2 页。

② 张文泰等:《中学作文教学研究》,东北师范大学出版社 1999 年版,第 18 页。

画鸭蛋。"①学生的写作水平也不可能有提高,有发展。从这个意义上来讲,模式的作用又是相对的和苍白无力的。因此写作教学模式僵化也是学生感觉写作课单调、没有乐趣的一个重要原因。

3. 会模仿模式但不会创新。写作模式确实对初学写作者很有益处,能帮助学生很快地"入门";写作教学模式对于一个语文教师来说也确实是必要的,因为它能够让语文教师尽快掌握写作教学的主要套路和方法。因此,不管是对于写作还是写作教学,模仿和掌握模式是需要的,但最重要的是在此基础上突破、解构模式,建构、重构模式。从我们问卷调查中可以看出大部分学生和语文教师对于模式还是处于机械模仿的状态,没有创新意识。语文教师应该不仅要有模仿新型写作教学模式的能力,更重要的是要能够在模仿的基础上进行创新。创新精神应该统领教师的作文教学,并据此出发,对作文教学的观念、方法及过程进行重新审视和改造。机械模仿只能够产生机械教学。语文教师应该在模仿写作教学模式的同时发挥自己的创新作用,与自己的教学实践相结合,而且要因需制宜、因文制宜、因人制宜。

4. 没有建构模式的知识,或没有建构模式的意识,或没有建构模式的能力。从教师专业发展的角度来看当前的写作教学困境,语文教师还缺乏建构教学模式方面的素养。因为没有建构模式的意识,所以依赖传统写作教学模式;因为没有建构模式的知识,所以就只能机械模仿传统写作教学模式;因为没有建构模式的能力,所以不能改变当前写作教学模式的程式化、单一化现象。因此造成了当前学生"一怕文言文,二怕周树人,三怕写作文"的局面和写作教学的困境。这些问题给语文教师敲响了警钟,语文教师亟须学习建模知识,培养建模意识,逐步提高建模能力。

教育部 2001 年颁布的《全日制义务教育语文课程标准》以及 2003 年颁布《普通高中语文课程标准》(实验),对写作教学理念进行了新的阐释。对于中小学写作教学模式化、中小学生普遍存在写作恐惧心理的今天,更具有现实意义。

---

① 王媛媛:《第一句谎话从写作开始?》,http://www.sd.xinhuanet.com/news/2011-09/21/content_23746639_1.htm。

1. 反对写作教学模式化。《全日制义务教育语文课程标准》在对写作教学的建议中指出:"为学生的自主写作提供有利条件和广阔空间,减少对学生写作的束缚,鼓励自由表达和有创意的表达,改进作文命题方式,提倡学生自主选题;积极合理利用信息技术与网络优势,丰富写作形式,激发写作兴趣。"在教材的编写中也提到:"教材的体例和呈现方式应灵活多样,避免模式化。"①《普通高中语文课程标准》中指出:"在写作教学中,教师应鼓励学生积极参与生活,体验人生,关注社会热点,激发写作欲望。引导学生表达真情实感,不说假话、空话、套话,避免为文造情。"②也就是写作教学形式应该多样化、多元化。这些建议和要求都是针对当前写作教学模式僵化,语文教师套用固定写作教学模式而导致写作教学封闭单一,学生失去了对写作的兴趣等写作教学现状而提出的。

2. 提倡建构写作教学模式。《全日制义务教育语文课程标准》在实施建议中指出:"教师要积极开发、合理利用课程资源,灵活运用多种教学策略和现代教育技术,努力探索网络环境下新的教学方式,精心设计和组织教学活动。""学生生理、心理以及语言能力的发展具有阶段性特征,不同内容的教学也有各自的规律,应该根据不同学段学生的特点和不同的教学内容,采取合适的教学策略。"③《普通高中语文课程标准》中指出:"研究自己的教学对象,从本课程的目标和学生的具体情况出发,灵活运用多种教学策略,有针对性地组织和引导学生在实践中学会学习。在教学中,充分发挥主动性,创造性地使用教科书和其他有关资料;教师应根据自身的特点和条件,发挥优势和特长,努力形成自己的教学特色。"④由此可见,新课程标准从教师专业发展的角度鼓励教师要根据自身特点、教学环境、学生的发展等来选择和建构适合师生的教学模式,写作教学当然也不例外。

---

① 中华人民共和国教育部:《全日制义务教育语文课程标准》,北京师范大学出版社2011年版。

② 中华人民共和国教育部:《普通高中语文课程标准》,北京师范大学出版社2001年版。

③ 中华人民共和国教育部:《全日制义务教育语文课程标准》,北京师范大学出版社2011年版。

④ 中华人民共和国教育部:《普通高中语文课程标准》,北京师范大学出版社2001年版。

第一章　写作教学模式建构的理论

教学模式是一种重要的教育科学方法,是理论与实践之间的桥梁,将教学模式理论应用到写作教学中,就可以使我们的写作教学更加科学化、高效化。因此如何建构写作教学模式就是必须要解决的问题,也是本章要阐释的重点。

第一节　写作教学模式建构的理念

理论是实践的先导,只有正确的科学的理念才能指导实践取得成效。写作教学模式的建构首先也要有先进、科学的理念进行指导。

一、写作教学有模式,但没有固定的模式

查有梁先生将古代学者强调的"教学有法,但无定法,贵在得法;无法之法,乃为至法"的教学方法理念与教学模式结合,就形成了"教学有模,但无定模,贵在得模,无模之模,乃为至模"这个教学模式的建构理念。① 写作教学虽然没有万能秘诀,却有一定的规律可循,有着一定的法则和模式,有着一定的基本方法。

---

① 查有梁:《教育建模》,广西教育出版社 2003 年版,第 20 页。

写作教学模式虽然相对稳定,但绝不是僵化、固定、机械、教条的,在具体操作上,它是灵活多变并富有个性、充满灵性的。我们的教育教学活动必须根据写作教学的内部规律、学校特点、教师特色,尤其是要根据学情来合理地选择、使用适合于学生的方法和教学模式。语文教师一旦把某种写作教学模式固化地运用于课堂,就会束缚学生的创造力和思维力,磨灭学生对于写作的兴趣,教学的效果也只能是事倍功半。教师要深刻领会写作教学模式的科学实质和深刻内涵,灵活辩证地使用,达到"既有模又无模"的理想的艺术的境界。

二、写作教学要基于模式但又不拘于模式

写作教学作为一种教学活动,也是有规律可循的。教师可以根据写作规律、教学模式理论以及日常教学实践经验建构写作教学模式。但写作教学模式又是一柄"双刃剑"。一方面写作教学模式操作性强,一些语文教师在教学实践中创设的写作教学和训练模式使作文教学过程更加科学化、节约化,大大提高了写作教学的课堂效益。另一方面写作教学模式有一定的局限性,如果语文教师在写作教学中只拘泥于已有的模式,将模式看成是一种僵化的静止的手段进行机械的模仿,那么对于写作教学和学生写作能力的提高都将会是一种阻碍和灾难。

叶圣陶曾经说过:"我们可以教会学生写作,但是却教不好学生写作。"①他老人家的这句话启示我们写作教学是有模式可循的(教学生"会写"),但必须超越模式才能到达最好的境界(学生自己"写好")。写作教学模式可帮助语文教师掌握一些写作教学的规律和方法,但是要提高学生的写作水平就必须超越现有的写作教学模式,否则必然会阻碍学生写作能力的提高。鉴于写作教学模式具有"两面性",我们应该辩证地看待写作教学模式,学会扬长避短地运用写作教学模式来促进写作教学。语文教师在建立和掌握一种具体的写作教学模式的同时,还要学会在运用过程中根据实际情况突破写作教学模式,最终超越现有的写作教学模式,追求高超的艺术性的教学境界。

---

① 叶圣陶:《怎样写好作文》,浙江文艺出版社 2012 年版,第 8 页。

三、写作教学模式要不断建构、解构和重构

任何一种教学模式的成型和完善都要经过不断地建构、解构和重构这一过程。世界上不可能有一种永远"时髦"的教学理论,教学模式也不可能是一种固定的形式,更不可能是一种一成不变的教学方法。教学的复杂性决定了模式的多样性和模式的发展性,想靠一种或几种固定的模式来指导教学是行不通的。如果要通过教学模式来不断引领教学走向高效和谐的境界,就必须不断地对模式进行建构、解构和重构,从而超越传统模式。从某种程度上说,语文教学改革的历程就是语文教学模式不断建构、解构和重构的过程。

同样,写作教学模式也不例外。传统写作教学模式存在模式单一、教序划一、程式化、模式化的严重弊端。因此在运用写作教学模式时,教师不能直接拿来就用,而是需要认真反思该模式是否与当前的教学、环境等相适应,应该清楚地认识到固定模式带来的危机和副作用。教师要发挥自己的主观能动性对模式进行解构,抛弃不适应现有教学环境的落后模式因素,重构新的与时俱进的写作教学模式。

四、写作教学模式要按不同情形建构

一种写作教学模式成型并且能够得到推广,意味着该模式的基本思想是能够被大多数同行业人和同时代人所接受的。在这种情形之下,语文教学模式的运用便主要是直接模仿这种模式的具体操作范式。在应用这种模式时,模式使用者应具有这样一种认识,即"教学模式只是给教师教学提供了一个可行的教学活动框架,提示了一条思路,教师不应机械模仿"[1]。

因此,在运用具体的写作教学模式时,教师要发挥自己的创造才能,依据自己的教学特色、不同的教学情形、不同类型的学生、不同的教学情境以及不同的作文类型来灵活变动各种教学变量在教学过程中的排列组合,使教学模式的教学效果得到最大限度的发挥。例如计算机网络普及的地区的语文教师可根据学生喜爱网络的特点建构"网络写作教学模

---

[1] 刘福根等:《语文教学模式论》,浙江人民出版社2003年版,第203页。

式",让学生通过博客、微博、论坛、QQ、微信等平台来进行写作和交流。小学语文教师可根据学生喜爱参加活动的特点建构"活动作文教学模式",让学生在一些游戏活动中快乐写作。针对高中学生,语文教师可根据《语文课程标准》提出的研究性学习和综合性学习的教学新理念来建构"研究性写作教学模式",等等。

五、写作教学要有模式,但要反对模式化

有了模式并不等于每堂课都要一成不变地套用这个模式,模式只是提供了一些基本的原则和方法。每一个模式都有它的根据和适用的范围,一个教师或一所学校有了自己的教学模式才能形成自己的特色和风格,才能推广出去。任何一种写作教学模式一旦变成整个写作教学中唯一的模式,它同时产生的巨大副作用就不可避免,作文教学也就会由此走上"教条化"和"格式化"的道路。"一统天下"的模式将会带来"排他性"乃至整个写作教学模式的"单一性"。因此写作教学模式要建构、要运用,但反对公式化、模式化。

语文教师应该在实施写作教学模式的过程中反复体验,不断探索,深入反思,在循环往复中不断修正、补充、完善模式,逐步强化模式的个性特征和科学性、可行性,逐步形成一种比较稳定的科学操作范式。要将写作教学模式的基本要求与自己的教学特长结合起来,灵活使用各种教学模式,形成自己的教学风格或丰富自己的教学经验,追求个性化的教学模式。

总之,语文教师应该辩证地对待写作教学模式,这不仅是探索写作教学活动的一个必要的前提条件,而且也是达成写作教学的目标、完成写作教学任务的一条有效路径。

第二节　写作教学模式建构的目标

写作教学模式建构的目标是为了写作教学更加科学与有效。

一、解构:为了写作教学的个性化

"'解构'来源于后现代主义中的一个术语。作为后现代主义的分析方法,解构的目标不仅在于拆解一个结构,揭示它的矛盾和假定,发现其二重性、盲目性和逻辑中心性,更是为了通过否定性的批判,摧毁所有建构之物。"①解构用于教学模式中就是指对于传统教学模式进行改造或扬弃不合理的、不科学的因素。当然,解构并不是对写作教学模式进行全盘否定,它包括修正旧模式与新模式吸收旧模式中的合理成分。两者之中无论是哪一个,都是在运用写作教学模式过程中必要的超越方式,都是为了教学方法的多样,是为了教学方式的创新,是为了教学的个性化、艺术化。

对已有的写作教学模式进行解构,就是批判性地反思其落后于当前写作教学的部分,再运用先进的写作教学和科学的模式建构理论对其进行改造、探索,从而形成一种新的写作教学模式。波林·罗斯诺在其《后现代主义与社会科学》一文中引用了 Miller 的一句话:"解构了它自身,与此同时又创造了一个迷宫般的幻影。"②解构可以让写作教学摆脱模式固化,走向个性化,"从封闭走向开放,从单一走向多样,从遵循模式走向创造风格"③。

二、建构:为了写作教学的科学化

任何一种教学模式的建立都是在理论支持和实践经验的基础上形成的,所以具有科学性,教学模式的运用就是为了教学的可操作性和科学化。教学模式还具有很强的实践价值,因为它具有简约性和可模仿性,所谓简约性是指教学模式是用简约的方式反映教学过程;可模仿性是指人们可以按照教学模式所提供的基本框架进行实践操作。正是因为它简约,所以容易把握,便于教学秩序的建立;正是因为它的可模仿

---

① 波林·罗斯诺:《后现代主义与社会科学》,上海译文出版社 1998 年版,第 172—179 页。

② 转引自波林·罗斯诺:《后现代主义与社会科学》,上海译文出版社 1998 年版,第 178 页。

③ 刁瑞珍:《从遵循模式走向创造风格》,《语文建设》2004 年第 6 期。

性,所以便于操作。因此,建构一种科学的、有效的教学模式尤为重要。

钱梦龙老师说过:"我反对程式化,但并不反对一定的程式","教学过程必定有其内在规律,也就应该有反映其内在规律的一定程式"①。由此看来写作是有模式的,但不能总是套用模式;写作教学同样也是有模式,但更需要建构模式。我们学习和建构写作教学模式最终是为了摆脱固化的写作教学模式,使用写作教学模式是为了最终能够创造出更新的写作教学模式。如果只能模仿而不能创新,那么写作教学就将成为教条主义式的教学。所以,写作教学模式的建构与重构不是让教师教学"程式化",而是让教师学会"教学创新",为了使写作教学更加科学化、有效化。

第三节　写作教学模式建构的原则

教学模式作为教学理论和实践的中介,具有可操作性、稳定性等特点,但与实际的教学实践相比,还是具有一定的抽象性和理论性。如果想用教学模式来指导实践,还需要将教学模式转化为各种教学原则。教学模式的建构是个逐渐深化和发展的过程,并且在完型之后还要通过千变万化的教学实践进行检验才可以推广运用,因此在建构的同时要遵循一些基本的原则。

一、多元化原则

《全日制义务教育语文课程标准》在教学建议中指出:"教师应努力改进课堂教学,整体考虑知识与能力、过程与方法、情感态度与价值观的综合……统筹安排教学活动,促进学生语文素养的整体提高。"并对于写作教学提出了具体的建议:"(语文教师)要积极合理利用信息技术与网络优势,丰富写作形式,激发写作兴趣。"②由此可以看出《全日制义务教育语文课程标准》提倡语文教师在写作教学中要运用多种教学手段和方

①　转引自吴格明:《新课程并不否定教学模式》,《语文建设》2005 年第 6 期。
②　中华人民共和国教育部:《全日制义务教育语文课程标准》,北京师范大学出版社2011 年版。

法来激发学生的写作兴趣,因此语文教师在建构写作教学模式的过程中一定要遵循多元化原则,摆脱陈旧单一的写作教学模式,积极构建多元化的写作教学模式。

现代信息理论认为,任何事物与其他事物都是相互关联的,任何一个事物都具有多层面的特征,即具有多元化的信息。美国著名教育心理学家林格伦指出,信息的多向性传递教学效果最好。因为从根本上说,多元化教学,各要素组合得最合理,教学系统能达到最优化的运行程度。① 因此,学生所接受的信息量的多少与信息传递渠道、信息刺激的强度和广度有很大的关系。教育心理试验也表明,如果教师在教学过程中不断变换教学方式,增加信息渠道,加大信息刺激的强度和广度,学生获得的信息量也就会随之增大。由此也启发我们在建构写作教学模式的过程中,一定要综合多种教学方式和教学方法,使施教者能够根据具体的教学情况灵活重组教学模式的操作程序,调整模式各组织要素的结构关系,使其内容和形式能有多样变化。如此建构的写作教学模式在教学中才不至于单一,才能给学生以新鲜感、新颖感,才能不断地调动学生的创新思维和主动参与意识,从而能够激发学生写作的兴趣。优秀的教学模式只是一个相对的概念,实际上并不存在可以解决所有教育问题的"放之四海而皆准"的教学模式。每一种教学模式都是为了达到某一特定的教学目标并针对特定的学生而设置的。既然没有单一的教学模式能够达到一切目的,那么明智的教师就必须具备掌握创造足够数量模式的技能来处理自己所面临的各种特殊的学习问题。

二、主体性原则

首先,由于写作教学模式的运用者和执行者是语文教师,所以在建构写作教学模式的过程中一定要以教师为主体。任何教学模式在运用的过程中都存在着教师独有的教学个性与教学模式之间的适应和磨合问题,如果教师有意识地将自己的教学风格与教学模式融合,那么教学模式就有存在的价值。如果教师觉得所建教学模式与自己的教学风格完全无法相融,那么就说明这个教学模式失去了主体性,无法继续使用。

---

① 吕伟:《构建多元化作文教学模式初探》,《青海教育》2003 年第 9—10 期。

因此在建构写作教学模式的过程中一定要考虑到教师的个别差异性。

其次,建构写作教学模式主要针对的是学生的写作,因此在教学过程中要以学生为主体。"传统教学模式的最大弊端在于学生主体性的丧失"①,是指在整个写作教学模式中学生本位观要贯穿始终。写作教学虽是由教师和学生所构成的双边教学活动,但学生才是写作的主体,整个写作教学模式的建构必须要考虑到学生的主观能动性,立足于学生,实践于学生,发展于学生。写作教学过程的设计从写前指导、写作过程、写作修改到写作评价,都必须以学生为主体,不能忽略学生的主体作用。也就是说要尊重学生在写作过程中的自主性和创造性,让学生完全拥有写作主动权和主动意识。只有激发和调动学生的写作兴趣和积极性,学生才会有自主的时间和空间;只有让学生广泛地参与写作教学活动中的所有环节,才能不断地开发他们的写作潜在能力。

三、创新性原则

创新是一个民族进步的灵魂,是一个国家兴旺发达的不竭动力。一个没有创新能力的民族,难以屹立于世界先进民族之林。传统的写作教学模式中积淀着前人的经验和创造,便于学习和借鉴,但它们也是框框和束缚,妨碍革新和创造。因此在建构写作教学模式时又要遵循创新性原则,以便突破原有写作教学模式的限制。当前写作教学的现状与困境、新的教育教学理念、信息技术与写作教学的整合趋势等都要求创新写作教学模式,同时也为写作教学模式的创新提供了可能性。因此建构写作教学模式时一定要遵循创新性原则。建模者要具有创新意识,不能直接照搬照抄传统的写作教学模式。

传统的写作教学模式会随着时代的进步、教育理念的转变、教学环境的变化等多种因素的影响而不适合当前的写作教学,因此在建构模式的过程中可以借鉴传统写作教学模式的合理内核,并对其进行多方面的改造,将现代教育的新思路、新方法、新技术融于新的写作教学模式中。只有遵循创新性原则,所建构的写作教学模式才有创新,才可以使写作教学模式的内容更完整、结构更新颖、功能更有效,才具有实践的意义。

---

① 何明:《中学作文教育实践问题研究》,东北师范大学出版社 2001 年版,第 185 页。

否则新的写作教学模式将会又落入传统写作教学的俗套之中。

四、科学性原则

模式是一种科学操作和科学思维的方法，是一种标准的套路，那么建构模式就是一种科学行为，因此建构教学模式也要遵循科学性原则。教师一定要将科学的建模理论、方法与科学先进的教学理念结合起来，才能建构科学的教学模式。"在教学模式的建构中，需要改变已有的研究方式，不以追求'最优'为目标，不以操作程序描述为重点，重视对教学模式内在教育哲学主题的深刻阐释，注重教学的情景化研究，揭示教学模式的存在条件。"①

写作教学模式是建立在对写作教学规律的把握和对教法与学法的应用以及科学地建模知识的基础上，所以也必须遵循科学性原则。语文教师在建构写作教学模式时，不能够仅仅依靠总结自己平时的实践经验，还要领会新课程教学理念，内化教育学、心理知识等科学理念，并运用到模式建构中，使建成的写作教学模式既有专业性又有科学性。

五、艺术性原则

教育学家夸美纽斯的《大教学论》开卷的第一句话就是："它阐明把一切事物交给一切人类的全部艺术。"即教学的艺术。因此，教学既是一门科学又是一门艺术。在建构写作教学模式的同时也不能忽略教学艺术。"教学模式是指教学的共性、规范性，是教学实践的提炼与固化；教学个性是指教学的风格、个体性，是指模式的变化与活化；教学艺术是指教学的审美、趣味性，是个性的升华与美化。"②查有梁先生也认为："教育既是科学，又是哲学，既是技术，又是艺术。达到艺术境界的教育必然会超越模式，出神入化，应用自如，不拘一格。"③由此可见教学模式的最高境界便是具有艺术性。

假如教学模式的出现是人们为了找到教学活动的操作规则，为了使教学活动科学化，那么教学艺术的存在则是人们为了体现教师的主体

---

① 马生林：《个性化的语文教学需要打破模式期待》，《现代语文》2003 年第 4 期。

② 吕渭源：《教学模式·教学个性·教学艺术》，《中国教育学刊》2000 年第 2 期。

③ 查有梁：《教育建模》，广西教育出版社 2000 年版，第 20 页。

性,使教学活动个性化。教学模式和教学艺术是一种双向生成、互相依存的关系。教学艺术的精髓在于"度"的把握。所谓"度",是指事物保持自己的数量界限,是事物的质所能容纳的活动范围。如果说模式是对"度"的规定,那么艺术则是对"度"的调整;模式从理论和整体的角度出发规定"度",艺术则是以个别和灵活为依据调整"度";艺术离开模式,就会因为失去整体而变得零乱;模式离开艺术,就会因为失去灵活性而变得僵硬。模式与艺术在教学中都不可或缺,少了任何一方,都不可能达到理想的教学效果,不可能创造出最佳的教学情境。因此建构教学模式离不开艺术性原则。

写作本身就是一种精神创造,写作教学中学生就是创作的主体。因此写作教学对于教师的要求不仅仅是通过课本传授教学大纲、课程标准规定的知识,还要教师发挥自己的教学艺术,借助情感、审美思维启发学生内心的感受和创造的灵性。因此我们提倡广大语文教师在学习或建构写作教学最优化模式的同时,能够逐步将教学模式与教学艺术融合在一起,走上个性化教学的道路,推动最优化写作教学模式向更高层次发展。

第四节 写作教学模式建构的过程

任何一种写作教学程序的建构和应用都需要一个过程,写作教学模式的建构可以分为以下几个步骤。

一、研究写作学习理论

"许多优秀的教师都是以研究学法为突破口,在科学的学法基础上改进教法,提高教学质量的。就作文教学而言,语文教师要研究如何学会学好写作的各种学法。"[①]因此研究写作学习理论非常有必要。

一方面可以帮助广大语文教师提高理论修养和写作素养,提高自己的写作能力。正如美国密苏里州中学的教师贝费斯·拜姆斯(1980年获

① 张文泰等:《中学作文教学研究》,东北师范大学出版社1999年版,第10页。

得美国国家教师荣誉称号)所说:"教师会写作,学生就会学得更好;教师如果不是仅仅作为学生的裁判员去工作,而是作为一个编辑去工作,那么他就会获得更大的成功。"①另一方面有利于语文教师掌握中小学学生写作学习的规律,更加科学有效地指导写作教学。总之,最终目的是为了指导写作教学实践,按照教育理论、客观规律建构写作教学模式。"写作学习"理论研究的主要内容如下。

1. 研究文章作品,以借鉴写作技巧

写作的最终结果是产生作品即文章。研究文章,可以借鉴作者写作的经验、写作的技法和写作的艺术。从古至今、从中到外,从《尚书》《诗经》到唐诗、宋词、元曲,到"古典四大名著";从古代希腊罗马神话,到莎士比亚,到海明威、卡夫卡……人类不知创作出了多少脍炙人口的著作与篇章。正如唐弢先生所说:"我们需要向古典作家学习,研究他们怎样描写自己的时代,反映自己熟悉的生活,通过这些,摸清写作技巧与客观生活之间的关系,慢慢地掌握规律,懂得怎样来描写我们自己的时代,反映我们自己所熟悉的生活。"②

中小学语文教材中的文章都是经过专家们再三斟酌而选出的经典作品,这些都是语文教师应该认真学习、研究的对象。叶圣陶指出:"使学生试着去揣摩它们(课文),意念要怎样地结构和表达,才正确而精密,揣摩不出的,由教师给与帮助。"③语文教师通过研究作者创作的构思与布局、定体与变式、选技与用艺、遣词与造句,总结、概括、归纳写作技艺,并化为自己的写作图式,以指导学生写作学习。

2. 研究写作过程,以学习写作模式

《全日制义务教育语文课程标准》(2011 年版)第四学段的目标明确要求"注重写作过程中收集素材、构思立意、列纲起草、修改加工等环节";写作评价建议还特别指出"应重视对写作过程与方法、情感与态度

————————

　①　C. Lecey:《教师职业社会化》,载中央教育科学研究生比较教育研究室编译:《简明教育国际百科全书·教学(下)》,教育科学出版社 2003 年版,第 5 页。

　②　唐弢:《创作漫谈》,作家出版社 1962 年版,第 112 页。

　③　叶圣陶:《略谈学习国文》,载叶圣陶、吕叔湘、张志公:《语文教育论文选》,开明出版社 1995 年版,第 14—15 页。

的评价"。① 从课程标准的阐释中,我们可以看出,新课程的写作理念着眼于写作的全过程,注重对学生写作的过程指导,因此研究写作过程非常有必要。

在"写作过程论"中影响最大的要数刘锡庆的"双重转化"论和朱伯石的"三级飞跃"论。刘锡庆认为,写作中首先是现实生活、客观事物向认识主体即作者头脑的转化,形成观念、情感,这是由事物到认识的第一重转化;然后是作者观念、情感向文字表述的转化,这是由认识到表现的第二重转化,即"物—意—文"的写作过程。朱伯石在此基础上形成了"感知飞跃""内孕飞跃""外化飞跃"的"三级飞跃"理论。金长民、林可夫先生还提出了"三重转化"论的写作过程模型:积累蕴意—立意塑体—表达行文。其实,"三重转化"论和"三级飞跃"论都是在不同的角度探讨双重转化的深层化机制,探讨双重转化过程的中介环节。之后还有各种写作过程、写作模式,如物—感—思—文,物—感—意—孕—文,意思组合—语言组合,观察—思考—表达,说话—写话—习作(片断练习)—作文,模仿—创作,等等。这些写作过程的揭示,为我们的写作学习与教学提供了可操作的模式,为提高写作学习的效率做出了不可磨灭的贡献。②

3. 研究文本作者,以求探写作素养

影响写作的因素很多,如生活因素、认知因素、思维因素、语言因素、技能因素、文体因素、速度因素、情意因素等,这些因素归根结底是作者整体素养的反映。也就是说,写作学习并非只学习语言的表达,要写好文章必须全面提高作者的整体素养。研究作者,就是为了探索写作主体要具备怎样的素养才能写出好的作品,从而指导学习者从根本上解决写作的本质问题。

综观古今中外写作现象、分析作品产生过程、研究作者写作实践,我们不难发现作者的生理素质、心理素质(气质、性格、兴趣、个性等)、思想素养(政治信仰、道德观念和思想品质等)、语言素养(书面语言表达能力)等与写作有直接的联系。因此要写好作品,就要全面提高自己的整体素养,这就是写作学习的本质。

---

① 中华人民共和国教育部:《全日制义务教育语文课程标准》,北京师范大学出版社 2011 年版。

② 彭小明、林陈微:《写作学习论》,语文出版社 2013 年版,第 1 页。

要教会学生写作,语文教师首先自己要先学会写作,具有较高的写作素养。因此教师的写作素养是教师进行写作指导的基础和保障,教师是写作指导的具体实施者,写作指导的优劣取决于教师写作素养的高低。教师写作素养的发挥在写作教学的过程中是不间断的,其影响贯穿于学生写作指导的全过程。教师具备良好的写作素养在写作教学中必然会游刃有余,其知识、技能也必然会对学生产生有益的潜移默化的影响。文本作者是写作实践的主体,在整个写作活动中,作者始终居于主导位置,起着重要的作用。作者的素质、修养和能力,直接或间接影响、制约着他的写作活动,决定他所写文章的质量。因此研究文本作者对于写作学习和提高写作素养是很重要的。

4. 研究写作理论,以概括写作规律

我国不但是个文章大国,也是一个研究文章写作的大国。写作理论大量见诸先秦至明清学者的文章、书简或专著之中,还有陆机的《文赋》、挚虞的《文章流别志论》、刘勰的《文心雕龙》、陈骙的《文则》、李涂的《文章精义》、刘熙载的《艺概》等文论专著。研究写作学习和作文教学模式,就要研究古今中外的写作、文学理论,以求概括出行之有效的写作规律,用以指导学生的写作活动。

"作文教学的实质是让学生掌握和利用写作规律。"[①]这就要求语文教师不仅要懂得写作知识,还要研究写作理论,把握写作的一般规律与特殊规律,同时还要有一定的写作经验和体会,达到对写作的经验、实践、理论的把握。而规律又是客观存在的,并且不以人的主观意志为转移,我们只有探索并利用写作规律进行写作教学才能达到较好的教学效果。

二、学习写作教学理论

写作教学是关于写作的教与学的全部实践活动,写作学理论不承担写作教学活动的研究任务,因此从事写作教学实践的语文教师还要学习写作教学理论。因而建构写作教学模式更离不开写作教学理论的指导,写作教学理论在写作教学中不可缺位。

---

① 张文泰等:《中学作文教学研究》,东北师范大学出版社 1999 年版,第 5 页。

1. 研究写作教学心理过程,促进写作教学的科学性

"作文是一个主体所引起的以情感为主,包含着理智和意志等复杂心理活动的心理过程"①,因此写作是一种重要的心理活动。写作教学涉及"写",也涉及"教"和"学",因此研究写作教学,需要认识和把握写作的心理过程和教学的心理过程。

关于写作心理过程的研究,杭州师范大学的王光龙教授对国内外写作过程研究进行了总结。他将国内写作心理过程研究分为四个阶段:第一阶段是刘朏朏的"观察—分析—表达"三级作文心理过程模式;第二阶段是刘锡庆的"物—意—文"的双重转化说;第三阶段是何克抗等的命题作文心理过程模型;第四阶段是陆继椿的现代作文教学心理模型。将国外写作心理过程研究总结为:一是作文心理转换理论;二是作文心理加工理论;三是作文心理维度操作理论。这些写作心理过程研究值得语文教师学习,因为了解了学生的写作心理,可以更好地进行写作教学。

写作教学的心理过程是由"教"的心理过程与"学"的心理过程有机组合而成的。"教"与"学"都处在整个写作教学过程之中,调整"教"的心理活动应以"学"的心理活动为依据。语文教师要明白"教"是为"学"服务的,"教"是为了不教,是为了使学生学会写作并养成良好的学习写作的习惯。所以教师必须认真研究并把握"学"的心理过程及其规律,并从这一认识出发,深入探讨"学"的心理过程。

写作教学心理过程的研究为确立写作教学活动的要素、明确写作教学活动要素间的关系以及促进写作教学过程成为一个有机整体提供了可操作性理论。它还有助于语文教师对写作过程的特点及其本质的把握,从而为建立完整的写作教学模式与合理的写作教学评价体系提供了科学依据。

2. 认识写作教学的规律,提高写作教学效果

写作教学规律实质上就是教师促使、帮助和引导学生摸索并掌握写作规律的教学规律。在中国教育史上,写作教学是最早开创的学科门类之一,迄今已有几千多年的历史。写作教学的蓬勃发展,促使我们去尽

力认识、探索写作教学的规律,以达到遵循规律、更加科学有效地进行写作教学的目的。各界学者发表了大量有关写作教学研究的论文和专著,如梁启超的《作文教学法》《中学以上作文教学法》、叶圣陶的《作文论》、阮真的《中学国文教学法》,等等。

长期以来,众多语文教师只重视对写作教学实践经验的中介,忽视了对写作教学理论的研究,殊不知,在大量的实践经验背后有着共同的、行之有效的教学规律隐含其中,有形或无形中指导着写作教学活动。例如知行合一规律,是指写作教学过程是教授、学习写作理论知识和进行写作实践训练两者有机结合的过程。如果教师过于重视写作理论、写作技巧等方面知识的传授,而忽视学生的自我写作实践,那么这种写作教学就是"纸上谈兵",学生的写作就谈不上进步。相反如果只是让学生写作而不传授相关的写作知识和技巧,让学生盲目写作,学生的写作水平就只会"原地踏步"或者进步缓慢。正如鲁迅曾说过的:"从前教我们作文的先生,并不传授什么《马氏文通》《文章作法》之流,一天到晚,只是读,做;做的不好,再读,再做。他却绝不说坏处在哪里,作文要怎样。一条暗胡同,一任你自己去摸索,走得通与否,大家听天由命。"①例如智技综合规律,是指写作教学中既要培养写作的智力,又要发展学生的写作技能。提高学生的写作技能,这是写作教学长期以来始终注目的,而写作行为是写作主体的学识、阅历、智力、写作技能等的多元综合,因此写作技能的提高也离不开智力的发展。写作教学也要注意智技综合培养。

对于写作教学规律的探求以及客观规律能否被正确地认识与利用,关系到写作教学的科学化和有效化的重大问题,因此语文教师要研究写作教学理论,认识和掌握写作教学规律,学会利用写作教学客观规律指导写作教学。

3. 研究写作教学改革的趋势,探寻最佳写作教学模式

自古以来我国对于写作教学就非常重视,因此不同时期形成了不同的写作教学理论,例如改革开放以后形成了诸如"写作训练论""写作过程论""写作主体论"等写作教学理论;21 世纪以来形成了"写作素质教育论""实践活动论"等写作教学理论。这些写作教学理论都结合了当时最

---

① 鲁迅:《鲁迅全集》(第 4 卷),人民文学出版社 1981 年版,第 270 页。

先进的教育学和心理学研究成果,以反映本时期的教学理念。

综观 20 世纪 80 年代以来的各种中学写作教学与训练体系我们可以清楚地看到:(1)在 20 世纪 80 年代初期"文体中心论"的写作教学时代,写作教学改革的主要方向是概括记叙文、说明文、议论文的文本规范、模式、套路、程序,这种写作教学的基本思想是建立在模式模仿的学习策略基础之上的;(2)自 20 世纪 80 年代开始的写作教学与训练改革的主要趋势是走出"文体中心论",即走出文体规范、文本内容模式的模仿,其基本"走向"有两个,一个是走向"心理学—思维学"方向的教学改革,即注重学生的主体素质——认识能力和思维能力——的培养、训练,一个是走向"写作学"方向的教学改革,即注重写作过程的教学与训练,亦即写作基本能力的培养与训练;(3)到了 20 世纪 90 年代,写作教学训练改革的主要方向是走出写作教学单调、枯燥的模式,走向对学生写作的趣味性的培养和立体化的探索,从而为学生写作提供强大的心理动力。《全日制义务教育语文课程标准》(2011 年版)和《普通高中语文课程标准》对写作教学都提出了全新的理念,例如注重激发学生的写作兴趣和自信心,注重发展学生的个性培养创新精神,要求写作教学的开放化和教学方式的多样化,等等。

写作教学改革的探索,不仅仅是语文教学改革的探索,在本质上也是当代教学思想、教育哲学的探索。因此需要研究写作教学的变革历程,了解语文教学研究的新动态,为语文教师建构写作教学模式提供先进的理论和思路。

三、反思写作教学实践

写作教学的使命就在于把理性状态的写作知识通过写作教学实践活动变成学生语感状态的写作经验。"所有的人类活动都具有反思性的特征。"[1]语文教师应该成为"反思性实践家",而不是单纯的教学实践家。应将写作学习理论与写作教学理论结合起来,从"写作学习"角度研究写作教学,从而反思当前的写作教学实践。概括而言,当前写作教学实践主要有以下三大问题。

---

[1] 王天平:《教学实践家的品质及其成长》,《当代教师教育》2011 年第 3 期。

1. 写作教学模式僵化

通过对中小学的问卷调查,我们可以发现如今的写作教学模式化、应试化严重,写作课堂几乎都是同一个步骤和套路,存在着教学方法单一、写作教学理念陈旧、套用单一模式严重等弊端,导致写作课成为一种程式化教学。由于语言和结构都有固定的模式,学生在谨小慎微地就范于套路或模式时,其主动性和创造性也就遭到了封杀,学生对于写作的兴趣也就丧失了。模式化的写作教学忽视了学生自身言语、思维能力的发展规律,忽视了对学生写作兴趣和志趣的培养,压制学生对生活的个性化、创造性表达,漠视学生真实的具体的生活,进而导致写作教学低效甚至无效。

2. 学生主体性缺失

传统写作教学的最大弊端在于学生主体性的缺失。尽管教师可能在观念上认可学生的主体地位,但在以“典型文章示范—写作知识讲解—学生现实写作—教师批改讲评”为主的教学模式之下,学生的主体作用已经在不知不觉中丧失了。这四大环节中,教师的作用占了三个环节,那么,学生的主体地位怎么体现? 表面上看这几个环节都有其合理性:典型文章有良好的示范作用,写作知识可以在理论上说明写作规律,教师的批改和讲评可以有针对性地进行个别指导。但在实际教学中教师很难真正做到这一点,教师要面对几十个学生,而讲解和指导的内容则是同样的,不管学生们有怎样具体的个性,不管学生之间的差别有多大,一律往教材设定的目标上靠,一味往自己设计的程式上套,如此一来,学生自由发挥的天地还能有多大?

3. 语文教师不善建模

“善于构建教学模式,是教师应当具备的基本功。”[①]但是通过问卷调查以及反思当前的写作教学实践,我们发现现在的语文教师在模式运用方面主要存在四个问题:没有模式或模式单一;有模式却模式僵化;会模仿模式但不会创新;没有“建模”知识,或没有建构模式的意识,或没有建构模式的能力。因此让语文教师学会构建写作教学模式就成了迫在眉

---

① 梁靖云:《构建教学模式:教师应当具备的基本功》,《教育理论与实践》2012 年第 23 期。

睫的任务。建模不仅对于提高写作教学质量具有重要作用,同时也是促进语文教师专业发展的一个重要途径。因为构建教学模式的过程就是一个学习与研究的过程。

四、建构写作教学模式

反思当前写作教学实践,鉴于当前写作教学模式化严重的现状,语文教师应该自主建构写作教学模式,正如真正有效的教育是"自我教育"一样,对于每一位语文教师来说,真正有效的建构是"自主建构"。任何其他人的模式建构都不可能代替教师自己的模式建构。因此既要打消对已有模式的期待,也不要认为只有专家才有能力建构教学模式,要树立自信心和建模的主动意识。

语文教师要将写作学习与写作教学结合起来,将理论与实践结合起来,将借鉴传统写作教学模式与新课程标准提倡的写作教学新理念结合起来,将自身的教学特色与本班学生的个体差异结合起来,这样才能建构一个最终适合自己和学生的科学的写作教学模式。

第五节　写作教学模式建构的方法

写作教学模式的建构与研究不是让教师教学"程式化",而是让教师学会"教学创新",建构一个新的模式方法有很多,归纳起来主要有以下几种。

一、基于实践经验,自觉建构

在马克思主义哲学看来,实践是认识的来源,是认识发展的动力,是认识的最终目的,也是检验真理的唯一标准。任何反映客观真理的理论都来自于实践。因此任何教学理论都应建立在丰富的经验和学科材料积累的基础上,不能企望在学科的荒漠上建构理论的海市蜃楼。语文教师要具有理论的自觉性和实践的主动性,就要从不断变化发展的教学形势出发,自觉地把教学思想认识从那些不合时宜的观念、做法和体制的束缚中解放出来,从传统教学模式的禁锢中走出来,总结实践的新经验。

从杜威的教育思想来看,经验的实践性至关重要。杜威是美国划时代的教育家,他反复强调"从实践中来,到实践中去",并且认为认识和经验是统一的。因此建构教学模式作为一种教学活动同样也依赖实践和经验,一切教学模式的成型都来源于经验的积累和实践的验证。教师要立足于教学实践,梳理教学事实,反思教学活动,积累教学经验,形成丰富的经验教学论,并在此基础上,借助科学教学论在理论和方法论上的指导,建构个性化的教学模式。

同时,教师还要有自觉建构教学模式的意识。詹姆斯指出:"教师专业成长的可能性在于教师本身对成长的承诺。"[①]这说明教师的专业成长动机来自于教师内在的主观意愿,教师要实现专业的自主发展,就必须具有自觉的积累实践经验和反思实践经验的意识。如果一个教师只满足于经验的获得而不对经验进行深入的反思,那么他将固步自封,在教学上面永远没有较高的造诣,因为旧有的理念及不适当的教学行为很难改变。语文教师应该在习以为常的教学实践中觉察到真实的问题,认识到问题背后的契机和资源,并有能够主动改善实践的专业意识和能力。

写作教学模式的建构也一定需要语文教师在长期的写作教学实践中,经过反复的摸索,不断积累经验,先通过自觉建构抽象的规范的操作程序,形成"粗坯型"的写作教学模式,然后在实践中进一步修正完善写作教学模式,使写作教学模式逐步定型,最终形成稳定的模式,能够逐渐推广应用。基于实践经验而自觉建构起的写作教学模式有很多,下面以"主体补构"写作教学模式的建构过程为例进行介绍。

案例:俞磊老师的"主体补构"写作教学模式

俞磊是温州大学写作课教师,也是温州市中小学写作教学名师。在十多年的时间里,他致力于大学和中小学写作教学研究,非常重视写作与中小学"作文教学"的联系,并非常成功地将写作学理论运用于个人的中小学写作教学实践之中。在辅导中小学学生写作方面有丰富的教学经验,还多次为广大师生与家长举办个人写作教学讲座。

俞磊老师最初进行写作教学时也和其他语文教师一样用传统写作

---

① 王天平:《教学实践家的品质及其成长》,《当代教师教育》2011 年第 3 期。

教学的方法和要求训练学生,例如多写多练、积累好词佳句、多阅读、善于观察生活、写作时要有真情实感等。但经过多年的写作教学实践,他发现学生写作水平其实并无提高,可以说这几种老生常谈的方法对于学生写作的促进是苍白无力的。通过对这些传统写作教学观念进行反思以及对写作主体论与写作文化论等写作理论的研究,他意识到并不是这些方法不正确不科学,主要是因为写作主体如果过于贫弱,从根本上提升写作能力就只能是空谈。语文教师应该做的不是空口让学生进行无目标性的阅读和写作,而是要帮助写作主体建立写作行为和思维能力。就一个作文题目而言,教师应在课堂上完成对该题目的丰富"背景"的构建,即教师要通过各种材料尽量将题目所对应的视野讲得开阔,让学生能够充分理解题目,并拥有驾驭该题目的能力。同时,教师应对该题目的多重"内涵"进行深入挖掘,并适时给出学生自己较深刻的见解与思考。

经过十余载的教学实践,俞磊老师形成了自己的写作教学模式,但是没有总结自己的模式。彭小明老师在指导一位学生(吴方方)的本科论文时发现她对俞磊老师的写作教学很感兴趣,于是开始探讨其教学思想、教学方法和教学程序,并命名其写作教学方式为"背景"作文教学法(后根据研究的深入改名为"主体补构"式写作教学模式)。这一模式充分利用学生在小学高段至初中阶段是身心变化最强烈阶段的特点,通过适当的逻辑训练、思维训练、视野建立等方式来建立起中小学生良好的写作主体素养与写作行为模式。这一模式由教师充分讲、让学生主动写、当面批、仔细评等一系列完整操作过程构成,教学效果显著。"主体补构"教学法虽然走的是老路子,但是俞磊老师通过多年的实践经验摆脱了传统教学模式的误区,重新建立起了具有自己教学特色的"主体补构"写作教学模式。①

二、基于理论指导,主动建构

写作教学模式还可以从理论出发进行建构。"教学模式还可以基于教学理论、学习理论等理论研究的成果,通过演绎而获得(最终要经过实

---

① 俞磊、吴方方:《重建罅隙间的中学写作教学生存秩序——以俞磊老师的"主体补构"教学法为例》,《现代教育科学》2012年第1期。

践检验)。"①毛泽东在《实践论》一文中指出:"我们的实践证明:感觉到了的东西,我们不能立刻理解它,只有理解了的东西才能更深刻地感觉它。感觉只解决现象问题,理论才能解决本质问题。这些问题的解决一点也不能离开实践。"②从哲学的角度可以看出理论和实践是分不开的,"鉴别一个教学模式成熟的程度,一般从其理论基础中即可窥见一斑,当理论基础显示出单薄、泛化倾向时,该模式的传播应用效果就打上了一个问号"③。由此可见理论指导对于模式建构的重要性。任何一种科学的教学模式都必须有教育理论、教学理论以及模式建构理论作为指导。写作教学模式的建构也离不开理论的指导。

语文教师可在理论的科学指导下主动建构模式,将理论转化为可操作的教学模式,一般有以下几个步骤:

第一,从理论出发,建构理论上"可能"的模式。写作教学模式赖以建立的教学理论或者实践,是写作教学模式深层内隐的灵魂和精髓,它决定着教学模式的方向性和独特性,理论基础在教学模式结构中既自成独立的因素,又渗透在其他因素之中。其中既要包括理论基础的科学性问题,也应包括理论基础的丰富性与针对性问题。因此建构者必须首先从理论出发建构起理论上"可能"的模式。新一轮的语文课程改革以来,国家颁布了《基础教育课程改革纲要》《语文课程标准》等纲领性文件,提出了一系列先进的教学指导思想,为语文教师建构写作教学模式提供了理论基础和总的方向。其中,"知识与技能""过程与方法""情感态度价值观"的三维教学目标、"自主、合作、探究"的学习方式和对话教学模式,更是语文教师必须理解和内化的新的理念。此外,新课程标准中所阐释的写作教学新理念等,对于建构新的写作教学模式也有着直接的指导意义。广大语文教师应该依据《基础教育课程改革纲要》和《语文课程标准》,主动构思自己的写作教学模式。

第二,结合实际情况,建构实践上"可行"的模式。"可能"的模式并不

　　① 梁靖云:《构建教学模式:教师应当具备的基本功》,《教育理论与实践》2012 年第23 期。

　　② 张文泰等:《中学作文教学研究》,东北师范大学出版社 1999 年版,第 269 页。

　　③ 李如密:《关于教学模式若干理论问题的探讨》,《课程·教材·教法》1996 年第4 期。

等于"可行"的模式,还要结合实际的教学情况来将"可能"的模式变为"可行"的模式。语文教师可根据本校、本班学生的情况进行有针对性的建构,尤其是要基于学生的学情视角来"量身定做"适合学生的模式。例如国外教师根据建构主义教学理论建构的支架式、抛锚式写作教学模式。

第三,经过多次实践检验,建构"可信"的模式。实践是检验所有教学模式是否有效、是否科学、是否优越的唯一标准。理论对于模式建构具有启发性,但是,最终必须落实到建构有操作性、有可行性、有可信性以及具有推广性的教学模式上。"可行"的写作教学模式还需要通过具体的多次的写作教学实践来检验,如果能够真正提高学生的写作水平,激发学生的写作兴趣,即可成为"可信"的写作教学模式。①

基于理论指导建构出的写作教学模式有"创新式作文""个性化作文""开放式作文""研究性作文""多媒体作文"教学模式等。下面以"非指示性"作文教学模式为例作简单的介绍。

案例:郑逸农的"非指示性"作文教学模式

"非指示性"作文教学模式是郑逸农老师将美国著名的人本主义教育家、心理学家罗杰斯提出的"非指导性"教学理论与写作教学结合起来建构的。罗杰斯的"非指导性"教学原则主要有五条:第一,教师不能直接教授他人,教师能做的就是使学生的学习可以容易地展开;第二,人们是抱着维持自己的构造或者强化自己的构造,有所侧重地学习的;第三,同化带来自己的构造中的某种变化;第四,学生对自身的学习与评价负有责任;第五,教师应该把学生的情感和问题所在放到教学过程的中心地位,自己的发言要有所节制。由此可以看出罗杰斯强调学生的主体性。

基于罗杰斯的这种教学思想,郑逸农老师反思我们当前的写作课堂教师干预过多、学生主体性缺失、教学目标以应试为主、教师一个人决定着学生作文的"生死"的现状,于是将"非指导性"教学理论"嫁接"到写作教学上来,提出了"非指示性"作文教学模式,它既是对以教师为中心的"指示"教学的反拨和颠覆,又是对以学生为中心的"非指导性"教学的反

---

①　彭小明:《语文课程与教学新论》,浙江大学出版社 2009 年版,第 98—101 页。

拨和调整,从教师中心、学生中心转向师生对话,师生相互教育,共同成长。

郑逸农老师通过多年的实践验证最终形成了"非指示性"作文教学理念。根据"非指导性"教学原则而构建的"非指示性"作文教学模式的主要特征定位于学生的主体性、教学的点拨性、教学的开放性。模式的操作过程主要是情感自发、目标自定、过程自主、成果自评。这种写作教学模式成效显著。郑逸农老师建构此种写作教学模式的过程就是基于理论指导的典型例子,既有科学性,又有实用性,值得广大语文教师学习。①

三、基于继承模仿,创新建构

教学模式是连接教育理论与教育实践的中介,它是人们在长期的教学实践中不断总结经验、改良教学而逐步形成的。新中国成立以来,随着我国的教育事业逐渐走向正规,产生了许多有影响的写作教学模式。但这并不意味着我们就再也不需要建构新的模式。由于时代的发展、教学理念的进步、教学环境的改变等多种因素,我们必须要在继承传统的基础上模仿、创新建构模式,这也是一种建构模式的极其重要的方法。

新的教学模式的诞生便是创新,旧的教学模式的消亡或被替代就意味着发展。而发展需要创新,创新需要继承,正如陆机在《文赋》中所说的"袭故而弥新""沿浊而更清"。继承传统模式而推陈出新的建构的一般步骤是:继承—模仿—改造—创新。这一方法是通过对已有教学模式的吸收、借鉴、改造,创造出新的教学模式。鉴往可以观今,也可以顾后。以往有些写作教学模式,即便没有成功的经验,也会有失败的教训。研究已有的写作教学模式,再重新审视当前众多的写作教学模式,可以澄清思想,改进方法、为建构新的写作教学模式创造基本的条件。模仿旧有写作教学模式中值得借鉴的建构理念、教学方法,改造当前模式在教学实践中与教学情境、学生写作等不适应的因素,分析具体原因并结合现实加以丰富和发展,就可以创造出新的模式。

继承模仿可以分为几种方式:第一种是机械模仿,即"照着葫芦画

---

① 郑逸农:《非指示性语文教育初探》,浙江教育出版社 2006 年版,第 13 页。

瓢",也就是直接运用所看到或者了解到的适合自己的写作教学模式。这是继承模仿的最低层次,一般不提倡语文教师运用,因为通过这种机械模仿而建构出的模式往往在教学实践中会导致僵化;第二种是改进模仿,可以对别人创建的写作教学模式进行适当的改进,或针对这个写作教学模式的不足之处,或针对这个写作教学模式不适用于本班写作教学的地方进行改进;第三种是组合模仿,即综合几种写作教学模式,汲取其精华部分,例如将所了解的写作教学模式的各自教学理念、教学方式、教学过程等进行比较,然后对其进行重构,即可成为一种新的写作教学模式;第四种是创意模仿,语文教师可以在继承的基础上进行创造性的模仿,建构成具有自己特色的写作教学模式,这是继承模仿的最高层次,也是我们极力提倡语文教师进行建构写作教学模式的最佳方式。

　　总之,教师要认识到继承是为了创新、创新又离不开模仿,继承与创新的辩证需求是写作教学模式获得良性发展的原动力,因为只有站在"巨人的肩膀上"才可以取得更大的成就。任何写作教学模式自身都存在一定的不足之处,必须取长补短,从相关的写作教学模式中汲取有营养的东西,吸纳合理的理论与方法,结合自己的教学实践创新构建。当然创新一定要有依据,教师应该在研究教育理论,如教育学、心理学、教学论、写作学、语言学等基础上,结合实际,准确把握"新课标"写作教学理念大胆建构。

案例:源于"读写结合模式"的"课本作文"教学模式

　　读写结合训练模式是建立在"读"与"写"两种学习情境相互沟通、良性迁移的基础上的。20世纪80年代,有一种写作教学模式叫作"三个阶段九种作法"读写结合模式,主要教学过程如下。

　　①课前阶段:第一种作法——编写课文提纲;第二种作法——试写同题作文;第三种作法——讨论写法。②课中阶段:第四种作法——复述课文;第五种作法——片断练习;第六种作法——对比写作。③课后阶段:第七种作法——读后仿写;第八种作法——读后改写;第九种作法——扩写或续写原文。

　　这种循序渐进、有步骤的作文训练模式确实能够提高写作教学效果,可是也容易导致教学过程出现"程式化"现象,教师容易陷入"三个阶段九种作法"的框架内。于是广东顺德一中语文教师(黄滨)在继承和模仿"三个阶段九种作法"读写结合作文训练模式的基础上进行优化改造,形成了"课本作文"教学模式。

"课本作文"教学模式在将读写结合的基础上,又充分发挥了教师的主观能动性,使写作教学源于"文本"又高于"文本"。学生可以选择适合自己的文体和写作方式。其基本思路是:以每篇课文为支撑点,让学生学习作者的写法,这样学生不仅学到了作者思维的经验,也获得了思维的能力;利用教材中的文本指导学生认真阅读,领悟其中的写作方法和技巧,这样可以激发学生的写作兴趣,从而解决学生无从下笔的问题,突破了写作教学中"写什么""怎么写"这一瓶颈,还使学生无意识地收获了许多写作技法,进而有效地提高了学生的作文水平,让学生体会到创造的愉悦感。[①]

这种在模仿基础上的创新建构模式的方式既能够防止模式的束缚和落后,又能够适应不断变化发展的学情,是广大语文教师建构写作教学模式的一种便于学习和利用的方式。

四、基于不同情形,多元建构

毛泽东在《矛盾论》中指出:"任何运动形式,其内部都包含着本身特殊的矛盾。这种特殊的矛盾,就构成一事物区别于他事物的特殊的本质。这就是世界上诸种事物所以有千差万别的内在的原因……每一物质的运动形式所具有的特殊的本质,为它自己的特殊的矛盾所规定。这种情形,不但在自然界中存在着,在社会现象和思想现象中也是同样地存在着。每一种社会形式和思想形式,都有它的特殊的矛盾和特殊的本质。"因此解决问题需要具体问题具体分析。从哲学的角度来看,写作教学也具有特殊性,建构写作教学模式也要根据不同的情形来建构不同的模式,不能够只用一个标准、一套模式、一种方式、一条思路去要求学生。依据具体情况建构具体模式,才是解决写作教学的正确方法。

"建构主义认为,学习总是与一定的社会文化背景即情形相联系,在一定的情境下进行学习,可以激发学生的联系思维,使学习者能利用原

---

① 黄滨:《课本作文》,中国评论学术出版社 2007 年版,第 65 页。

有认知结构中的有关经验去同化和索引当前学到的新知识,从而使新旧知识建立起联系,并赋予新知识以某种意义。"①《语文课程标准》中也指出:"语文教学应为学生创设良好的自主学习情境,帮助他们树立主体意识,根据各自的特点和需要,自觉调整学习心态和策略,探寻适合自己的学习方法和途径。"②不同的写作教学模式并不是彼此对立的,而是适合不同情形和策略的。因此针对不同课型、文体、文本、教师教学、学生群体等建构不同的教学模式是每个语文教师应该明确的方法。

任何一种写作教学模式在使用条件和应用范围方面都具有一定的局限性,没有"放之四海而皆准"的万能写作教学模式。教师应该根据不同的教学情形,建构多元的写作教学模式。不同的作文类型就有不同的教学模式,对于不同的学生也有不同的教学模式。例如"新课程"写作教学模式的建构可根据不同的作文目的、作文条件、作文要求建构不同的模式。在写实作文的教学中可以运用观察生活—思考感悟—写作表达的教学模式;在写虚作文的教学中可以运用设置情景—联想想象—构思创作的教学模式;在命题作文的教学中可以运用命题审题—收集资料—作文修改的教学模式。③

案例:多元化的写作教学模式

浙江乐清虹桥中学的陈友中老师针对传统作文教学"唯考是从"的弊端,提出了"生态作文教学"的概念,并逐步通过实践将其建构成为一套独具特色的生态作文教学模式,尊重了学生的主体性,让学生在自由的环境下进行写作。湖南省著名作文教学研究专家杨初春老师创造出快速作文教学法——"五步四法两课型"写作教学模式,专门针对传统作文教学效率低,处于"少、慢、差"的落后现状。李吉林老师最先建构了情境作文教学模式,通过创设不同情境来激起学生的写作兴趣和灵感,之后情境作文教学在国内迅速发展。邓泽棠老师建立了"创设情境、激活情趣"的乐学形式;魏书生老师也是通过情感的诱导,创设合理而积极的

① 姜丹:《信息技术环境下的中学语文教学实践》,《中国电化教育》2012年第4期。
② 中华人民共和国教育部:《全日制义务教育语文课程标准》,北京师范大学出版社2011年版。
③ 封力华、彭小明:《语文教学模式:解构与建构》,《现代语文》2008年第11期。

生活情境教学生写作,等等。吉林省特级教师赵谦翔认为传统写作教学受应试的影响,使学生写作没有自己的思想和个性,他称这种现象为"灰色污染",针对灰色作文,他提出了绿色作文,提倡快乐、健康、真实的生态写作,并且已形成一套完善的教学策略。对于传统写作教学的封闭性,有许多教师提出了开放式写作教学,例如全国优秀校长张云鹰老师就在多年的教学实践中探索出了具有独特个人魅力的作文教学模式即完全开放的写作教学模式。全国语文教育研究与发展中心副理事长谭蘅君是文化作文的创建者和实践者,他主张用文化的眼光审视话题,用文化的意蕴丰美话题,用文化的思辨挖掘话题,用文化的品位提升话题,并形成了完整的文化作文教学的理论系统和操作系统。马正平针对当前学生写作动力缺失的现状,建构了以"兴趣动力激发"和"思维操作训练"为核心,以"创新"为目的,坚持以学生活动为主体,学生自学为基础,教师为导写教练,思维训练为主线的DCC("动力学—操作化—成功感")作文教学模式。

以上所述的几种写作教学模式都是语文教师根据不同的教学情形各有侧重地建构出来的,这样的建构方式更加适合语文教师,所建构出的写作教学模式也更加适合学生。

第六节　建构写作教学模式的重点

任何一种新的教学模式的形成,都需要反反复复地实践,它是从上十个甚至上百个典型教学案例中提炼、抽象和概括出来的。不仅要找出其中的本质及其规律,并用简约的语言或关键词加以表述,展示出课堂结构与操作过程;还要从理论上加以阐述,梳理出来龙去脉或历史线索。建构写作教学模式也需要有明确的重点,有重点才可以有条不紊地建构出一个完整的体系。

一、概念化

概念是对现象的抽象,它是一类事物的属性在人们主观上的反映。所以概念就是一个类名,所代表的是该类事物的一种或数种共同属性。

概念是用符号或文字表达出来的想法。语文教师要建构一个新的写作教学模式,首先要对其概念化。所谓"概念化",就是语文教师在基于经验、理论、模仿或情景等方法建构一个写作教学模式时,如果心中已经有那么一个明确的想法(定位),就首先要寻找一个合适的词语或短语命名它。可根据模式的建构理念进行命名,例如新概念写作教学模式、生态写作教学模式、绿色写作教学模式等;也可根据模式的特点进行命名,例如创新写作教学模式、开放写作教学模式、个性写作教学模式等;还可根据作文的类型进行命名,例如话题作文教学模式、材料作文教学模式、范围作文教学模式,等等。

二、系统化

系统化是指采用一定的方式,对自己将要建构的写作教学模式进行分析,对于流程进行梳理归类、整理或加工,使整个模式有系统的条理和完整的结构,以便在写作教学中易于操作。例如:"××写作"模式的定义、分类、特点、写作过程;"××写作教学模式"的教学理念、目标、原则、方法、程序、评价等。尤其要指出的是要明确建模的目标。明确建构教学模式所要达到的目标,是建模的出发点和归宿。在写作教学模式的建构中,只有具体地了解和准确地把握建模目标,才可能找到建模的基准和路径。一般来说,建构写作教学模式的目标是由特定的写作教学任务和写作教学目标所决定的。

三、理论化

理论的有无、高下历来是各种职业人员专业化程度的重要标杆。理论具有"鉴往知来"的价值,它是教师过往经验、智慧的结晶,又能观照教师未来的"教学行动"。所谓"化",有"趋向、转化(为)、生成"等的意思。"理论化"就是在一定教学思想的指导下,对教学经验进行选择、反思、萃取、晶化或改造、重组等,使之成为一种理性思维乃至理论成果的过程。建构写作教学模式是一种科学的教学行为范式,因此也需要理论化。理论化可以有两种方式:一是将自己的教学经验上升到理论的高度,语文教师可采用"去粗取精,去伪存真,由此及彼,由表及里"的方式使自己的教学经验理论化,然后来建构写作教学模式;二是找出能够支撑所建构的写作教学模式的理论依据,用理论来验证所建模式的科学性。对于建构写作教学模式来说,一是要掌握"××写作教学模式"的研究现状,即国内外同类研究综述;二是要从教育学、心理学、写作学、语言学等方面寻找理论依据;三是可以用名人名言来证明。理论化,一方面是为了写作教学模式的科学化,另一方面也是为了写作教学模式的学术性、普适性。

第七节 写作教学模式建构的策略

语文教师明确了写作教学模式建构的方法与步骤,还需要有正确的策略来促进模式的建构,下文主要阐述教学建模的策略。

一、树立写作教学模式建构意识

首先,语文教师要肯定模式是客观存在和不可或缺的。在建构写作教学模式之前,语文教师一定要意识到模式是客观存在的,写作有模式,写作教学也有模式。也许有些教师会质疑模式的运用会束缚教学,但必要的"束缚"有时也是需要的。这是因为,任何事物既有解放作用,又有束缚作用,而这两种作用都是需要的。一方面事物的束缚作用(规则)可避免盲目性,防止混乱;另一方面事物的解放作用(自由)可避免格式化,防止僵固。这好比走路,必须遵守交通规则,这是束缚,按规则走才会顺利、安全,这又是解放。再比如地球具有吸引力,也是一种模式,它使任何人都难以随意离开地面,这无疑又是束缚,但正因为如此,人们才能生存在地球上,这无疑也是解放。在教学领域,教师就是要肯定模式的客观存在,不断地建构模式和突破模式。

其次,语文教师一定要有主动建构模式的意识。查有梁先生认为评价一所学校的教学水平可以主要从三个方面判断:一是看学校对教学理论和教学理念是否有深入的研究;二是看它们是否针对学校的实际问题建立了对应的"教学模式";三是看它们是否在"教育实践"中有长远的、全局的打算。① 可见建构教学模式不仅是时代的呼唤和要求，也是检验教学水平的标准之一。从国家到地方要建构办学模式，从学校到每位教师要建构适合本校本班学生的教育模式。"对许多学校的校长、教师来说，他们所缺乏的正是建立各种教学模式的自觉意识。'建模意识'不强，既影响教育理论的具体化，又影响教育实践的'升华'。"② 由此可看出建模意识的重要性，尤其是处于教学一线的广大教师一定要有自觉而又强烈的建模意识。要让教师们意识到：第一，建构教学模式不是教育专家的职责，不能够只停留在对现有模式的依赖和期待中；第二，并不是只有教育专家才有能力建构教学模式，一线的教师同样有能力建构。

　　写作是一种心智活动，源于表达的需要。传统的写作教学使学生对写作文产生恐惧心理，因而失去了兴趣。传统的写作教学模式多年来一直受到人们的批判，建构新的写作教学模式已经成为语文教育和写作教学的重要任务。因此语文教师要树立起自主建构写作教学模式的意识。马克思主义哲学认为，意识对人具有能动的反作用，正确的意识具有指导实践改造客观世界的作用。语文教师如果想改变当前写作的教学现状、建构新的写作教学模式，首先必须要有建构写作教学模式的意识。教学管理者也要通过各种方式和途径增强教师们建模的意识。

二、营造写作教学模式建构氛围

　　基础教育改革的一项重要任务就是：教育行政领导要学会构建区域性的教育发展模式，即宏观层次的教育模式；每所学校的校长要学会构建该学校的办学模式，即中观层次的教育模式；每位教师针对自己的教学个性、所教学科、所教学生的实际，构建自己的教学模式，即微观层次的教育模式。② 自主创新建构教学模式已成为"新世纪"办学和教学的大势所趋。语文教师有了自觉建模的意识，还需要一定的环境来促进模式的建成，因此学校和老师之间要营造建模的氛围。学校应该积极鼓励和提倡教师建构教学模式，可将教师自主建模作为教师专业发展的一种"校本培训"方式，根据本校语文教师所建构的写作教学模式开展建模交

---

① 查有梁：《教育建模》，广西教育出版社 2003 年版，第 13 页。

②② 查有梁：《论教育建模》，《高等教育研究》1997 年第 9 期。

流会,语文教师之间也可以互相讨论各自的模式。

例如抚顺市教委及所属学校的各级领导就充分发挥骨干教师的作用,发动广大教师积极构建各具特色的教学模式。对于已退休的、教学经验丰富的、有学识的老教师,抚顺市教委非常器重,并将他们聘为教学模式建构的顾问。在这样一个建模氛围之下,短短三年内,抚顺市的教师们就出版了《小学课堂教学模式选编》《中国小学实用教学模式》等书,重点概括论述了教师们建构的 77 个教学模式,并形成了"立模—说模—观模—评模—炼模—定模"的建模体系。广大教师不仅树立了建模的意识,而且增强了建模的信心。各个地区的学校和教师可以效仿抚顺教委的做法,根据写作教学的规律和特点,积极营造建模的良好氛围,在教师建构写作教学模式的过程中给予尽可能的技术、实践和理论上的支持。

三、确定写作教学模式建构对象

建构任何教学模式都需要确定建构的对象,有了明确的建构对象才可以避免建模的盲目性。每个语文教师都有着自己的教学个性,有着自己的长处和短处,因此在建构写作教学模式时,可以依据自身的条件、自身的素质、自身的兴趣来选择对象。例如可以总结自己的实践经验或者选择自己喜欢的教育理论或者模仿改造他人的写作教学模式等。这样有针对性地建构写作教学模式,不仅可以使语文教师扬长避短地建构出最优化的写作教学模式,而且可以使语文教师自身的素质得到进一步的提高。

选择建构的对象还可以参照"小""新""实""土"这四个标准。"小"就是指对象的选择不能过于宽泛或者笼统,否则建模很困难。尽量从小入手,建构一个小型的适用本班学生的写作教学模式。例如可以从本班学生写作存在的问题出发建构一个解决问题的模式。"新"是指所建构的写作教学模式要新颖独特,摆脱传统写作教学模式的束缚。如果还是老生常谈,那么建模就没有意义,也无教学效果可谈。"实"就是指要实用,具有可操作性、有效性,针对本班写作教学实际状况出发,建构既可行又实效的教学模式。只顾"新"忘了"实",会导致写作教学模式好"看"而不好用。"土"是指建构写作教学模式时要有本土化意识,有自己的特色。语文教师可以根据校本课程、本地区或者本学校的人文、地理、历史等文化方面的特色优势进行建构。

四、选择写作教学模式建构方法

上文主要阐述了写作教学模式建构的方法，基于实践经验、理论指导、继承模仿、不同情形等四种建构方式可以有实践反思法、理论引导法、模仿创新法、多元建构法等四种建构方法。语文教师可以选择适合自己的建构方式方法。例如一些教学经验丰富的老教师可根据自己多年的教学实践建构写作教学模式；一些年轻的语文教师可依据自己大学时学习的理论知识和专业知识，再结合平时的写作课堂自主建构。语文教师还可通过研究历年的写作教学模式，在借鉴其操作程序、教学策略、建模理念等的基础上进行创新。当然教师主观上有了借鉴和创新意识还不够，还需要有先进的教学观念、知识的指导和支撑，才能真正建构出新的写作教学模式。

总之，语文教师要选择适合自己的方式方法进行建构，只有选择的方式方法恰当，语文教师才可以将自己的教学风格、教学特长等独特人格魅力与模式相融合，形成独树一帜而又适合学生的写作教学模式。

五、提高写作教学模式建构能力

建构写作教学模式是一种具有高度创造性的活动，一方面，它依赖于建模者的写作教学实践经验、直觉和独特的创造力；另一方面，现代写作教学模式又极大地依赖于一定的教育理论和先进的教学理念。因此语文教师如果想建构科学而又合理的写作教学模式，就必须提高自身的建模能力，既要有实践经验的背景，又要有科学教育理论和写作教学理论的支撑，在不断解构、建构、重构写作教学模式的过程中提高建模的能力。

学校方面：第一，校长要有建模意识，要有远见卓识，要带头搞教育科研，研究适合学校自身特点的整体建模方向和过程；第二，要尽量给语文教师建构写作教学模式提供一定的条件，例如创造一些继续教育的机会，鼓励教师参加专业发展的课程学习，多开展语文教师之间的交流，等等。

教师自身方面：提高写作教学模式建构能力最重要的还是在于提高语文教师自己的素质，教师要自觉地联系教学实际，分析本班学生的特点，钻研教育理论、建模知识，从做中学，从教中学，从研究中学，真正把教育理论内化为自己建构的教学模式。将写作教学模式作为写作教学与写作理论的中介,作为中学生写作出现的问题与解决问题的中介。

六、检验写作教学模式建构结果

检验写作教学模式建构的结果不是以语文教师建构了多少个写作教学模式来评价的,而是要看写作教学模式的应用效果。所建构的写作教学模式能否应用、应用效果如何、有无推广的价值,都需要通过写作教学实践的检验,最终应以是否有利于提高学生的写作能力为判断标准。

写作教学模式是通过写作教学活动进行操作的,所以,探索最佳的写作教学模式不能停留于纯粹的理论—思辨阶段,还应采用实证—实验的方法,要让理论—思辨方法与实证—实验方法结合起来。一种写作教学模式的好坏与优劣,应当在实际写作教学过程中得以验证。

总之,为了探寻最佳的写作教学模式,应该对作文教学的方方面面进行哲学的、系统方法的、实证—实验的科学研究。此外,也不能放弃对已有的行之有效的写作教学模式进行实证—实验。由于教学内容、教学对象、教师自身素质不同,最佳的写作教学模式不可能只有一种,因而也不能轻易否定某一种模式。现存的写作教学之所以是"存在的",就在于它们有"合理性";然而它们也有需要改进的地方,因为它们还不为更多的语文教师"复制"。[①]

第八节　写作教学模式建构的意义

写作教学模式的建构与研究既有现实意义又有其学术价值。

一、促进语文教师的专业发展

本书从原则、理念出发阐释了如何建构教学模式,并提供了不同的方式和策略,可以让教师意识到自己也可以建构教学模式,从而主动建构写作教学模式。第一,语文教师在建构教学模式的过程中需要学习教

---

① 彭小明、刘亭玉:《写作教学模式建构的策略》,《语文建设》2013 年第 5 期。

学理论,研究借鉴当前先进的写作教学模式,分析自己的写作教学实践,从而初步建构出适合自己的写作教学模式,这一过程必定是一个教师素养迅速提升的过程。第二,学习借鉴先进的写作教学模式需要一个结合实际、因地制宜、适当变通的过程。掌握建构写作教学模式的知识与方法,可以更好地不断地给自己"充电"。第三,语文教师在教学中取得了成功的经验或者获得了高效的课例,适时地建构具有个性化的写作教学模式,能够保证写作教学质量得到提高,更有利于语文教师成长为高水平的优秀教师。第四,适应不断变化的教学环境,洞察不同的教情和学情,建构新的写作教学模式,能够保证语文教师的教学水平长盛不衰。

二、指导写作教学实践

理念是行动的先导。没有先进的写作学习理论指导,我们的写作学习就要走许多弯路,作文教学也将事倍功半。研究写作教学模式,有利于指导写作教学实践。写作教学模式的建构与研究不是让教师教学"程式化",而是让教师学会"教学创新"。研究和总结国内外的写作教学模式的特点以及局限性,对已有模式在解构的基础上进行重构。让语文教师对于模式有更深的了解,明确建构写作教学模式的方式和策略。语文教师要学会找到自己的教学特点和教学风格,在总结教学经验的基础上自主创新建构写作教学模式。

三、提高学生写作能力

综观当前的写作教学状况,受应试教育和模式僵化的影响很大,学生是为了完成任务或为了应试而写作,这样即使有一套完整、系统的写作训练方式,也只是在"标准作文"范式下的模式化写作。写作成为带有公式化的文字堆砌练习,反映在学生的写作成品中,就是千篇一律、千人一面,没有自己的个性,没有真实的情感。学生的写作能力在这样的训练中怎么可能得到提高?写作教学模式的研究就是将写作学习与写作教学结合起来,从"写作学习"角度研究写作教学,以学生为本,了解学生的写作心理和兴趣,重视写作学习方法指导,这样就可以更好地掌握写作教学的方法,提高教师写作教学的效率,有利于中小学生写作能力的提高和语文素养的形成。

第二章　写作教学模式建构的实践

　　《现代汉语词典》解释：模式是"某种事物的标准形式或使人可以照着做的标准样式"。教学模式就是教学过程中的师生"可照着做"的标准形式、样式和范式，是为组织教学活动提供的结构、程序和步骤。教学模式是教学理论与教学实践的操作中介、桥梁和纽带。"写作教学模式"就是指可遵循的、具有推广可能性的，并且具有操作程序的写作教学的"套路""招式"或"范式"。

　　新时期，特别是"新课改"以来，我国中小学写作教学进行了有效的改革，出现了新概念作文、绿色作文、生态作文、活动作文、生活作文、体验作文、情境作文、想象作文、快乐作文、文化作文、乡土作文、网络作文、开放性作文、创新性作文、个性化作文和研究性作文等，不同的教学模式。

　　下面我们分别做具体的阐述。

第一节　新概念作文教学模式

　　20世纪末，应试教育之应试作文引起人们强烈的不满，改革呼声高涨。此时，新概念作文正以其蓬勃的生命力影响着传统的作文教学。据此，语文教育工作者开始研究新概念作文并从新概念作文身上寻找当今写作教学困境的解决办法,积极建构新课程的写作教学新模式。

一、新概念作文出现的背景

新概念作文从产生到发展只有短短十几年的时间,却以其强大的影响力引起了语文教育工作者和社会各界人士的注意,让人们忍不住去研究、去探索它的魅力所在。

新概念作文大赛最初要追溯到 1995 年,在文艺战线上曾经培育过众多文学青年的《萌芽》杂志,在这一时期把读者群定位在了正在成长中的富有激情与梦想的 80 后中学生。于是,1998 年由《萌芽》杂志社正式发起,联合北京大学、清华大学、复旦大学、北京师范大学等全国 10 所著名大学共同主办了新概念作文大赛。1999 年 1 月,"中华杯"首届新概念作文大赛正式举行,大赛以纠正教育界"重理轻文"的观念为指导,不仅以获奖的应届高三毕业生将进入著名高校关注范围、视其具体情况予以优先考虑这样诱人的奖项吸引着中学生,而且由于韩寒、郭敬明、张悦然等参赛者的一举成名,使中学生找到了实现理想的"净土"。从"新概念作文大赛"中走出去的 80 后作家以其受广大青年读者的喜爱程度来证明了新概念作文大赛的成功,也证明了新概念作文的魅力。[①]

而今,新概念作文大赛已经成功举办了十几届,受广大青年读者喜爱的程度仍未有所减,最初的青涩已经褪去,新概念作文正在越来越成熟地发展着。

二、新概念作文的含义及其特点

在应试教育下,老师和家长都把孩子束缚在老一代的规规矩矩的具有严格限制的传统作文中。时代在发展,但是写作的观念,很多人还停留在以前,没有与时俱进。比如"酷爱文学而又屡战屡败的首届冠军发誓要改考法学,才华横溢的第二届冠军在赛前刚刚结束的会考中只因语文成绩为'B'而未博得满堂彩。在年复一年的考试中,又有多少文学人

---

① 王瑛:《"新概念作文"对应试作文教育的颠覆意义》,《安康师专学报》2002 年第 3 期,第 79—81 页。

才被埋没、扼杀"①?

因此，"新概念作文"抛弃了传统作文束缚，写作旨在提倡"新思维""新表达"和"真体验"。形成了与传统作文的三大对立，这三大对立点也就是新概念作文的特点。

所谓"新思维"就是创造性思维。不按照传统常规去思考理解事物，不是按部就班地行事，而是从不同角度、不同方面去考虑问题，发现新的观点，得出新的结论。敢于冲破传统思想、道德的束缚，用时代的、超前的视角去审视自己，审视社会。充分发挥自己的想象力与联想力，尽可能地改善、改变甚至推翻旧的、落后的和不合时宜的思想，取而代之的是新的、先进的和创新的思维。因此，创新性思维是新概念作文的最大特点，也是最大的亮点。

所谓"新表达"就是作文不受文体、题材的限制，不受规范性语言的约束。学生采用自己觉得适合的文体，采用新颖的题材，运用能够展现自己独特个性的语言去写自己想要写的文章。没有千篇一律，没有众口一词，每个人表达的都是世上独一无二的内容与情感，不会出现雷同，只会有独特。

所谓"真体验"就是亲身经历，有真情，有实感。在作文中写自己的真实经历，表达自己的真实情感，不去借用别人的故事，不去杜撰自己的生活。自己只写自己经历过的、体验过的、感受过的事情，表达自己拥有的与他人不同的感情。故事是自己的，感情也是自己的，从文字到内心都渗透着一种真实。

综上所述，我们从"新概念作文"的三个特点这一方面来总结，为"新概念作文"下了一个定义，就是体现学生的创新思维，用不加限定的文体题材和独特个性的语言表现出来的，蕴含着学生真心真情的作文。

三、新概念作文的基本主题

新概念作文，所体现的主题是 80 后的感性与想象，主要是以"青春"意象来反映或表现现实，文学在这里是对青春期孤独的体味。主题主要

---

① 郝月梅:《作文教学审美化探析:来自新概念作文的启示》,《山东教育学院学报》2000 年第 5 期,第 45—49 页。

有以下几个。

（一）体现青春期的反叛

如韩寒在《三重门》里写道："如果现在这个时代能出全才，那便是应试教育的幸运和这个时代的不幸。如果有，他便是人中之王，可惜没有，所以我们只好把'全'字'人'下的'王'给拿掉。时代需要的只是人才。""我以为现在中国的教育越改革越奇怪了。仿佛中国真的紧缺全才，要培养出的人能今天造出一枚导弹，明天应此导弹写一篇长篇并获茅盾文学奖，后天亲自将其译成八国文字在全世界发行似的。假如真有这种人我宁愿去尝试导弹的滋味。全面发展最可能导致的结果是全面平庸。"他对应试教育狠狠地调侃了一番，并且给出自己的建议："对于以后不去搞理科方面研究的人，数学只要到初二水平就绝对足够了，理化也只需学一年……"①应试教育是一个相当复杂的问题，是一个涉及面很广的问题，它涉及政治、经济、文化等各方面，不是任何一个人想怎么改就能够去改的，但是，这样一个难题被他这样调侃地"解决"了。作者对于不满的事情这样地直言讽刺，不留余地，不计后果，除了表现出这个年龄阶段的不成熟以外，还充分地表达了这一代人对应试教育的不满。由此可见，青少年对传统束缚的反感，或者可以说是对于一切束缚的反抗。类似这样的作文很多，青少年由于生理原因造成的内心对于社会、学校、家庭的反叛在"新概念作文"中体现无遗，以前从不被社会关注的学生青春期问题也摆在了人们面前。在这种主题的新概念作文中，我们除了知道了学生青春期有反叛情绪以外，还知道了学生在青春期时更需要关怀与理解。

（二）体现爱的执着

80后大多数是独生子女，从小享受着周围众多人的爱，"爱"这个词对于他们并不陌生。一般来说，爱包括朋友之爱、爱人之爱和亲人之爱，而这三种爱在新概念作文中被中学生们真挚地描写。亲兄弟、亲姐妹的情谊对于大多数80后来说是陌生的，共同长大的伙伴可能就是他们今生

---

① 韩寒：《三重门》，作家出版社2000年版，第362页。

最亲密的朋友。《梦里花落知多少》中林岚和闻婧两人有着相互包容、亲密无间的友情，在面对流氓无赖时也经受住了考验，为了救朋友，闻婧毫不犹豫地独自承担了流氓的蹂躏——这是朋友之爱；《十爱》中"小白骨精"，把自己身上所有的肋骨一根一根地都献出来，直到自己死去，只是为了爱人能造一把世界上最好的琴的梦想——这是爱人之爱；《吉诺的跳马》中吉诺和爸爸相依为命，过着清苦而平淡的日子，有一天当仇人来报复的时候，爸爸哀求仇人"不要伤害我的女儿"——这是亲人之爱。作者通过对友情、爱情和亲情的描写，通过对爱的呼唤，使作品在本质上充满着明亮和向上的张力，闪烁着一种人性的光芒，体现着一种人文关怀。爱是那么美好而又纯洁，没有一丝杂质，它感动人也感染人，让人向往这种爱，期待这种爱。即使是让大人们忌讳的在中学生面前提及的爱情，也在作者的笔下写得那么唯美，不但不会污染中学生的思想，反而会让中学生对爱情有一个很好的理解。因而，尽管他们的作品中也充满了死亡、离别、孤独、忧伤、反抗和叛逆，但总让人能感觉到隐藏在无形当中的淡淡的挥之不去的爱的气息。

（三）挥之不去的忧伤

郭敬明说："青春是道明媚的忧伤"，"忧伤是嵌在心里的不可名状的灼热，不可言说"，"这个寒假匆忙地就过去了，好像是昨天我才回家，然后睡了一个冗长的觉，第二天提着行李又启程"，"我总是在我十八岁的时候缅怀自己的十七岁，等到十九岁的时候又后悔虚度了十八岁"。[①] 作为这代人内心最深刻的体验者和表达者，他能任意地用流行的武侠、网络、前卫电影、摇滚等艺术资源汇成新的艺术因素，把都市80后的情绪和情感演绎得美轮美奂而又凄凉无比，那种孤独、忧郁和自恋的情绪烛照了一代都市青少年的心灵世界，从而比传统的青少年作品显得低沉忧郁，显示出宿命强大无比的力量。除了青春期特有的忧伤情感、内心的孤独寂寞以外，20世纪90年代中后期怀旧的社会文化氛围，都市生活中小资情调、文化的流行，韩剧中自始至终的悲剧意识、悲剧情感都深深地影响着他们，使他们接受了忧郁的精神洗礼，从内到外刻意或不刻意地

---

① 郭敬明：《爱与痛的边缘》，东方出版中心2003年版，第22页。

表现着忧郁的气质。真诚的或做作的"忧伤"表演,从某种角度来说已经成为这个时期青年们制造的另一种流行,很有"少年不识愁滋味,为赋新词强说愁"的意思,但是这个忧伤是确实存在的,只是很多时候这一代人把这些忧伤扩大化了,泛滥化了,甚至是唯一化了,致使很多人对这些忧伤主题的作文感到反感,认为他们是无病呻吟。但不管怎么说,这类主题的作文在新概念作文中所占的比例还是很大的。

四、新概念作文写作的要求

如今,"新概念作文"对于很多人来说已经不是一个新的名词,中学生对于新概念作文也没有了以往的神秘感和敬畏感,很多中小学生都可以在自己的 QQ 空间、博客、日志和随笔中写出符合新概念作文要求的文章。对于中学生如何写新概念作文,笔者认为,只要符合新概念作文的"新思路""新表达""真体验"三个特点即可。因此,基于以上三点,中小学生在写新概念作文时需要注意以下几点。

(一)要有创新的思维

新世纪需要新的人才即创新型人才,创新型人才必然有创新的思想,体现在作文中就是要有创新的思维。这种创新思维正是现在作文中学生最缺少的,表现在作文课上,往往是教师给出一个话题或题目,有很多同学的思路是一样或相似的,像给老奶奶让座、扶老爷爷过马路、帮迷路的小朋友找妈妈之类的俗得掉渣的材料,中学生却仍在乐此不疲地使用,即使作文拿不到很高的分数,却也不至于拿一个太低分,因为这些素材的思想指示性很高,即使只看在作文思想性不错的份上,教师也不会打很低的分数;要么就是教师给出传统的"三段式""四段式"的思路,学生只要照葫芦画瓢,按照格式往上套就行了。正是学生的这种陈旧的思想,教师的这种错误的做法,使在时代发展到 21 世纪的今天,我们国家未来主人的思维仍停留在几十年以前。这是我们要进行深刻反思的地方。

作为新时代的新新人类的中学生,要想解放自己的思想,冲破传统牢笼的束缚,就要学会创新。在作文中,就是要充分发散自己的思维,进行"头脑风暴",全面的去想象、去联想、去创新,别人认为是荒唐无稽的观点,只要你能想到,都可以去写,挣脱传统的不合理的束缚,在作文中能够运用新的素材、新的构思,以崭新的面貌去重新认识作文。

(二)要有个性的表达

多年来,中学生作文已经没有了处于自己那个年龄的个性的语言,学生的作文就像是被格式化了一样,一律无光无采,一律运用那些被老师和家长认为是"好孩子"的语言,大人们用成人化的视角去要求规范学生,使孩子式的语言消失了。

要写出新概念作文,学生首先要有突出表现自己个性的意识,意识到作文是自己写的,它要有能体现自己的独一无二的语言,要能表现自己的性格特点,要能表现自己的观念,不去模仿别人的话语,知道自己的就是独特的,就是有自己个性的,哪怕它有些晦涩难懂,有些低沉哀伤,有些不符合汉语语法规范。

另外,可以去尝试不同的文体题材,寻找能够表达自己情感的文体题材,不必一定要局限于记叙文或议论文,可以尝试写抒情散文,可以写科幻小说,也可以写短小的诗歌,只要它最能表达自己的思想就可以,不必人人一样都写同一种文体。文体的选择也能突出你的或浪漫或神秘或感伤的个性。

(三)要有真挚的情感

刘正国说"学生对作文所持的态度不对头,认为生活和思想是一回事,作文是另一回事。作文是要端起架子写并非自己的真情实感的东西",这也许就是学生作文空洞乏味的原因。一篇文章纵然可以没有优美的语言,华丽的辞藻,高深的哲理,但是它一定要有能打动人的真情,朱自清的《背影》就是这样一篇朴实无华却真情满溢、让一代代人感动至今的文章。学生要明白"作文就是要我手写我口,我口言我心,怎么想就怎么说,怎么说就怎么写"[1],"写作并不像他们想象的那样困难和神秘,不过是用笔来说话,用明白晓畅的语言写自己熟悉的事情和真实的思想感情而已"[2]。

---

[1] 刘正国:《刘征文集》,人民教育出版社 2000 年版,第 76 页。
[2] 曹明海:《语文教育观新建构》,山东人民出版社 2007 年版,第 359 页。

学生要丰富自己的经历,通过看课外书,参加社会实践活动来开阔自己的视野,只有这样才能写出自己的亲身经历,不会因为缺少素材而一味地胡编乱造,这样的作文才会让人感觉真实,让人产生共鸣。就算是要创作小说,也要有现实的人物、背景做基础,完全脱离现实生活的作品是不存在的。

学生要在作文中充分地表达自己的感情,就要把自己的想法、情感用心地去表达出来,让读者用心去体会,不矫揉造作,不无病呻吟,真真实实地把自己的感受传达给读者,不掺杂一点虚假。

五、新概念作文教学的基本策略

当传统作文教学开始失去光彩,语文教育工作者就应该开始寻找改革传统作文教学的方法。改革语文作文教学的方法很多,这里仅从如何引导学生写新概念作文的角度来谈语文教师的作文教学策略。

(一)培养学生正确的写作态度

"学生对一门学科的态度,会在他的知觉思维、记忆和想象等心理特征上留下痕迹,学生缺乏积极的态度,就会阻碍他们活动潜能的发展。"[1]因此,教师要想让学生对写作感兴趣就要首先培养学生积极的写作态度,让学生了解作文、认识写作,把写作看成是生活,明白作文就是"我手写我口""我手写我心",不需要郑重其事地拿一套官话来写。

只有学生的写作态度端正了,学生才会正视作文,这是学习写作者首先应该具备的。用传统功利的应试的写作态度来对待新概念作文倡导的"写作就是生活"理念是不行的,因为这样不仅不能提高自己的作文水平,反而让自己远离了新概念作文。

(二)培养学生良好的写作习惯和兴趣

一个人没有真正的需要,他就不会有真正的快乐。培养学生的写作习惯和兴趣,把写作当成自己的一种内在需要,是作文教学的最根本的目标。中学生厌倦作文的原因之一,是作文教学长期运用僵化的命题作

---

[1]　李伯黍、燕国材:《教育心理学》,华东师范大学出版社 1993 年版,第 262 页。

文的形式,学生的写作习惯及兴趣未能得到及时有效的培养。

语文教师要在平时让学生多写东西,不一定是正式的作文,日常的随笔、日记、周记等也是很好的写作练习。教师在鼓励学生写随笔时,要给学生尽可能多的写作自由,不限字数、不限主题、不限题材,可以是对一件事的感触,可以是对景物的描写,可以是突发的领悟,可以是一闪而过的灵感,也可以是对优美文段的摘抄。只要学生动笔去写,就是值得鼓励与表扬的。学生能够真正想要去动笔写,才是最重要的,至于语言是否合理,思考是否深入,都是次要的。当学生对文字不讨厌、不畏惧,并开始热爱的时候,学生对于写作也就有了兴趣和热情。

(三)奠定学生广泛的阅读基础

阅读对写作有极其重要的作用,广泛的阅读是新概念作文的基础。我国自古就有"读书破万卷,下笔如有神"的格言,表明阅读和写作有密切的关系。广泛的阅读不仅可以提高学生的语言和表达能力,而且还是学生增长见识、积累材料的重要渠道,这还解决了学生"无话可说"或"有话不知道怎么说"的难题。

首先,教师应该鼓励学生课外阅读,为学生推荐书目,推荐名篇,让学生对优秀的文章从情感上折服,进而期待自己也能写出这样的文章,从而对写作有兴趣,对写作有期待。其次,让学生相互讨论所看的书或文章,让学生对别人的作品进行点评,从更高层次让学生对写作有深入的了解。让学生对别人的作品有初步的文学批评的意识,对写作有思辨能力,可以帮助他们指导自我的写作,比教师纯理论的讲述好得多。

(四)培养学生创新的思维

"长期以来,命题写作训练方式与写作知识、技能的教条式灌输,严重影响了学生的自由写作,也折断了学生的想象、创新的翅膀,难以唤起学生的写作热情,最终只能走进一条死胡同。可见,规范性的东西是一柄双刃剑,它在教给学生如何写作文的同时,却不自觉地扼杀了他们写出好文章的可能。"①因此在写作教学中,就要抛弃过多的条条框框的东

---

① 曹明海:《语文教育观新建构》,山东人民出版社 2007 年版,第 216 页。

西,唤醒学生的想象,让学生去绘制一幅具有创造力的图画。

首先,对学生进行"头脑风暴"式的想象训练。教师给出一个话题,让学生分组讨论,抛弃传统的过时的观点,让学生充分想象新的、不一样的,甚至是荒诞的、稀奇古怪的观点。然后小组或全班交流,让各种想法相互碰撞,让学生的思维不断闪现火花,在无意识中就不断提高了学生的想象创造力。

其次,可以适当地进行一些想象作文的练习。如美国西北大学的入学作文考题是:"想象你是某两个著名人物的后代。谁是你们的父母呢?他们将什么素质传给了你?"宾夕法尼亚大学的是:"你刚刚完成了300页的自我介绍,请交出第217页。"像这种题目本身就带有想象性的作文,把学生想象创新能力的培养落实到了实践中,在作文教学中就可以采用这种作文方式。

（五）重视学生独特的个性

就像世界上不可能找到两片相同的树叶一样,教师也不可能找到两个完全相同的学生,每个学生都是独一无二的,有着他们自己的个性,这就需要教师在教学过程中注意因材施教。

教师要抛弃传统的整齐划一的用一种写作方法去教整个班的学生的教学方法,这样会忽视每个学生的差异。在作文教学过程中,教师首先要了解每一个学生的写作水平,了解每一个学生的写作特长,善于发现每一个学生的写作闪光点,对于每一个学生的差异做到心中有数,只有对学生有全面的了解,才能对学生的不同问题想出解决的不同办法。

对学生有了深入的了解后,就要告诉学生他自己存在的优点和缺点,在肯定学生的同时,指出学生的不足之处,让学生对自己有一个清楚的了解,教师和学生都要做到"知己知彼"。根据学生的差异,有针对地进行写作的指导和训练,突出学生的写作优势,树立学生的写作信心;另外,对于学生写作的薄弱环节,教师要根据各个学生的不同情况加以训练。

六、新概念作文教学的意义

任何事物都是有两面性的,利弊都会同时存在。新概念作文也不例外,它的积极意义和消极意义都对语文教育产生了影响。

从积极意义方面来说,新概念作文的出现极大地冲击着传统应试语文教学,对应试语文教育有着颠覆性的意义。首先,新概念作文促进了语文教材改革。语文教材入选文章的思想倾向、讲述风格和章法语言等会直接影响到学生的价值观、审美趣味和表达方式。所以,语文教材选文要符合时代性,与时俱进。但是,在新概念作文的对比下,现在语文教材中的有些课文就显得那么陈旧、不合时宜。因此,在此背景下,语文教材改革势在必行。其次,新概念作文推动了写作教学的发展。新概念作文促使语文教师以"新思维""新表达"和"真体验"为标准重新寻找写作教学的新方法。传统作文的"三段式"教学已经落伍了,创新思维、个性张扬、真情流露成为新的指标。

从消极意义方面来说,新概念作文毕竟还不是非常成熟,仍有其消极的影响。如不符合语法规范的语言、不正规的作文结构和不明确的写作主题,等等。这些对于对语言、写作还没有很深认识的中学生来说,往往会造成不良的影响,使他们的写作偏离正轨方向。

但是,新概念作文作为传统应试作文的挑战者,它的积极影响是不可低估的,对于其消极的影响我们要宽容地对待。

第二节　绿色作文教学模式

《全日制义务教育语文课程标准(实验稿)》的颁布标志着新一轮语文课程教学改革的开始。写作作为一个人语文素养的综合体现,其重要性决定了"作文教学"成为改革的首要领域。在新课程改革理念的指导下,我国中小学作文教学改革如火如荼,全国各地不断涌现新的作文教学模式。在这样的背景下,绿色作文教学模式应运而生。

一、绿色作文产生的背景

(一)传统的"灰色作文"

我国的传统作文教学"唯考是从",教师在"分数"旗帜的指引下,对学生的写作提出过多的要求,从而限制了学生情感的抒发和个性的张扬;学生根据考试的要求,编写一些所谓的"好人好事",作文缺乏自己的思想和个性。这些现象被赵谦翔老师称之为"灰色污染",它既不利于学生语文能力的提高,也不利于学生的整体发展。

赵谦翔说:"所谓灰色作文,即一凑、二抄、三套的作文诀窍和千人一面、千篇一律的写作套路。"[①]这里的"凑",是指学生把平时积累的名言警句、优美句子胡乱地凑到一起,企图用这些"优美"句子来构建一篇优秀的文章。但首先这些句子是有特定情境的,在原文章中是优美的,在自己的作文中却成了多余的"肿瘤";其次,因为这些句子不是学生真情的显露,所以在连接上就很是突兀,文章也因而失去了流畅和美感。"抄"是指教师在考试前让学生背诵大量的范文,以期待在考试中能"中标"。这可能对学生在考试中暂时获得高分是有用的,但对于学生的长期发展是很不利的。"套"是说文章的格式套路,只要按照这个套路写就一切OK。这就使得学生的作文基本都是一个模子,没有新意,更谈不上真情实感。

赵谦翔认为灰色作文的祸首在于唯考是图。考试本身并没有错,可是由于人们对分数的过分看重,导致了形式过程的僵化,产生了"八股文"和"灰色文章"。传统作文教学中,教师在考试的指挥棒下进行教学指导,对学生进行过多的干预,要求学生按照自己的意愿(考试得高分)进行写作,忽视学生作为一个生命个体的存在,作文沦为考试得分的工具,这当中的"假"更会影响到学生以后的身心发展,使作文与做人难以得到统一。

传统灰色作文紧紧地限制了学生的思想,磨灭了他们的个性,把他们固定在一个划一的模式中,使得学生的真实情感难以表达,作文定式化、模糊化、空泛化,天真率直的自然作文越来越远,也使得我们的作文教学越来越远离其根本宗旨。

因此,我们提倡绿色作文教学,以使我们的学生热爱写作,写出充满真情实感、充满生命律动的作文,促进学生全面发展。

---

①　赵谦翔:《掌握完善人生的"健身器":"绿色作文"概说》,《河南教育》2004年第1期,第27—28页。

（二）《语文课程标准》释放的"绿色"信息

《语文课程标准》明确指出："写作要感情真挚，力求表达自己对自然、社会、人生的独特感受和真切体验。""多角度地观察生活，发现生活的丰富多彩，捕捉事物的特征，力求有创意地表达。""在写作教学中，应注重培养观察、思考、表现、评价的能力。要求学生说真话、实话、心里话，不说假话、空话、套话。""写作教学应贴近实际，让学生易于动笔，乐于表达，应引导学生关注现实，热爱生活，表达真情实感。"①

这些都是对传统"灰色作文"的有力抨击，是对当代写作教学新的要求。我们提倡的绿色作文教学，就是以《语文课程标准》为依据，改变教师和学生以往的灰色作文理念，在教学过程中，引导学生表达真情实感，使学生与自然、生活相融合，从自身的感悟出发，写出自己的真情实感。

二、绿色作文的含义与特点

（一）绿色作文的含义

绿色作文是快乐、健康、真实的生态写作。绿色作文教学应该成为现代作文教学的主旋律。

"绿色作文"源于赵谦翔老师创办的"东方时空感悟课"，他称之为"绿色语文"。赵老师这一举措彻底打破了以往的封闭式教学，为学生写作引来了无尽的生活源泉。赵谦翔老师说："'绿色'，其实包含两个要义：一是纯天然的；二是可持续发展的。以此迁移到教学领域，这'纯天然'则借代语文教学工具性与人文性的统一；这'可持续发展'则借代语文教学的宗旨不但在于一时升学更在于涵养终生。以绿色浸染语文，让教学充满生机，绿色语文终于实至名归。"②

借鉴赵谦翔老师的"绿色语文"概念，"绿色作文"也应该包括两方面内涵：一是写作作为人的情感的表达，应该是真实的、自然的表达，是写作主体本身对世界的所思所想所感所悟，是主体富有个性的表达；二是

---

① 中华人民共和国教育部：《全日制义务教育语文课程标准（实验稿）》，北京师范大学出版社 2003 年版。

② 赵谦翔：《在春雨春风春晖中成长》，《人民教育》2005 年第 5 期，第 39—40 页。

做人促进作文,作文升华做人,作文教学最终是为了促进人的发展。

(二)绿色作文的特点

1. 师生关系上的生态性

传统作文教学中,教师凌驾于学生之上,师生关系处于冲突和对立之中。这不利于学生写作能力的提高,同时还阻碍了学生自身的发展。针对传统作文教学师生关系的弊端,绿色作文教学提出了"生态师生关系",即在作文教学中教师要尊重学生,尊重学生的个性,把学生看成是一个有血有肉有情感的发展着的人,而不是一个被动的"接收器",使他们在写作中能自由自在,真实地表达自己内心深处的情感。生态师生关系体现了新课程标准中对师生关系的要求,即构建民主和谐的师生关系。

2. 作品主题上的健康性

传统作文教学也强调主题的健康,可它是指符合考试要求的,脱离学生生活,忽视学生情感的"伪健康"。为了符合"切合题意""中心突出"等高标准,学生的作文中充满了假话、大话,作文不是学生内心的声音,而是"造假",这反映到做人上,则会使学生在心理方面出现不同程度的问题。绿色作文强调主题健康是要学生写出自己真正的生命体验,从自己的角度写出人类共同的某一情感,能以此"与读者进行情感交流和心灵沟通",并给他们以某种审美享受或人生启迪。不管其作文是正面还是反面,是积极还是消沉,只要没有反伦理反社会的主观故意,就应该是思想健康的文章。学生敢于写出自己的切身体验和真实想法,使作文呈现出自己的心声,自己的个性。

3. 文章构思上的自然性

传统作文教学中,教师严格要求"主题明确""结构合理""构思巧妙",符合考试的要求。这条条框框挫伤了学生的写作热情,使学生在作文构思上没有新意,写作能力也得不到提高。绿色作文教学提倡"非指导性""非构思性"。所谓"非指导性"是指教师在学生写作过程中不要对其进行过多干预,让其情感和个性得到充分表达和发挥。所谓"非构思性"是指学生的写作状态是自由和真实的,其写作过程不受限制,让学生在思考中学会语言,学会表达和创新。绿色作文提倡的"非指导性""非构思性"体现了作文构思上的自然性,有利于学生个性的发展。

4. 语言表达上的真实性

语言是情感的表达,写作要力求语言表达的真实,体现真实的情感。作文语言的真实性是指作文中的语言要尽量生活化,尽量贴近学生的生活,与现实的生活相吻合。在传统作文中,学生为了追求高分,往往写一些废话、大话和空话,使文章脱离实际,失去情感。其实质都在于造假,学生只是迫于教师和考试的压力,没话找话,凑字数,拼作文,没有自己的思想和情感。绿色作文正是针对灰色作文中的"假",明确提出写作语言的真实得体。

5. 写作目的上的发展性

绿色作文教学强调写作的根本目的是人的发展。写作不仅要促进学生写作技能的发展,更要注重学生人的发展。绿色作文强调学生要用真实的语言写真实的生活表达真实的情感,实现学生"作文"和"做人"的和谐统一。

三、绿色作文的写作

学生在进行绿色作文写作时,需要经历以下三个阶段,使自己的真情实感得以流露,使自己的作文充满"绿色"。

1. 摄入眼中原形之美

摄入眼中原形之美就是让学生放眼大自然、走进大自然,细心观察身边的景、身边的事、身边的人,有选择地摄入眼中大自然的原形,得到美学层面的欣赏。在欣赏的过程中感受色彩绚丽、爽目动人的自然环境,从而得到自然环境的初步印象。这种印象就会促使学生油然产生喜悦之情,自觉地去体验大自然的美景。在感受大自然的美景时,学生能"融入"对象,感受美的具体原形,知其"然"。在此基础上就会产生像郑板桥在一幅《墨竹图》中所题的:"江馆清秋,晨起看竹,烟光日影露气,皆浮动于疏枝密叶之间。胸中勃勃,遂有画意"的心理活动。但这种美的原形为什么是这样而不是那样?这就会自然地促使学生去探究它为什么美,又美在哪里,进一步促使学生去查阅资料,间接看"竹",留意作品中现成的各种描写,如对景、对物、对人的描写,希望知其"所以然"。学生在感受大自然、体验大自然的层面上"出而观之",进行审美判断,这就自然地进入了写作过程的第二阶段。

2. 审视胸中变形之美

审视胸中变形之美就是让学生将有选择地摄入眼中的大自然的原形,进行梳理、提取、综合、加工,形成胸中的变形意象。在这一阶段,学生通过思索和分析,进一步领会大自然的原形之美所蕴涵的意义、揭示的复杂问题以及生命活力之所在。教师在教学中要充分创设能够激发学生审美兴趣的情境,引导、启发学生经过独立的思考,将大自然的原形之美进行创造性地变形,从而使学生的情感、意识和良好的行为品德在潜移默化中形成,并做出理解性的情感评价。变形并不是对大自然的扭曲,也不是违背社会生活的逻辑,而是着重于与生活的"神似"。很显然,胸中之美已经是摄入眼中原形之美的"变形",它不仅多了一重主观因素,而且为"落笔倏作变相"奠定了坚实的基础。在变形过程中,教师要施加积极的正面引导,给予正确的鼓励性评价。这样既能激发学生的写作兴趣,唤起学生的表达欲望,又能促进学生急于想"写什么",并考虑"怎样写"和"为什么写"。这样又进入了写作过程的第三阶段。

3. 表达手中艺术之美

表达手中艺术之美就是指学生经过体验、感受、审美判断之后,反复思索、回味大自然的动人、动情之处,并由此生发开去,产生出对社会、人生、艺术的某些新的领悟,以致沉醉其中,使自己的心灵在不知不觉中得到升华,眼界在不知不觉中有了开阔,达到了审美享受的极限,产生了及时进行艺术表达的心理需要。

我们知道,郑板桥画竹子,可以说是得心应手,信手拈来,根本用不着再去观察、临摹。为什么呢?这是因为竹子的形象已烂熟于他的心中,即胸有成竹。事实上,非独画竹如此,写作也是如此。学生观察的多了,积累的多了,胸中自然有丘壑,有故事。同样,学生根据表达的需要,可以信手拈来"胸中之竹"。

在此基础上,要让学生写出的文章锦上添花,修改就显得至关重要。如王安石的诗句"春风又绿江南岸",其中"绿"字,先用"到",又用"过",皆圈去,着此"绿"字,不仅色彩盎然,而且动势极强,把春天生机勃发的特色生动逼真地表现出来了,一字之改竟使此句成为千古名句。在作文修改上,教师要重点指导学生在"删、增、调"上下功夫,使文章精彩而富有生活气息,并对写出创新性文章的学生,给予多种形式的鼓励性评价。这样经过长期的训练,学生写作能力就会螺旋式提高,真正达到创造性的艺术表达。

四、绿色作文的教学策略

"绿色作文"教学就是要创设情境,激发情趣;创造机会,引导积累。播种"绿色作文"就是还作文教学的本来面目,让孩子的生命在"绿色作文"中熠熠闪光,让孩子的童年在"绿色作文"中充满欢笑。绿色作文的课堂是演绎教学艺术与写作艺术的精彩世界。绿色作文教学的艺术在于营造气氛,创造心灵的共振,拨动心灵的琴弦,做好空间的文章。要求教师尊重学生的个性,把精神生命的主动权还给学生,让作文教学充满勃勃生机,让学生的心情和思想从笔尖流淌出来,在自然轻松的状态下进行情感流露。学生习作真、实、趣,即记录真人真事,表达真情实感,体现童真童趣。陶行知先生说:"千教万教教人求真,千学万学学做真人。"作文教学责无旁贷。这样才能使我们看到一篇篇闪烁着个性,流淌着真话的"绿色作文"。

(一)以学生生活为源泉,拓展学生写作领域

课堂的狭小、封闭在很大程度上遏制了学生的灵感和激情,降低了作文教学的成效。在开展绿色作文教学时,要以学生自己的生活为源泉,努力打破这种封闭和界限,拓展写作空间,打开写作思路,让学生获得丰富的写作素材。

教师应走进学生的生活,让写作与学生的生活相适合,拓展写作空间。日本教育家芦田慧认为:作文的题材应在儿童的日常生活中找,应是确有实际感受之体验。[①] 绿色作文强调写作素材应该来自包罗万象的大千世界。《语文课程标准》指出:"语文课程资源包括课堂教学资源和课外学习资源;自然风光、文物古迹、风俗民情,国内外的重要事件,学生的家庭生活,以及日常生活话题等,也都可以成为语文课程的资源。"这无疑为学生的写作素材来源开辟了新的途径。

---

① 王昭玲:《绿色作文》,《中国农村教育》2009 年第 9 期,第 50 页。

（二）以学生认知为基础，激发学生写作兴趣

爱因斯坦说过："兴趣是最好的老师。"①为了提高学生的写作水平，促进学生的全面发展，作文教学必须激发学生的写作兴趣。绿色作文教学认为，教师要在学生的认知基础上来激发学生的写作兴趣。绿色作文教学所强调的学生认知基础主要包括学生的认知知识和认知体验两个方面。认知知识是指个体具有的关于认知活动的一般性知识，是通过经验积累起来的。认知体验则是指伴随认知活动产生的认知和情感体验。教师对学生认知的尊重，能够激发学生的认知热情、调动学生的认知潜能，从而提高写作水平和写作能力。

教师要认识到学生的知识水平和体验是不同的，每个学生都有自己独特的个性。作为教师要在尊重学生认知和个性的基础上，对学生进行正确的引导，激发学生的写作兴趣，使学生产生"不吐不快"的感觉，真正实现从"要我写"到"我要写"的转变。

（三）以学生情感为核心，建构学生写作个性

绿色作文应当是学生自我心灵感受的自由表达，这种表达无疑会充满个性化的审美情感。对学生作文不能过分地强调"文以载道"，以意识形态作为判断作文的绝对标准。否则，学生被预置在既定的审美标准之中，就会丧失自我和个性，积极性也会受到挫伤。因此，教师在作文教学中要尊重学生的情感，从学生的视角去评价他们的表达，而不要从成人的视角进行评价。

缀文者情动而辞发。作文是学生的真实感受，教学要以学生的真实情感为核心，围绕学生的情感体验进行指导，使学生的情感得以升华。学生因自己的情感得到尊重而产生浓厚的写作热情，就会积极地投入写作中，继续个性化的情感写作。

（四）以学生言语为平台，改造学生写作语言

绿色作文强调以学生言语为平台，营造绿色言语空间，并在学生的

---

① 爱因斯坦：《爱因斯坦文集》，许良英译，商务印刷馆1979年版，第144页。

言语平台上对其进行改造,提升写作表达能力。绿色作文教学认为,学生的言语是发自内心深处的原生态的语言,是一种没有被成人世俗化污染的、充满童真的生长态势的语言。对作文中营造的绿色语言,教师无权"篡改"或"漠视",而应以一种审美的态度去对待,以一个欣赏者的身份去品味,并始终呵护。①

教师对学生言语的肯定,可以增强学生的信心,使他们喜欢说话,喜欢表达,为其写作提供了一个良好的条件。学生根据自己的言语进行写作,这样的言语导向能使写作的语言水平得到提高。

(五)以师生评改为抓手,培养学生写作素养

叶圣陶先生曾说:"'改'与'作'关系密切,'改'的优先权应该属于作文的本人。"②《语文课程标准》中也阐明:"不仅要注意考查学生修改作文的内容情况,而且要关注学生修改作文的态度、过程和方法。要引导通过学生的自改和互改,取长补短,促进相互了解和合作,共同提高写作水平。"因此,我们要重视学生的修改,让学生始终参与到自己作文的修改中,提高学生的写作素养。绿色作文教学强调的评改包括学生的自改、互改和教师的审批三个层次。教师通过对作文评改的引导和参与,对学生进行适时的指导与鼓励,使学生的写作素养得到不断的提升。

五、绿色作文教学的意义

第一,能促进作文教学目标的改革。作文教学目标的改革对作文教学实现创新有着重要的意义。教学目标是作文教学的出发点和归宿,它是教师所预期的通过各种教学活动使学生的学习发生变化的结果,是教与学双方通过一系列的教学活动奋力达到的目标,同时也是检查、评定教学活动效果的参照物。其改革内容包括以下三方面:(1)重视写作的情意训练与态度的养成;(2)重视写作的过程指导;(3)重视写作内容的丰富性。

第二,能实现作文教学策略的创新。教学策略是指教师实现教学目

---

① 刘建新:《作文要回到原生态》,《语文建设》2004 年第 9 期,第 9 页。
② 叶圣陶:《多改多念》,《小学生作文辅导》2005 年第 12 期,第 9 页。

标和教学意图而采取的一系列具体的解决问题的行为方式,即解决"如何教"和"如何学"的问题。《语文课程标准》在写作目标中提出了"写自己想说的话""乐于书面表达,增强写作的自信心"等内容。因此,必须实现写作教学策略的创新,具体改革内容包括以下三方面:(1)实现作文教学的开放;(2)实现写作的全程指导;(3)实现学生阅读的扩大与深化。

第三,能体现作文教学方法的生活化。绿色作文能抛弃作文指导上纯理论性的说教式指导,针对教师为了谋求分数,往往只顾教学生文字编织术,而把陶冶学生心灵的职责抛之教学之外,或只顾引导学生在写作中求稳求妥,而把培养学生创造精神的宗旨牺牲殆尽,或只顾误导学生投机取巧、弄虚作假,把作文和做人割裂开来的现象,采取一系列操作性较强的方法,培养学生用真心观察事物、用作文表达心声的灵性和能力,使作文教学走向生活化。可从以下三方面入手改革:(1)生活化的作文指导教学;(2)灵活多样的作文写作要求;(3)生活化的作文修改和讲评方式。

总之,新课程标准下作文教学的创新必须围绕学生主体,围绕"生活化"的基本思路进行,使学生获得真正的写作体验,而这需要教师变革教学思想和教学实践活动,深入学习新课程改革理念,真正实现中学作文教学的突破。绿色作文教学就是把准学生成长的脉搏,活跃学生的身心,开拓学生的视野,找准学生的"激情点",激发学生的创造欲望,激活学生的生命力,让学生"我手写我心",兴趣盎然,激情勃发,文思泉涌,酣畅淋漓,写出"清水出芙蓉"般的作文。我们坚信荡涤灰色污染,培育绿色作文,我们的写作教学定会出现杜牧所描绘的那种可喜景象:"狂风落尽深红色,绿叶成荫果满枝。"

第三节　生态作文教学模式

针对传统作文教学的种种弊端,我们提出了生态作文教学模式,并进行了卓有成效的实践和探索。我们认为每个学生都有自己独特的生活经历,有着独特的内心感受和写作需求,因而都有写好作文的潜质,作文活动应该尊重他们的情绪和意愿,让他们自由地、自主地、自然地选择言语方式去表达生活,抒发自己独特的生活感受和生命体验。

一、生态作文教学提出的背景

随着新课程改革的不断深入,针对传统作文教学模式的弊端,生态作文教学理念应运而生。长期以来,我国中小学的传统写作教学可谓是"唯考是从",背离了让学生表达最熟悉的自我生活感受和生命体验的初衷,更背离了儿童成长规律和作文教学规律。具体表现如下:

第一,以"写作能力"发展为要求,忽视了学生自身言语、思维能力的发展规律。作文教学是以"写作"为中心,包括从文学知识的讲解到具体写作活动的开展。但是作文教学并不是以培养"作家"为宗旨,而是以发展学生的言语交际能力为目的。第二,把"写作"当作"任务",忽视了对学生写作兴趣和志趣的培养。学生写作是为老师而写,是为升学考试而写,而不是为自己而写,为生活需求而写,为培养言语能力而写。写作活动很大程度上都是强迫性行为,学生写作苦不堪言,缺乏内在动力。第三,以高尚的道德境界为要求,排斥了学生个体的价值认定。作文活动本应该让学生真实地表达对自然、社会、人生的认识,但是以往的作文活动却追求"立意要高",拒绝学生表达幼稚、有背"道德标尺"的价值判断。第四,以反映"典型"生活为要求,漠视学生真实的具体的生活。作文教学强调写作材料要典型、要有代表性,学生个体的鲜活生活多被认为琐屑,不值得一提。第五,以"共性"的话语方式为标准,压制学生对生活的个性化、创造性表达。作文教学强调"写作"是一种严肃的行为,文章也自有定式。所以文章是"道德八股",千篇一律,千人一面。

《全日制义务教育语文课程标准》提出:"写作要写自己要说的话,要感情真挚,力求表达自己对自然、社会、人生的独特感受和真切体验。作文教学要为学生的自主写作提供有利条件和广阔空间,减少对学生写作的束缚,鼓励自由表达和有创意的表达。"[①]这是对传统作文教学模式的有力抨击,同时也对我们的写作教学提出了新的要求,我们要建构生态作文教学模式,切实关注学生的生活感受和生命发展,切实把学生放在

---

① 中华人民共和国教育部:《全日制义务教育语文课程标准》,北京师范大学出版社2011年版,第16页。

作文教学的主体地位,生活无处不文章,让学生自由地、自主地、自发地、自然地去写,用自己的心灵去写,让作文展示他们的生命活动,表现一个生态的自我。

二、生态作文的含义及写作

(一)生态作文的含义

"生态"是指生物在一定的自然环境下生存和发展的状态。"生态作文教学"概念最早的提出者和实践者是浙江乐清虹桥中学的陈友中老师,他在 2005 年出版了《生态写作》一书。他认为,生态作文就是关注学生的生命轨迹,紧扣学生的生命发展,切实把学生放在习作教学的主体地位,让学生自由地、自主地、自发地写,用自己的心灵书写人生,让作文展示他们的生命轨迹,表现生态的真实自我,倡导真诚地坦露心迹,热忱地拥抱生命。探究以真实的生活世界作为写作对象,写真实生活,展生命轨迹。既强调生活对作文的作用,也强调作文对生活的作用。[1] 语文教育家刘国正先生也认为,作文要"倡导学生说真话,有话可说,有说不完的话"[2]。"作文需要生态化生成的过程,这时的作文需要已同生活提供的作文原料水乳交融,情由事发,理在事中,情理交融。理、事、情都渗透着学生对生活的体验。因此,环境所提供的生态资源和学生的体验在写作中相辅相成,互利互生,通过生态系统的综合效应实现对学生人格建构和能力形成的影响。"[3]

我们认为,生态作文教学就是主张作文教学要以学生为本,生活为源,回归到学生的生活中去,切实关注学生的生活;教师在教学过程中要减少对作文的束缚,让学生自由地抒发对生活的感悟。即:观察普通事物,发现不普通的问题;描写平常生活,写出不平常的文章。反对套话,提倡个性等。"生态作文教学",既然是"生态"的,就应该主动从自然生态中汲取智慧。所以,结合以上对生态作文教学的概述,可以对"生态作文教学"做出以下界定:生态作文教学,一方面是指作文活动应回归到儿

---

[1]　陈友中:《生态写作》,中国文联出版社 2005 年版,第 8 页。
[2]　刘国正:《作文教学实和活》,《中学语文教学》2003 年第 1 期,第 8 页。
[3]　曹明海、潘庆玉:《语文教育思想论》,青岛海洋大学出版 2002 年版,第 165 页。

童的真实生活世界,尊重儿童的自然本性,让他们自由地抒发对自然、社会、人生的切身感受,写出童真童趣;另一方面是指作文活动应从自然或自然规律中汲取生态智慧,培育和建构学生的生态观。首先,回归到儿童的真实生活世界是生态作文教学的基础,以往的作文教学隔离了儿童生活世界,要求用成人的眼光、思维去看世界,这些都不是真实的儿童生活世界。在儿童生活的世界里,要尊重儿童的主体性,尊重儿童的话语权。其次,作文教学的目的最终是指向人的,是以人为本,培育具有生态人格的人。

（二）生态作文的特点

生态作文教学不同于以往人们常提及的生活作文教学、活动作文教学、快乐作文教学等,在教学行为方式及教学内容上有着自己的独特性。

1. 自主性

在生态作文教学中,要注重让学生认识到"我的作文,我做主",也就是让学生自主写作。以往学生写作大多是为了完成任务,为了升学考试,是教师、家长、社会命定的,学生只有执行的义务,没有决策的权力。而且,课堂上教师所不厌其烦地讲述的主题要求,如取材、文体结构等写作方法、技巧、规定等又似枷锁一般约束和限制着学生的思路和取材范围。写作完全成了被迫行为,学生是写作的奴隶,而不是写作的主人。

特级教师蔡明认为,"生态作文"是一种尊重写作规律与生命成长规律的自主写作,它拒绝唯功利化的应试作文,它拒绝违背规律的"揠苗助长",它承认儿童写作发展的差异性,它视写作为一种情感思想表达的需要,更视写作为生命成长的一种过程。写作如同鸡生蛋,不是所有的鸡都能生蛋。写作永远有一个潜质与禀赋在起作用,无论我们的教育优化到何种程度,也不可能每个人都成为作家。生蛋不能一蹴而就,难以速成,有一个漫长的孕育过程,正如草根教育研究者张文质先生总结的那样:"教育是一种慢的艺术。写作研究不能眉毛胡子一把抓,在我的潜意识里,写作已经包括习作与创作。习作与创作之间有必然的联系,但两者绝不能混为一谈。用创作的尺码去度量中学生的习作是我们一直在犯的错误。"①

　　在蔡明的整个作文教学活动中始终贯穿着写作自主性,包括写作的选题、取材、时间、文体、结构、表达、评价等。自主性写作不仅有利于激发学生的写作动机,还有利于学生信念、情趣、人格的培养。因为我是主人,我要为我的言行负责任。当然学生自主并不意味着教师在作文教学中毫无作为,正如蔡明老师所言,教师在作文教学中起到辅导、指导、疏导、督导的作用,教师是学生作文活动有意义的建设者、合作者。

　　2. 自然性

　　生态作文的一个重要特征就是自然性,即本能的、顺乎天性的。反映在学生的作文活动中就是:情感要真实,率性而出,语言要质朴,"清水出芙蓉,天然去雕饰"。传统作文教学中有两种不良现象:一是胡编乱造,假话、套话、鬼话连篇;二是浓墨重彩,过分刻意雕饰。的确,每当学生的作文中不断出现助人为乐、战胜挫折、成熟理性的时候,我们就不禁会产生疑问,这是真的吗? 有的老师就谈道:"我不知道学生在写妈妈为我雨中送伞时,是否真的泪水与雨水融会在了一起,也不知道学生在写为老奶奶让座时,是否真的赢得了周围乘客的连声赞许。"②然而,往往学生情真意切的文章却因立意不高、缺乏文采等并没有得到教师的认可。如金盆小学二年级学生的作文《我的理想》:"阿爹还没走(当地人称人死为走)的时候,他对我说,你要好好学习天天向上,长大当个科学家;阿妈却要我长大后当个公安,说这样啥都不怕。我不想当科学家,也不想当公安。我的理想是变成一只狗,天天夜里守在家门口。因为阿妈胆小,怕鬼,我也怕。但阿妈说,狗不怕鬼,所以我要做一只狗,这样阿妈和我都不怕了……"这篇作文很短,字歪歪斜斜的。教师在文章上画了个大大的红叉,没有打分,估计是不及格了。是的,从所谓的"作文要求"的角度来看,这篇习作毫无可取之处,但这篇文章却深深触动每一位读者的心灵,这是因为文章表达的情感是真实的、自然的、生态的。

　　3. 生活性

　　叶圣陶先生曾说:"生活如源泉,文章犹如溪水,源泉丰盈而不枯竭,

　　①　蔡明:《在且行且吟中体悟作文教学的真意》,《中国教育报》2008年2月22日,第6版。

　　②　冉工林:《让真情与作文相伴》,《中学语文教学》2003年第9期,第43页。

溪水自然活泼泼地流个不停。"可见生活对于学生写作的重要性。陈友中老师认为,作文源自对生活表达和交流的需要,作文要表达和交流的是生动活泼的生活及对生活的认识。可以说,生活是作文之源,也是作文之本。在生态教学过程中,作文写完并不就意味着此次作文活动已经完成了,生活还在继续,作文活动就是通过表达和交流实现了对生活新的认识,而这些认识又得带入生活、作用于生活,真正实现生态作文对生活的指导意义。

(三)生态作文的写作

生态作文不同于传统的应试作文,对于写作内容和形式不做过多的限制,源于生活,发于内心,可以立足社会,写实践体验,可以观察生活,写真情实感,可以感悟人生,写哲理思考,可以崇尚自然,写绿色生态,也可以反思文化,写人文内涵。

1. 观察生活,写真情实感

文章,是作者思想素质、情感素质、思维素质、表达素质的综合体现。正如叶圣陶先生所说:心有所思,情有所感,而后有所撰作。可见文章是心灵的产物。[①] 无论是"诗仙"李白、"诗圣"杜甫,还是"诗佛"王维、"诗魔"白居易,他们都是因生活的千万般滋味而创作出不朽的名篇佳作。"两岸猿声啼不住,轻舟已过万重山"是如释重负的兴奋;"安得广厦千万间,大庇天下寒士俱欢颜"是对社会动荡的批判,对可怜百姓的同情;"行到水穷处,坐看云起时"是自得其乐的闲适;"日出江花红胜火,春来江水绿如蓝"是对自然的热爱。这些广为流传的作品都源于生活,源于他们的真情实感。

在教授学生作文时,可以提醒他们留心身边的人,如爸爸妈妈、老师同学、爷爷奶奶、售货员、保安等,他们让你看到了什么,感受到了什么,可以写写跟他们发生的事,也可以针对一个人比较完整地向大家介绍。由于小学阶段的学生注意力不够集中,所以教师的灵活引导便让本来是无意注意的态度向有意注意发展,在自己的仔细观察中,学生才会恍然大悟身边的人们都有自己的小故事,并学会发现和记录生活中的真善

---

① 王建奎:《浅谈作文中的情感表达》,《现代阅读》(教育版)2012 年第 14 期。

美。同样,也要留心身边的事和物,如运动会时运动员为了给班级争光勇往直前、陪妈妈去菜场认识蔬菜水果、冬去春来重新复苏的大地、每天陪伴自己睡觉的洋娃娃、功能强大的手机为什么这么神奇等,在老师的指点下,学生对生活的了解才能更加深刻,他们才能发现身边处处是作文。

除了对生活的直接体验,还可以通过多种渠道感受生活的真谛。如阅读课外书、看适合儿童的动画片、听长辈讲他们那个时代的故事等,以丰富他们的情感态度价值观。当学生进入高段时,则适当培养孩子关注时事,了解世界的博大精深和社会的矛盾冲突,以拓宽孩子的视野,从小树立国家主人公的意识。

2. 立足社会,写实践体验

叶圣陶先生说过:"要写出真实的话、自己的话,空口念着是没有用的,应该去寻找它的源头,有了源头才会不息地倾注出真实的水来。"现代教学观倡导自主、合作、创新的学习方式,注重学生的独立探究能力,因此作业的布置也更加灵活多样。科学课提出用自制培养基种花生并将它的成长过程记录下来,美术课中教师将学生带出课堂、在校园里写生,手工课学生学习编中国结等,都为写作提供了多样的平台和素材。而且学生在动手实践中无论是热情还是积极性都很高,因为他们学到了很多,懂得了很多。所以,教师可以根据学习进度布置一些社会实践活动,如进行全校大扫除、关爱敬老院的老人、拔河比赛、植树节小组种树、帮助陌生人做一件事等点滴小事,感受劳动的辛苦与甜蜜,感受老人的孤独和无助,感受"众人拾柴火焰高"的团结力量,感受播种生命种子的憧憬,感受助人的自豪与快乐……让他们在社会中成长,在实践中感悟,收获逐渐成熟的自我。

3. 感悟人生,写哲理思考

"一粒沙里看世界,半瓣花上说人情",初高中学生思想渐渐成熟,有自己对事物的见解。他们不再只是关注事物本身,而是透过现象思考本质,如小时候爷爷奶奶生病了,学生只是关注爷爷奶奶生病很痛苦,而现在,他们则会想到生老病死的无奈,想到不常见面的爷爷奶奶与爸爸妈妈,想到坚强高大的爸爸会因爷爷奶奶的痛苦而日渐憔悴,默默用行动实行那一份孝心,无言却感动着人心。他们在写作时不再局限于客观描述、直白表达,而是慢慢将自己对社会的思考、内心的疑问诉诸笔端,褪去了文字的稚气。这些无不证明着他们的成长,无不体现着学生成熟的思想,那是对生命的另一种深刻体验、是不需要教师刻意指导的深入思考。这时,他们可以用自己的语言、章法写出"燃之愈烈、闻之愈香"的句子,在与自己不断的心灵对话中培养理性的思考。

4. 崇尚自然,写绿色生态

自然万物,博大精深,秀丽的山川河流、挺拔的苍松翠柏、婀娜的河边垂柳、晶莹的纷纷雪花、温柔的拂面春风、捣蛋的闷头大雨、缠绵的深情鸳鸯、可爱的懵懂小狗、闲适的农家小院、娇艳的妖娆玫瑰、盎然的成丛小葱、通透的玲珑露珠……都体现着大自然的无限生机,学生尽可任意采撷,即使是一只小小蚂蚁,都能让你获益匪浅。

5. 反思文化,写人文内涵

中华上下五千年的文化一直是国人的骄傲,民俗浓厚的传统节日、汗牛充栋的中华诗词、世界闻名的《本草纲目》、对仗工整的对联横批、奇异瑰丽的神话传说、高深奥妙的中华武术、栩栩如生的民间工艺、齿颊留香的特色小吃……都是祖辈流传下来的无价之宝。漫步在历史文化的长廊里,我们的自豪之情溢于言表。但如今,不规范的网络用语充斥着学生的大脑,"宁愿在宝马里哭,不愿坐在自行车上笑"的拜金主义侵蚀着学生的信念,当今世界的人们一面高举"文化大国"的旗帜洋洋自得,一面残忍地让祖国文化面临一个个危机,混淆着学生的人生观、价值观、世界观。对此,生态教学重视培养学生对文化的了解与爱护,锻炼他们在文化的正轨上坚定前行,而不是随波逐流,淹没在转瞬即逝的"非主流文化"中。

三、生态作文的教学

"生态作文"指写作者不受命题、时间和空间的限制,在宽松、平和、自然的环境中,以平静的心境,将个人的体验、感受、情感化为文字,自然袒露、自由表达自己思想情感的写作。

(一)生态作文教学的原则

学生的作文要有事可写,有感可发,有情可抒,只有拓宽学生生活的空间,让他们切身体会,亲身实践,才能题材丰富。因此,习作教学时教师就应该走进学生心灵,了解他们关心的东西,带领他们走出课堂,走进生活,为学生的作文训练提供丰富的材料。生态作文课应该遵循以下原则。

1. 需要性原则

在生态世界中,"需要性"是一切生命物质的共同特征,因为任何生物体的自我保存和自我更新都依赖于对外部事物的摄取和交换,这样便客观地存在着一个需要及其满足的问题。然而长时间以来,作文活动忽视学生内在的写作需要,却把考试作为最重要甚至唯一的写作需要,这样写作中的厌倦情绪、虚假行为就难以避免。写作本是生活的客观需要,叶圣陶先生曾说:"写作所以同衣食一样,成为生活上不可缺少的一个项目,原在表白内心,与他人相沟通。""写文章不是生活上的一种点缀,一种装饰,而就是生活的本身。"①张志公先生也谈道:"为什写?答案很简单:因为要用。生活里需要书;念书作学问,需要写;做任何工作都需要写;抒发点思想感情影响影响别人,需要写;搞科学研究,建设物质文明和精神文明,都需要写。所以,只要不是文盲,人人都得有一支笔。"②在生态作文教学过程中,要非常注重学生的需要性,让学生为需而写,自然地、自发地去写,以"为何写"凸现作文的生态理念,让学生认识到习作是自己生命和生活的一部分,是沟通人与人交流的需要。

2. 平衡性原则

生态平衡是一种和谐,动态的和谐,不是量的对等,而是结构或比例的和谐。我们认为,生态作文教学主要体现在以下四个方面的平衡:(1)写作选题方面——作文命题与学生信息积累的平衡;(2)写作内容方面——"切时文"与"切己文"的平衡;(3)写作功能方面——文学性写作与实用性写作的平衡;(4)写作能力方面——听说读写的平衡。作文能力的培养应该有更宽广的视野,注重听说读写能力的平衡发展才更能促进最终文本写作能力的生成,这也是生态作文教学的一个必然要求。

3. 多样性原则

多样性是生态系统里的一个基本特征。以生态作文教学就必须促

① 叶圣陶:《叶圣陶语文教育论集》(下册),教育科学出版社 1980 年版,第 295 页。

② 张志公:《张志公论语文教学改革》,江苏教育出版社 1987 年版,第 176 页。

进学生作文活动的多样性（包括作文活动的行为方式、作文活动反映的生活层面、作文活动最终的文本样式等），唯有这样，才能保证作文教学生态地、健康地、可持续地发展，才能真正不断提升学生作文素养。学生作文活动的多样性要求也必然要求着教师作文教学活动的多样性。学生在变，社会对教育教学的要求在变，教师教学活动的固步自封显然是不合理的。作文教学活动的多样性首先要求对作文活动有正确的认识，然后才可以依据不同的学生需要、不同的教学情境、不同的教学内容、不同的教学目的等开展丰富多彩的作文教学活动，这也是生态作文教学模式对教师提出的一个新要求。

4. 个性化原则

个性、多样性是生态系统里的一个基本特征。生态作文教学要注重促进学生作文活动的多样性（包括作文活动的行为方式、作文活动反映的生活层面、作文活动最终的文本样式等），保证作文教学绿色地、健康地、可持续地发展，从而不断提升学生作文素养。在日常的作文教学活动中，要注重以人为本，切实关注每一名学生在教育活动中的成长与进步，这也是生态作文教学的一个重要理念。个性化写作就是要取消不合时宜的统一要求，让学生自主地、本真地、创造性地表达生活；自主就是指学生独立的思考，独立的抉择，为何写，写什么，怎么写等不受外界的过多干扰；本真就是指原本的、生态的、真实的想法，不虚情假意，不杜撰伪饰，夸张、想象等要合情合理，自然新颖；创造就是指作文活动要勇于突破陈规陋习，有所发现，选择新方法，表达新见解等。

5. 创新性原则

没有创新，就不会有真正的发展。"世界上不存在两片相同的树叶"，对于生动活泼、思维敏捷的学生来说，作文本应呈现的是千姿百态，但是，用"千人一面，千篇一律"来形容当下的学生作文一点也不为过。另外一种现象也令人痛心，大量的作文训练后，面对同题材的作文活动，学生并没有表现出语言、思维能力的多大提高，而是再次表现为惯常形式，因此作文创新是作文活动的必然要求。作文教学需要创新就要切实关注学生新知识能力的生成，思想的变化和发展，鼓励学生自主地、有创见地、负责任地表达自己的情感和认识。生态作文教学就是要促成学生在作文活动中不断创新，使得每一位学生的作文水平都有质的飞跃。

（二）生态作文教学的策略

"生态作文"教学之所以成为作文教学改革的主旋律，不仅因为其理念符合当代素质教育对作文教学的要求，蕴含着强大的生命力，更关键的是它源于实践，是广大一线中小学语文教师多年摸索研究的结果，实践经验的总结。教师在生态课堂中应充分体现组织者与引导者的作用，指导学生观察、思考、表达和创造。

1. 引导观察，体悟健康生活

文学应该成为"人之为人的内在需要"，使"人之为人的外在规范成为自觉的必然的向往和追求"。这种需要和追求是人的行为动作的原动力，这其中"体验"就是必由之路。① 观察人体的五大感官——眼、耳、口、鼻、身。眼是最直接的感官，因而它捕捉到的信息也最为丰富，如事物的外形、衣服的颜色、植物在四季中的变化等。耳听八方，如老师上课抑扬顿挫的声音、蝴蝶扑扇翅膀的声音、邻家小孩号啕大哭的声音、小鸟啁啾唱歌的声音等。口是表达自我与他人的重要工具，也是可以肆意享受舌尖上跳跃的味道的幸福感官，如在辩论赛上的滔滔不绝、在上课时的精彩回答、在佳肴中细细品味酸甜苦辣咸的千滋百味等。鼻主要是呼吸的通道，但也是捕捉飘忽不定的气味的"大师"，如芳香四溢的桂花、令人发呕的垃圾臭、清新自然的海风味等，电影《闻香识女人》就将鼻子这个感官运用得炉火纯青。最后是身，即身体知觉，如感受到冬暖夏凉、感受到粗糙与光滑、感受到劳累与酸痛、感受到生硬与柔软等。教师的任务就是指导学生运用这些直接的观察工具，细心品味、善于发现，在观察中感受人体的奇妙、体验观察的乐趣。

学生观察时，不能走马观花，东看看西摸摸，这样的体验创作不出好文章，只会误导学生，导致写作方法的凌乱、无序。还应知道，只有细致入微地观察，并适当地加以联想和想象，才能做到别出心裁、人无我有。比如观察一朵花，首先要知道它的花名，再观察它的形状、颜色、什么季节开放、花蕊如何、花心如何、茎叶是怎样的、它们从发芽到开放各部分又是怎样的次序等，这样才能多方面、多角度、全面地对花进行描述，避

---

① 王尚文：《体验：文学教育的必由之路》，《语文学习》2007 年第 1 期。

免与别人的描写类似,这样便可以在用词、造句上"与众不同",甚至可以加上自己的想法,把自己比作这朵花,或者想象这朵花带来的美好故事等。这样就在教学中既向学生渗透仔细观察的方法,又突出了写作的技巧,只需稍加改变或换一个角度,文章就会截然不同,自然也避免了将语文课上成科学课的窘境。

2. 指导阅读,积累真实素材

著名语文教育家刘国正强调:"阅读是写作的基础之一,是学生获得写作范例的唯一途径。"①还说"指导学生预读,要从写作训练的角度多一层考虑"。积累是写作的前提,只有通过不断阅读,丰厚自己的知识底蕴,才能厚积薄发,写出有张力的作文。新课标明确提出:"培养学生广泛的阅读兴趣,扩大阅读面,增加阅读量,提倡少做题,多读书,读好书,读整本书。"②"合抱之木,生于毫末;九层之台,起于累土;千里之行,始于足下。"因此,阅读与积累是写出好文章必不可少的条件。阅读并不是刻意让学生追崇文章里的好词好句,向他们灌输"名家所作皆要学习",而是选择适应各阶段学生的读物、并且是他们喜欢的、感兴趣的读物,让他们喜欢阅读、乐于阅读。如第一阶段的学生可以阅读各种绘本,如《疯狂星期二》《我的爸爸叫焦尼》《爷爷一定有办法》等,绘本上丰富多彩的画面与浅显易懂的文字都能吸引学生的好奇心与注意力,让学生乐在其中、爱上阅读。第二阶段的学生可以阅读童话故事等中长篇小说,如《夏洛的网》《吹小号的天鹅》等,感受儿童故事的美好,并在阅读中增强对语言文字的理解能力。第三阶段的学生有了一定的阅读基础,可以阅读系列小说,如《马小跳系列》,阅读富有人生哲理的小说,如《爱的教育》,从小培养学生的阅读兴趣,养成阅读习惯。这样,不需要教师反复强调文章的语言美,学生也会在指导中提高语言的审美能力。"读书百遍,其义自现",在阅读的过程中不断积累语言素材,在阅读的过程中丰富学生的情感世界:懂得卖火柴的小女孩的可怜,萌生出同情心;懂得大灰狼的阴险狡诈,萌生出是非心;懂得丑小鸭的蜕变,增强自信心……学生的情感

① 陈安:《让笔下文采飞扬——对初中作文教学语言研究》,《现代语文(教学研究)》2008 年第 5 期。

② 中华人民共和国教育部:《全日制义务教育语文课程标准》,北京师范大学出版社 2001 年版,第 17 页。

向正面发展，并且内心也在阅读中成熟，这都是阅读与积累的功劳。

　　阅读不仅仅指以语言文字呈现的书面材料，一些综艺节目、时事新闻都是开拓学生视野的渠道，同时，阅读也指社会生活的这本大书，只是，生活并没有像书上那么美好，不是所有的坏蛋都会被正义打败，不是所有的弱者都有英雄来拯救，不是所有的幸福美满都能简简单单。学生需要在阅读这本"无字天书"时不断累积生活经验，树立正确的人生观、价值观、世界观，学会明辨是非，做新时代优秀的接班人。

　　3. 创设情景，激发创作欲望

　　阿基米德曾说过"给我一个支点，我能撬起整个地球"，虽然这只是夸张了杠杆的作用，却说明条件或者具体情境的重要性。同样，在作文教学中，道理也是如此。学生主要是面对一个命题，想不到这个命题牵扯到的事情，教师就应将这个印着油墨味的文字转变为一幅幅活的场景。如"假如我是＿＿＿＿＿＿"，学生正处于对世界充满好奇心的阶段，同时对自己不能的东西，如鸟儿飞、鱼儿游等投以羡慕的目光，但他们最初只有七零八碎的幻想，对于具体写些什么则思绪凌乱了。这时，教师就应该发挥主体作用，可引导学生写具体的事情，比如变成孙悟空，现在都没妖怪了，想干什么，学生可能会说帮助穷人、打击追捕罪犯当英雄、可以上天入地很方便，等等，将学生断断续续的思维巧妙拼接在一起，训练学生的语言流畅连贯性，这样一篇文章就水到渠成了。学生一向以具体思维为基础，只有将抽象的命题扩展为学生喜欢的具体情境，学生才会愿意写，有材料可写。"巧妇难为无米之炊"，只有给学生写作的源泉之"米"，创设具体可为的情境，学生才有创作欲望，作文才会有血有肉。

　　4. 手写我心，强调个性表达

　　生态作文强调突出学生这个写作个体，写什么，该怎么写，都由他们决定。记得我的初中语文老师就是采用让我们每周写一篇"我想说"的形式写周记，每个人都准备一本自己喜欢的本子，可以自己设计版面，内容自选，可以写自己的困惑、自己的心情、身边的事物、同学之间发生的小事，甚至写你对老师的评价，如果你不想让老师批阅，就在作文上面写上"不能看"。当时我们只是觉得很好玩，特别是女生，最喜欢装扮自己的本子，于是，原本无聊的周记被赋予了意义。老师常常很快地改完并发还给我们，让我们一有想法就可以诉诸笔端。这样，还没到周末就完成了周末的作业了,对于那时贪玩的我们,还是很开心的。这本周记本的名字虽然简单,却紧紧地贴近我们的内心,所有初中的同学到现在都记得那个民主开放的"董老师",记得那本厚厚的"我想说"。所以,教师真正的放手才能让学生完全放开表达真情实感,才会创造出一句句令人赞不绝口的有新意的语言。

5. 反复修改,实现自我超越

陀思妥耶夫斯基说过:"作家最大的本领是善于修改,谁善于和有能力删改自己的东西,他就前程远大。"①中国有句俗话叫"好文章是改出来的"。曹雪芹"批阅十载,增删五次"完成中国四大名著之一《红楼梦》,贾岛反复琢磨"推""敲"偶遇韩愈共同探讨出"鸟宿池边树,僧敲月下门",而考试时最朴实无华的"仔细检查"总能让我们发现一些错误……因此,修改这门功课也是必做不可的。汉语言文字妙不可言,就连一个小小的标点都能化干戈为玉帛,更别说语句的运用了。

在作文教学中,教师可以让学生写完作文后自己修改一遍再请同学、家长帮助修改,由不同的人修改的地方就用不同颜色的笔表示,最后再重新誊写在作文本上上交由老师修改。当然,老师也要提供一定的修改时间,比如一节课的时间写作文,另一节课就让学生自己改作文和同学互改,当天晚上再带回家给家长修改,自己再根据这些人提出的修改意见重新组织语言、整理思路,最后将仔细修改好的文章认真誊写在作文本上,由老师修改。老师可以不用让学生有太大的修改,主要以鼓励为主,培养他们写作的自信心,保持认真的学习态度,这样在每一次的作文修改中,学生都在进步,实现自我超越。

6. 生态评价,叩开兴趣之门

作文的讲评最终目的并不在于给学生一个等级,而是让学生对写作有更为正确的认识。因此,新课改强调过程性评价,过程性评价既考虑学生的过去,又重视学生的现在,更着眼于学生的未来,所追求的不是给学生下一个精确的结论。② 根据我自身的见习和实习经验,由于教师要批改的作文太多,每本作文又要有旁批和尾批,因此教师也会在层层叠

---

① 吕赟:《文章不厌百回改》,《校学生作文辅导》(三四年级版)2008 年第 21 期。

② 王永奎:《新课程背景下小学日常生活作文评价标准的思考》,《现代中小学教育》2010 年第 5 期。

叠的作文批改中才思枯竭,可这些劳心劳力并没有让学生有所收获,学生急切地盼望着的是自己得了几颗小星星,少数几个会耐心看评语并试着修改,多数的则是"纹丝不动",更有甚者,直接将评语忽略不计,教师所做的努力往往事倍功半。那么,如何改变这种现状呢?生态作文就向我们展示了一条光明大道。

(1)学生的记忆力的发展还未成熟,他们更多的是保持短时记忆,就像他们通常不知道自己 5 岁以前发生的事情,仿佛那是一个空白期。艾宾浩斯的遗忘曲线图也向我们展示了对知识的遗忘是先快后慢,特别是第一天到第二天是急速下降,这也是对教师的启示:最好当天批改完作文让学生拿回去修改,这样学生才更容易接受,正确对待教师的建议。

(2)评价语单一无味、死气沉沉也是学生不重视教师评语的关键。因此,不仅学生需要有创造性思维,教师也需要发散思维,努力写出贴近学生实际、贴近学生内心的评语。如"枯树还会说话?这新颖奇特的想法让老师大吃一惊哦""生活中需要善于发现美,就像你静心聆听花开的声音""调皮的小明、热心的小红、温柔的小杰都在你的笔下个性分明,这么仔细观察他人的你下次能不能展现一下多才的自己呢"……像这样如朋友般的交流、真心实意的鼓励、柔和春风般的建议都像悄然而至的春雨——随风潜入夜,润物细无声。

(3)实施多样的评价方式,传统作文教学专注于将批改作文全压在教师身上,教师面对这繁重的任务也会逐渐心生厌恶,就像学生最讨厌完成不喜欢的科目的作业,教师也会产生相似的心理,所以作文批改评价这一环节就像一块贫瘠的土地,亟待施肥、耕耘。其实,教师大可不必将自己弄得如此疲惫,可以采取学生互评、家长评价、学生自评等方式。学生互评可以让学生学着修改不同的语句,可以培养学生鉴赏语言的能力,还能让教师在他们的评语中感受孩子的思想、拉近与孩子的距离,而且学生往往是大公无私的,他们会直接指出你的作文哪里不好、哪里不对,也会大方地将别人的好词好句用红笔统统划出,因为学生非常看重同龄人对他们的评价,因此他们在看到别人的评语时会虚心听取并马上修改。家长评价为家长与孩子提供了互相交流的桥梁,家长可以借此机会了解学生在校情况与心理世界,学生也能有机会与父母多待在一起,是促进家庭和谐的一剂良药。学生自评则可以让学生养成仔细修改的习惯,还能让学生学会谦虚的品质。总而言之,多元化的评价主体不但解放了教师的负担,而且让各主体都有所获益,何乐而不为呢?

7. 发表展示,提升作文信心

对于好的作文,教师应鼓励他们积极投稿,这样就能增强学生的写作动力,而对于写得不好的作文,老师也不应让它们暗无天日,而是根据那些写作不擅长的学生是否有进步来调动学生写作的积极性,比如说有的学生作业态度总是不认真,但这次的书写却是一笔一画、工工整整的,教师就可以将他们的作品贴在周边展示学生佳作的墙壁上或者教室后的黑板报上,这样不仅会让这个学生反思以前的行为,也会让他大受鼓舞,从而树立对写作的自信心。又比如也是类似的学生,以前的文章通常是"不知所云"、逻辑混乱、语句不通,但偶尔的一次作文他却进步了一点,行文流畅了,思路清晰了,可以让读者看懂在讲什么了,教师就可以将它展示出来,也会收到很好的效果。所以说,教师应因材施教、关注全体学生,而不总是将好学生的作品依次展示,那些不够好的一概抹杀。让每一个孩子都参与到作文展示中来,让每一个孩子都自信地当当小作家,才是教师需要努力的。

展示作品可以有多种途径,如让学生准备一本"采撷"本,专门收集自己认为写得不错的文章,或者开展制作手抄报,手抄报的文章都要出自自己之手;又如班级建一个博客,将每个孩子的文章都收录进去,并要求各自的家长时时关注;又或者班级自发设计月刊,专门将学生的作品刊发并传阅。这些都是对孩子作品的认可与鼓励,虽然需要投入很多的心思,但为了孩子的成长,教师尽可利用各种资源,也可以多与家长合作交流,共创孩子美好的明天。

四、生态作文教学模式建构的意义

生态教学以人为本,以参与求体验,以体验求发展,把"作文"与"做人"融为一体,这才是生态作文的真正意义所在。

第一,有利于充分激发学生的写作兴趣,培养学生的自主意识。生态写作教学有助于学生树立写作生活观,写作逐渐由被迫转向自发、自觉的行为。作文难,难于不知说什么,难于不知怎么说。作文一直是令学生头疼的事,学生自然对它缺乏兴趣。而兴趣又是从事活动的原动力,所以作文活动难以开展,难有成效就不言而喻了。生态作文教学主张降低了学生作文活动的门槛,让作文成为学生自主的活动。同时,生态作文教学倡导作文教学活动回归到儿童的生活世界,作文是他们表达和交流生活的一种方式,也是他们生活的重要组成部分,这样学生对作文活动的兴趣自然就浓厚起来了,写作观念也会转变;写作不是为了教师、为了考试升学,而是为了生活,为了更好地生活,诗意地生活。只有这样,学生才会爱上作文,乐于作文,自发、自觉地去作文。

第二,有利于学生语言、思维能力的生成和创新,促进学生全面发展。写作是一项言语综合实践活动,传统作文教学中,由于过多的限制,学生的语言和思维成了模式,客观上制约了语言、思维等能力的生成和发展。生态作文教学主张学生用自己最熟悉的、最擅长的个体语言、思维习惯去表达,激发了语言和思维最大的潜能。潘新和教授就指出:"言语人才在'野生''半野生'生态下成才的概率,要远远大于'圈养''驯养'生态下成才的概率""语文教育首先要确立的观念便是:爱护、顺应每一个孩子的言语天性。只有如此,才有因材施教可言,语文教育才能面向每一个孩子言语上的最大发展"。[①] 事实上,只要稍加留心,就会发现当前生活中的许多新生词语,一些别具风格的作文都是来自少年儿童的创造。作文教学就应该顺应儿童的天性,允许、鼓励他们自由地去表达对生活的真实感受。

第三,有利于学生人格的建构和品德的完善。生活是作文之源,也是作文之本。生活是人的生活,人是生活的主体,也是生活的意义之所在。生态作文教学把作文与生活、生态密切联系,有助于学生人格的建构和完善。人不是孤立地生活的,人的生活与自然、社会的发展密切关联。人本身也是复杂的生命体,人生会遭遇诸多情感和价值冲突。作文教学关注人的生态活动,就能更真切地把握人生,提升学生的价值观,就更能促进学生的多方面发展,不断建构和完善学生的人格。

第四,有利于发挥教师特长,促进教师的专业成长。生态作文教学是开放的、自主的,教师可以根据自己的特长,选择适合自己的内容。同

---

① 潘新和:《以爱护、顺应孩子的言语天性为首务》,《作文成功之路》2005 年第 7 期,第 1 页。

时,如何设计有效的学习,如何利用已有的资源,如何处理教学过程中的生成性问题,如何在活动中起到"导"与"托"的作用,生态作文教学对教师提出了新的要求。教师是一节课能否顺利开展的关键性人物,而教师只有不断地实践、反思、学习、应用、总结,才能在生态作文教学中真正发挥作用。

生态作文教学模式的提出给处于高原状态的作文教学研究开辟了一块崭新的天地,尽管其仍有诸多有待深入研究的方面。相信随着新课程改革以及作文教学改革的进一步深入,随着广大语文教育工作者对生态作文教学模式的日益探索和应用,生态作文教学模式的研究必将给作文教学研究和作文教学实践增添蓬勃的希望和活力。

第四节　活动作文教学模式

作文是运用文字进行表达和交流的重要方式,是认识世界、认识自我、进行创造性表达的过程。新课标强调,写作教学应贴近学生实际,让学生易于动笔,乐于表达,引导学生关注现实,热爱生活,表达真情实感。但是现今中小学生写作状况不容乐观,陈词滥调、板套反应、虚情假意、缺少个性等现象日益严重,学生的写作能力始终难以提高。对于学生而言,写作难,不知道写什么,怎么写,导致反感、厌恶心理的出现,为完成任务而挖空心思去编造,拼凑;对于教师而言,上作文课难,忙于命题、审题选材、布局谋篇、遣词造句,讲述得面面俱到,花大量的时间去批改、讲评,以致疲惫不堪,收效甚微。

活动作文教学正是针对学生和教师两方面的作文困境而开展的。

活动作文教学是指通过有组织地开展各类活动或创设生活情境,让学生参与其中,加深对生活的感知和体验,从中获得作文材料,并在教师的指导下,根据活动的体验,写成具有真情实意的作文。它是一种以参加活动为基础,以观察活动为手段,以作文材料的获得、写作任务的完成为目的,以提高学生语言文字表达能力为目标的作文教学模式。

一、活动作文的理论依据和时代背景

活动作文是"综合活动课程"的重要组成部分,是活动教育思想在发展语言、训练思维以及作文教学领域的具体化实践,具有切实可行的科学性。活动课程的思想来源于欧洲文艺复兴时期的"人文主义"思潮,当时的教育家维多利诺、拉伯雷、蒙旦等人以"人性""人道主义"为武器抨击"不把儿童当人看"的封建教育,提出了"以儿童身心和谐发展"为核心的教育宗旨,重视儿童的个性、人格和学习兴趣,提倡实物教学、参观、远足和观察。① 这种思想经卢梭为代表的"自然主义"教育家和以杜威为代表的"实用主义"教育家的发展,到 19 世纪末 20 世纪初,已形成较为成熟的教育理论。特别是杜威的"以儿童为中心""教育即生活""在做中学"等教育观念深入人心。

心理学家皮亚杰的研究成果也表明,人对客体的认识是从人对客体的活动开始的。活动既是认识的源泉,又是思维的基础,儿童思维的发展完成是儿童一系列不同水平活动的结果。我国教育家陶行知先生的"生活教育"实验和陈鹤琴先生的"活教育"实践,都无不丰富了活动教育的思想内涵。

我国很早就开始对活动作文进行探索。教育部 1992 年《全日制九年义务教育课程计划》提出活动课,2001 年《九年制义务教育课程计划试行》把综合活动课程设置为必修课,活动课程是"新课改"的热点和焦点,活动作文教学更是其中的重要组成部分。

新课标把"易于动笔,乐于表达"的情意取向作为作文教学的基本理念,注重培养学生的观察、思考、表现、评价的能力,减少对学生写作的束缚,鼓励自由表达和有创意的表达。活动作文的教学旨在激励学生主动参与,主动实践,主动观察,主动思考,激发学生对生活的热爱和追求,表达真实感情,更强调以直接经验的形式掌握有关写作知识和技能,使学生在不知不觉中提高写作能力。

---

① 田慧生、李臣之、潘洪健:《活动教育引论》,教育科学出版社 2000 年版,第 1—2、14—15 页。

二、活动作文的类型

活动作文是开放而富有个性的学习和创造活动。传统的作文教学通常是以命题作文为主。命题作文虽然可以从不同的角度切入,但是在一定程度上限制了学生个性的发展。而活动作文,由于时间和空间的开放,形式的多样,生活中的各种景物、现象都能成为学生作文的素材。因此,活动作文类型繁多,我在这里把活动作文教学具体分为五类。

(一)借助玩耍游戏来组织作文教学

中小学生正是半幼稚半成熟的年纪,喜欢玩耍和做游戏,以玩的方式组织活动作文是目前最普遍的方式。如李白坚设计的《节奏音乐会》,让学生在课堂中敲打、拍手、跺脚,学猫叫、狗叫,做完游戏后让学生想题目,出示参考提纲和写作。把孩子的天性——"玩"引入作文教学,既能让学生快乐感受,不再害怕作文,也能丰富素材,吸收经验知识。

这类作文课分为个人和群体两类。个人类,不需要同学的协助,比较强调活动中个人的主观体验和感受。通过听、说、画、尝、玩、看、行等游戏方式来进行,在趣味活动中获得个人独特感受,促进思维的发展。群体类,更关注群体间的协调性、组织性、合作性和竞争性。如班级辩论赛、野外生存、接力赛、吹鸡毛比赛等,这类活动注重团队成员之间互相配合、帮助,让学生在习作时多写一些对抗双方的活动表现和现场气氛,使他们对团队精神有所领悟。

(二)借助社会实践来组织作文教学

实践是活动作文的灵魂,是提高学生作文素养的有效途径。社会实践写作倡导学生自主、合作、探究的学习方式,使学生通过自主地观察、采访、调查等活动来接触社会、了解社会,从而增加学生的生活积累,增进学生对社会生活、社会现象的认知、理解体验和感悟的一种综合性的作文活动课。如参加社区活动,组织假日小队,配合居委会为社区绿化尽一份力,定期为敬老院、福利院打扫卫生、表演节目。这些活动虽苦虽累,但学生在实践中感受到生命的价值和意义,体会到社会的温暖,有了真实情感就能及时写出作文。

社会实践活动作文包括社会调查、公益活动、环境考察、参观游览、采访讨论等形式。

(三)借助实验操作来组织作文教学

可在保证安全的条件下,做一些有趣的常识实验。如:把手帕放在竖直倒扣在水中的杯里,不会湿;燃烧能引起空气的流动等实验。或者表演有趣的小魔术,捏不碎的鸡蛋,沉不下去的肥皂,拉不开的书,等等。实验操作类的活动符合学生的好奇心理,美国心理学家斯奇卡列说:"好奇是儿童的原始本性,感知会使儿童心灵升华,为其为了探究事物藏下本源。"据此,激发学生的探索精神,在不知不觉间利用他们的分析能力,开启创造性思维,让他们在趣味中接受科学知识,然后依照实验步骤过程进行写作。这类活动作文的重点在于让学生仔细观察,认真记录,学会有条理地组织文字,学会得当的安排活动详略。

(四)借助情境体验来组织作文教学

情境教学法由江苏省的李吉林老师首创。其中的情境作文属于活动作文范畴,教师创设一些学生感兴趣的情境,抓住一切机会进行作文练笔,给学生说的环境,学生就有写的欲望。可通过事物演示、图画再现、音乐渲染、角色表演、语言描述等方式让学生进入情境,使学生观察情境,理解情境,深入情境,得到进一步的审美体验,最后开拓思路,写出文章。如写"我是小法官",可在教室设置法庭的场景,制作各类职位标志,安排学生担任法官、书记员、原告、被告、律师、观众等角色,给学生一个简单的案例,让大家身临其境地来体会法庭案件的审理,并让同学们对过程作记录。再播放真正法庭审理此案的视频,让学生通过两场法庭审理说说自己的想法,学生可根据其中一点或几点感受来写作文。

通过情境活动写作文,优化了客观世界的情境,能激发学生在作文教学过程中的情感、美感和道德体验,促使学生主体能动作用与现实环境的统一,使学生实现素质的全面提高与个性的充分发展。教师要在教学上不断探索,不断创新,充分发挥自己的想象力,精心进行教学设计,创设出理想的情境,激发学生强烈的求知欲。

（五）通过品读感悟来组织作文教学

品读感悟是使学生在教师的指导下，通过阅读文学作品、观看影视作品以及社会现象视频，对作品进行深入的思考、交流讨论及想象再创造，然后用读书札记、读（观）后感、评论、小论文，或以演讲、辩论、小品、相声等来表述自己的想法。写好作文，语言材料和生活感悟的积累是基础。除了引导学生从观察中积累，捕捉作文的素材，还要组织学生从阅读中吸取营养，指导学生多读书、读好书，做各种读书笔记，阅读后坚持做读书笔记，从而形成一种良性循环，以写促读，以读养写。活动是为了学生更好地写作，写作也是为了学生能更好地表达情感。

品读感悟文学作品活动，可以是课内阅读的延伸，如学了《草船借箭》，组织学生阅读《三国演义》，开展"三国人物评论会"。阅读中国近代革命英雄人物事迹，结合团队活动展开"革命英雄人物报告会"等活动。学生在各种各样品读感悟作品的活动中积累了写作素材，获得了间接经验，同时还扫除了表达的障碍，提高了运用语言的能力，最后达到厚积薄发的效果。

三、活动作文的特征

活动作文是活动和作文紧密地结合在一起，活动为作文提供鲜活的材料，作文则是活动的真实写照，为活动内容发掘深层的意义和底蕴。活动作文教学把活动和作文两者完全融合为一体，它的构建具有活动性、主体性、综合性、开放性等特征。

（一）活动性

活动作文最主要的特征就是活动性，就词义而言，是既"活"又"动"。它表现为：学生在多种感官密切配合协调行动，在做中观，做中学，做中思，教、做、学、思合一；学生在活动中感受到情感上的愉悦，轻松自如地活动生活，不知不觉积累写作素材；学生思维活跃，集中体现于思维的流畅性、灵活性和独特性得到显现和培养；活动富有弹性，可适应不同的学生兴趣、爱好和特长，不是一刀切。

活动性是多样性和实践性的结合。多样性使活动作文教学成为

"活"的可能,实践性是"动"的根本。强调多样性与马克思主义的活动观相一致。马克思认为:"一个人的生活包括了一个广阔范围的多样性活动和对世界的实际关系,因此是过着一个多方面的生活,这样一个人的思维也像他的生活的任何其他表现一样具有全面的性质。"①正是由于人多样性的活动,生活与世界都是丰富多彩的。对学生来说,只有丰富多彩的活动才能让他们真正"活"起来,处于一种宽松、和谐、愉快的氛围之中,学习成为享受而非负担,思维驰骋,想象力丰富,在"激活"状态下写的文章必定独特而精彩。实践性体现在学生亲身参与活动之中,动眼动口动手动脑,去实际操作,直接获取第一手材料。心理学研究表明,在整个中学阶段,学生的思维能力是由具体形象思维向抽象逻辑思维发展的。感性经验离不开学生自己的主动参与、亲自实践。杜威在《民主主义与教育》中也指出:"最好的一种教学,牢牢记住学校教材和实际经验二者相互联系的必要性,使学生养成一种态度,习惯于寻找这两方面的接触点和相互的关系。"所以在作文教学过程中不能抽象地讲解写作知识,而应让学生在具体生动的场景中去感受、体验、发现,从而拓宽知识、训练技能和发展各种能力,实现对现实生活文化的吸收、综合运用和创造,实现理论和实践的有机结合。

（二）主体性

活动作文教学中学生的主体性表现在学生能充分发挥其能动性、自主性和创造性。

能动性方面,学生能够可以根据自己的需要,按照教师的计划要求参与到活动过程中,确立自己的发展目标,同时根据自己已有的认知结构,主动地感受外界,对它们吸收、排斥、改造,把主动权掌握在自己的手中。自觉性方面,学生有独立的主体意识,学生自愿、主动参加,有自觉的活动态度。活动作文教学充分尊重学生的兴趣、爱好,学生可以自己选择学习的目标、内容、方式及指导,自己决定活动结果呈现的方式,主动支配和调节自己的活动,充分发挥自身的学习潜能,发展和完善自身。

---

① 马克思、恩格斯:《马克思恩格斯全集·德意志意识形态》,人民出版社1996年版,第296页。

创造性方面,学生突破旧框框,摆脱习惯思维、保守思想的束缚,在充满乐趣的气氛中,在良好的学习状态下,动手动脑,大胆实践,感悟体验,探索创造,实现自身素质的重组和更新。

教师在整个教学中起主导作用,只需进行必要的指导,创设一个活跃积极而开放的课堂。

(三)综合性

综合性是指作文教学内容、教导方法和教学目的的"综合化"。

活动作文教学,绝不仅仅是写作知识、方法、技能的训练,还可以使学生掌握跨学科(如音乐、美术、自然、品德与生活、数学、劳技、健康教育等)的理论知识,获得对事物的完整认知,形成科学的思维方法,提高综合运用知识解决实际问题的能力。

活动作文教学,也不单单是积累写作素材,增加生活体验。它强调学生在写作前的经历感受,在活动中启发学生多种思维,提高语言表达和运用能力,促进学生个性的和谐发展,挖掘人的潜能、发挥人的主体性、发现自我价值。在写作过程中多角度地观察生活,发现生活的丰富多彩,引导学生关注生命、关注人性、关注情感,热爱生活,培养积极乐观的人生态度,树立正确的价值观、人生观和世界观。活动作文课堂既是学生获得知识技能的场所,也是学生积淀文化、体验人生、交流情感的空间。

(四)开放性

开放性是指构成活动的各要素与实施过程所设计的要素之间的非封闭性。活动作文教学的开放性集中体现在活动内容、时间、空间和师生关系的开放上。

活动内容的开放,有的来自学科知识的巩固、运用和验证,有的来自学生的兴趣、爱好、特长的活动,还有的来自社会生活和学习生活,充分满足学生的各种需要。活动空间的开放,学生可以把教室、校园乃至社会作为活动的空间,如室内活动、各种体育活动、社会实践活动、参观、游览活动等。师生关系的开放,师生彼此尊重,实行教学民主,彼此情感和谐,合作进行教与学的活动。一如《师说》中所谓的"道之所存,师之所

存"，师生关系可以根据条件转化、相互学习。评价方式的开放，是指评价主体的多元，形式的多样。活动作文开放性的吸纳来自四面八方的信息，突破封闭式的教学框框，使学生具有较多的社会文化生活的实际感受。

四、活动作文教学的策略

有一个故事：一个印第安老人，赚钱后买了一辆汽车，不懂得怎么开，只好雇匹马来拉它。这位印第安老人当然可笑，他不知道汽车本身有动力，可以用激发它自身动力的办法去开动。我们现在有了活动作文这辆汽车，但有不少教师却不懂该如何去开动学生这个马达，依旧在做着马拉汽车的工作。

我们该如何运用教学策略来开动学生这个马达以利用活动作文这辆汽车呢？

1. 转变教育观念

开展活动作文教学实践，关键是教师教学观念的转变。现行作文教学在素质教育口号提出多年后，仍侧重于单纯的知识讲授教学，忽视学生的实践活动和主体能动性，现实与教学的脱节，实践与理论的分裂，使得学生习作出现了内容虚假，情感虚饰等一系列偏差。因此教师观念的转变是活动作文教学顺利实施的前提和要求。教师应加强领悟活动教学思想和新课程改革精神，体会到活动作文的开展更符合新学习方式"主动、探究、合作"的特征，创设开放而活泼的课堂，这样才更有利于学生主动参与，乐于探究和相互合作，才更有利于学生立足现实，展望未来，表达真情实感。

此外，教师还应当建立"大作文"教学观。很多教师只关注学生提笔后的作文教学，不重视提笔写作前的准备与积累。上海大学李白坚教授对此提出"前作文教学"，即教会学生摄取生活素材的本领和激发学生的写作激情。无数实践证明，没有写作前的观察和体验，没有生活与情感是写不出好文章的。因此，教师要树立大作文的教学观念，重视学生在写作前的亲身体会，找到"活水"的源头，激发学生浓厚的写作兴趣，培养正确的写作动机，让写作成为情感发泄的需要。这样，学生才能有东西可写，有想法要写。

2. 理解学生需求

近年在作文教学探究中,大家努力去寻找话题与材料,讲述写作技法,但收效甚微。单纯的课内教学不能够满足学生的需求。教师在设计内容前必须围绕学生的写作实际、心理发展和需求来组织写作教学。现如今的学生是缺少童年的,他们多为独生子女,在家长的庇护下缺乏生活经历,特别是90后的中小学生,童年是在电视机和电脑游戏中度过的,他们长期被封闭在学校里、家庭中,远离社会,生活相对单调乏味,对自然对生活对社会的感悟少之又少,面对一个个颇有创意的作文题,很多学生常常感到"无话可说,无事可写"。有时甚至对教师的讲解描述感到困惑,像挖笋采茶等活动,同学没有见过挖过采过,怎能去体会其中的乐趣与意义,而这些活动对于他们来说又是新奇有趣的。因此,活动作文教学要根据学生特性,利用丰富的课程资源,让学生进入感兴趣有意义的真实的活动情境中,满足他们的渴望与心理需求,让他们有乐趣有经验有感悟。

3. 精心设计活动

设计出符合活动作文特点,适合学生学习需要和知识特征的活动作文方案,是搞好活动作文的前提。活动作文作为一种具体的教育形式,是有特定的对象内容和一定适用范围的。教师在设计时要遵循作文的目的、要求,注重活动的形式、步骤、规则,能统筹安排整个教学活动。必须要注意学生交际与情感表达的需要,满足学生当最高指挥官的心理需要,调动好学生的主动性与主体性,在摆脱以往作文纯粹技巧性的语言文字训练的同时,发展学生的思维、情感,让学生在主动操作、探索、加工、体验、变革的自主活动中,达到自我实现的快感。因此,活动作文教学设计要趣味十足,活动内容形式多样、重点突破,意义隽永,精益求精,理论实际结合,还要追求整个活动的圆满,并力求使后续的作文练习变成充满乐趣的智力活动过程。

4. 创设写作环境

活动教学需要营造一定的环境和氛围,使学生进入情境,主动去活动感受。写作环境不仅仅是现实中的活动环境,还指平等的师生关系,和谐的人际关系,新颖的教学机制和开放民主的人文氛围。使学生认识到活动作文不应该是"闭门造车",而应是生活的真实写照。尝试让学生切入生活、感受生活并提炼生活,为他们提供一个良好的写作环境。因时因地制宜,让每个学生都想写,有东西写,知道怎么写,得到不同程度的收获和创新,开发每个学生的创造潜能,放开手脚,大胆实践,勤于开拓,勇于创新,在这些活动中,让学生个性人格得以完善,给作文教学注入新鲜的血液,展现出更旺盛的生机。

5. 改变评价方式

新课标明确提出,重视引导学生在自我修改和相互修改的过程中提高写作能力。传统的评价方式是教师批分数和写评语,这对学生发现问题、提升修改能力以及作文水平的提高效果并不明显。活动作文要重视对作文修改的评价,改变过去一次性评定的做法,让学生在获得第一次习作评定后可以通过一次或几次的修改获得进一步的成功,经过认真修改,得到更高的评价,特别是对写作态度的高度评价,可以培养学生追求成功的心理和良好的修改习惯。实施评价时应充分体现主体的多元,老师、家长、同学、自己共同参与,互评互改。评价形式提倡多样,如分数、语言、简笔画、特定符号或者是竖起大拇指、击击掌等动作。改变评价方式在激发学生的兴趣、活跃学生的思维、提高表达能力等方面有着独特的作用。

五、活动作文教学的步骤

作文不是一门课,而是一个复杂的过程。加拿大语文课程标准指出:写作过程,或者说是一篇优美流畅的作品诞生的过程,包含了一系列的步骤和艰辛的工作。[①] 活动作文教学的复杂艰辛在于,它既要面向全体学生,从学生心理发展出发,以活动为形式,充分调动学习兴趣,又要时刻提醒或暗示学生注意观察,掌握取之不尽的作文素材,培养学生在活动中"心有所思,情有所感,感有所写"的能力,使学生把活动过程写得言之有物、言之有序、言之有理、言之有情,把写作视为"纸老虎",充分显示"我能写"的本领。这里,我通过查阅资料和具体实践,构建了活动作文的基本教学过程模式。它从确定选题开始,到最后的作文评价共五个

---

① 柳士镇、洪宗礼:《中外母语课程标准译编》,江苏教育出版社 2000 年版,第 480—481 页。

步骤,学生在写作活动中确实感受到进步,才算完成了以学生实践为中心的训练过程。

1. 确定主题,设计方案

选择合适的主题是整个活动作文教学的关键,关乎整个作文教学的成败。主题的确定主要和课程的安排和教学进度相关。每个主题必须有积极意义,能使学生有所感有所悟有所得。主题的确定是设计活动方案的前提,方案紧紧围绕主题展开。比如写亲情,可以让学生回家为父母做一件小事,泡茶、捶背、做家务等表现子女与家长之间的感情互动的小事。

方案设计要考虑多方面的因素,包括教学的需要,学校课程设置、教学进度,学生知识结构、智力水平、生活经验,自然环境,社会治安,教师能力,等等,设计方案要进行整体规划。根据学年、学期、单元学计划以及班级工作安排的具体内容和目标进行整体设计,关照到学生生活的各个方面、层次,使形式与写作目标、内容相适应,注意活动的系统化序列化,活动的时间和空间要统筹安排,不要局限课堂。对于活动的内容,力求每次都有新意,选择学生生活中常见的而又易被忽视的活动或者平时难以接触到的活动。但是不是内容越多越好,无论是时间地点都要根据具体情况进行安排,要在教师能够掌控的范围内进行,教师要坚持在活动中占据主导地位,控制活动的节奏,充分估计活动中可能出现的问题并想好对策。

2. 激发兴趣,向往活动

皮亚杰曾说:"所有智力方面的工作都要依赖于兴趣。"兴趣是学习的先导,是最好的老师,学生对活动的兴趣能使整个教学事半功倍。夸美纽斯也曾说:"应该用一切可能的方式把孩子的求知与求学的欲望激发起来。"因此,教师要善于利用课堂内外资源和教学手段。

活动前,教师可做能引起学生兴趣的举动。可以设置悬念,从解题入手,根据学生好奇心强的特点,提出问题,让学生产生悬念,激发他们对活动形式、内容的兴趣;也可以音乐感染,造成强烈的音响效果,现今的学生对于音乐的兴趣能够带动其他教学内容的兴趣;可以利用形象吸引,运用实物、标本、图片、幻灯、电影、录像等引起学生注意,调动学生的学习积极性;还能通过表情叙述,教师表现出极为神秘或愉悦等不同于常的表情,引起学生的好奇。通过这些手段,学生的好奇心被激发起来,教师趁机指出本次作文的主旨,并出示活动设计的内容和要求,指导学生通过读、思、议,理解要义,引起学生浓厚的兴趣。如采访作文,让大家把自己当作某报纸的记者,就环境保护这一主题去采访市长,同学们在提问前需要注意哪些细节,记者的义务和责任是什么等,可以准备小记者证发到同学手里,让他们兴趣盎然。要让学生掌握要点,发挥群体优势、集思广益,让他们谈谈对活动的理解和建议,适当地加入到活动过程中,提高活动的趣味性和可行性,让学生对整个教学过程产生一定的期待和向往。

3. 进入情景,快乐活动

叶圣陶曾说过:"作文这件事离不开生活,生活充实到什么程度,才会做成什么文字。"西汉刘向也说:"耳闻之不如目见之,目见之不如足践之。"人类进步最基本动力是人生的实践,再好的写作创造力说到底也要以一系列生活的积累为基础。因此,进入情景,尽兴活动是写作教学的重点环节。

教师根据活动过程的设计,采用多形式、多方法,使学生能够置身于活动的情景之中;让学生在良好的气氛中尽情地把各种感官投入活动之中。还要明确提出活动要求,充分调动学生的积极性,使之活跃起来,完全进入角色。正如陶行知说:"要解放孩子的头脑、双手、脚、空间、时间,使他们充分得到自由的生活,从自由的生活中得到真正的教育。"我们就是要让学生在自由活动中得到真正的乐趣和感知。

在整个教学中过程中,学生是作文的主人,也是活动的主人,因此学生的主体性必须要得到充分发挥。力争做到"一全四自",即全员参加,自我主持、自主上场、自由评价、自己总结,并且让每个学生都唱主角,沉浸在活动的气氛中,尽情享受活动带给他的快乐,自信地展示风采,仔细观察用心体会,把活动的情景、过程用眼睛或者笔记录下来,积淀脑中,使每个学生在活动中有体验、有感悟。

4. 感悟思考,真实表达

活动结束后,教师不能让学生放任自流,必须重视写作前的指导,要充分发挥主导作用,要及时把学生活动的兴趣引导到作文上来。因为活动与写作毕竟不是同一种思维和表现形式,活动只为写作提供材料,写作是记叙活动过程和抒发对活动的感受。学生通过活动积淀写作素材，有了认识体验，但并不等于有想写的冲动，不等于能写好文章。

张志公说："最重要的一点，必须打破文章'做'的观念，学生的思路才能开展起来。""只有学生习惯于如实地、自然地写的时候，他的思路才能打开，才能得到锻炼。"①因此教师在此时需对活动进行分析、指点、解说，鼓励学生说出个人感受，开启学生思维，拓展思路，让他们进行联想和想象，激励他们积极探索思考。教师要做一根"导火线"，激发学生想说的欲望，孕育写作冲动，在不知不觉间引导他们痛痛快快地倾吐自己在活动中的收获和感悟。学生最后按照一定的写作技法，按一定的顺序把活动过程写得言之有物、言之有序，言之有理，将活动的成果内孕加工，外化成文。

写作过程中还要让学生领悟到写作的目的不在于完成任务，而在于自我表达和与人交流，自我表达是获得精神上被尊重的需要，与人交流是张扬真我风采的需要，同时也是人在言语上自我完善、自我表现的一种需求。

写作是学生的个性表达，但许多学生尚处于文章的模仿阶段，因此教师在学生写作前不宜出示范文，指导也不能过分具体，尽量让学生自主命题，独立完成写作。

5. 师生共评，认真修改

写作后的批改评价往往是整个教学活动中被学生忽略的环节。常见的一种现象是教师精批细改的作文发到学生手里，学生却往往只看一看成绩，便塞进书包了事，不去认真理解评语，不对文章进行修改。新课标中强调了评改的作用，培养学生修改习作的能力也是作文教学的重要环节。因此，在活动教学中要确立学生在作文批改中的主体地位，让学生自己成为作文批改评价的主角，最终能够准确地批改、精炼地评价、愉悦地修改，从而提高写作水平。

改评习作之前，师生可共同制定评改标准，确定评改重点。评议方法要得当，可按"读—找—评—读—改"的基本步骤去开展。教师可以选

---

① 全国中语会编：《叶圣陶吕叔湘张志公语文教育论文选》，开明出版社 1995 年版，第 166—167 页。

取一些佳作或典型文章作为范文,引导学生欣赏或评议,示范导改。通过评典型例文,让学生在赏中学法,议中悟改,触类旁通,然后用学到的方法进行再读、再互评。学生在批改评价其他同学的写作后,能更深刻地认识写作中容易犯的错误,形成良好的写作习惯,并能更清楚自己作文中的问题,主动地去修改。

苏霍姆林斯基说过:"成功的欢乐是一种巨大的情绪力量,它可以促进儿童好好学习的愿望。注意无论如何不要使这种内在的力量消失,缺少这种力量,教育上的任何巧妙措施都是无济于事的。"师生共评的方法使学生作文由原来的写给老师看变为写给大家看,从而拥有了更多"读者",使学生带着对成功的向往去努力提高自己的写作水平,增加知识储备。教师不断的鼓励也能让他们明白自己的劳动成果是有价值,被人肯定的。他们在评改中不仅认可了自己的智慧、体验到创造的乐趣,也对下一次的写作活动有了期待。

六、活动作文教学的价值

活动作文教学的展开,解决了学生写作"巧妇难为无米之炊"的难题,丰富了学生的生活经历,并把直接经验与间接经验有机结合,增加了学生的写作素材。它还使枯燥的作文训练出现了多姿多彩、生动活泼的新局面,减少了统一的约束和划一的要求,增加了自由选择、自由写作的空间,培养了学生的观察能力,引导学生积极想象,拓宽学生的视野,调动学生写作的积极性,激发写作欲望,弱化写作的"教化"与"载道",强化写作的"自娱"与"宣泄"的作用,实现真正的个性化写作。

活动作文教学的开展,使教师的"教"和学生"学"相互适应。"活动"成为师生共同的实践,成为"教"与"学"的"中介",作文教学过程成为师生交往、积极互动、共同发展的过程。在这个过程中教师与学生分享彼此的思考、见解和知识,交流彼此的情感、观念与理念,丰富教学内容,求得新的发现,从而达到共识、共享、共进,实现教学相长的共同发展。教师不再为怎么教、怎么评而伤脑筋,学生不再为写什么、怎么写而愁眉不展。

活动作文教学的展开,还突破了传统的作文教学模式,开辟了作文教学的新天地。以"立诚"为本,通过组织或设计学生能够并且愿意参与的活动,开发学生的生活源泉和情感源泉,使活动成为作文的材料,让学生留心体验。这与传统作文脱离具体的生活,喋喋而言的作法、一味要求从形式上加以模仿的作文训练相比,是一个重大的突破。我们可以看到,通过活动作文的教学,写作已经不单单是丰富生活和再现生活,更重要的是多元地解读生活,记录学生心智的成长过程,使学生形成社会参与能力,最终推进素质教育的发展。

第五节　生活作文教学模式

回归生活世界是新课程的基本理念之一。《全日制义务教育语文课程标准》根据当代语文教学改革需要和未来语文教学的发展走向,特别强调了语文课程生活化的新理念。"生活"一词在新课程标准中出现竟达 20 余次,其重视程度远远超过历次教学大纲。课程不再是孤立于生活世界的抽象存在,而是生活世界的有机构成;课程不是把学生与其生活割裂开来的屏障,而是使学生与其生活紧密联系起来的基本途径。因此,作文教学也势必要回归生活。

一、生活与作文

作文即是生活,生活即是作文。生活是作文的源泉,作文是生活的再现;作文会因生活而精彩,生活会因作文而美妙。

(一)生活是作文的源泉

如果作文是棵树,那么生活便是树的根;如果作文是河流,那么生活就是河流的源。根深方能叶茂,源足才能河流滚滚。只有捕捉生活中的点点滴滴,才能写出情真意浓、血肉丰满的作品。

雪莱说:"我从童年就熟悉山岭、湖泊、海洋和寂静的森林。我与'危险'结成游伴,看他在悬崖峭壁的边缘上嬉戏。我曾踏过阿尔卑斯山上的冰河,曾在白朗峰之麓居住。我曾在遥远的原野里漂泊。我曾泛舟于波澜壮阔的江上,日以继夜地驶过山间的急湍,看日出、日落,看满天繁星闪现。我见过不少人烟稠密的城市,处处看到群众的情操如何昂扬、磅礴、低沉、递变。我见过暴政和战争的明目张胆、暴戾恣睢的场景；多少城市和乡村变成了零零落落的断壁废墟，赤身裸体的居民们在荒凉的门前坐以待毙。我曾与当代的天才人物交谈……我就是从这些泉源中吸取了我的诗歌形象的原料。"①

在法国的格勒诺布尔发生了一宗谋杀案，一个青年在一位有钱人家里当家庭教师，后来他成了女主人的情人，当事情败露后，他出于怨恨和绝望杀死了女主人。作家司汤达就是由此受到了启发，创作了世界名著《红与黑》。

正如宋代诗人朱熹所说："问渠那得清如许，为有源头活水来。"（《观书有感》其一）生活是如此多姿多彩，在那多彩如画的生活中，有着无穷无尽的"闪光点"，一草一木都饱含着生机美；一石一花都深藏着奇丽美；一山一水都蕴含着神奇美……这些都为作文提供了取之不尽、用之不竭的材料，是作文的源泉。

（二）作文是生活的再现

作文教学新理念告诉我们，作文是生活的再现。作文其实就是对生活的理解、感悟、赞颂或反思。只有在生活的海洋里畅游的人，笔下才能卷起艺术的浪花。

古往今来，许多有着巨大艺术生命力的作品，都为历史留下了形象的画面。俄国作家契诃夫笔下的短篇小说，无一不是俄国专制制度下社会生活残暴性、自私性及保守性等本质特征的真实写照。奥地利作家卡夫卡的《变形记》，尽管主人公的形象怪诞，然其遭际却是作家对西方现代生活中的人生状态、人与人之间冷漠关系的真实而深刻的感受和写照。这些作品都是生活的再现，透过作品，读者认识了世界，认识了历史，也认识了自身；理解了生活，理解了人生，也理解了自己。这种认识与理解可以超越时空，通向异国和他乡，通向过去与未来，让人咀嚼其中哲理，品评其中滋味。

---

① 雪莱：《伊斯兰起义序言》，《西方文论选（下）》，王科一译，译文出版社1979年版，第48—49页。

（三）作文服务于生活

作文来自生活，同时又是为生活服务的，这是作文工具性的本质体现。一般作文都有服务于生活的作用，主要表现如下。

1. 认识生活

作文的内容其实十分广泛，包括科学、文化知识介绍，政治理论研究，生产及生活经验介绍，风俗人情采撷，对山川河流自然风光的描绘，等等。我们不仅可以从中获得有关的社会知识、自然知识，从而对历史与现实、时代与人生、社会与自然有比较全面的了解和认识，还可以从中了解、认识自身，提高自己的认识能力和实践能力。

2. 娱悦生活

人们的生活应该丰富多彩，除了学习、工作外，还需要休息、娱乐。消遣娱乐的方式很多，除了各种文体活动之外，在节假日或业余时间读一点短小精悍、赏心悦目的文章，也是一种积极有益的休息和消遣。茶余饭后，读点轻松愉快的文章，可以消除生活、工作中的烦恼和疲劳；心情不佳的时候，读点特别喜欢的文章，能使自己的心情开朗起来。诸如富有讽刺意味的幽默文字，妙趣横生的奇闻趣事，生动活泼的知识小品，意味深长的童话故事、杂文、寓言等，都能使人增智解颐，获得生活的乐趣，增进身心健康。

3. 提升生活

在自然界和人类社会生活中，存在着大量的事物，作者写文章就是对这些事物进行提升，然后创作出比自然界和实际社会生活更集中、更突出、更理想的美。当人们阅读这些文章时必然获得强烈的美感，得到愉悦和满足。其实，很多记事、写人、状景、抒情的文章，可以说都是作者以提升生活的方式来认识事物、干预现实、创建美好生活的一种特殊的精神食粮，例如王安石的《游褒禅山记》，范仲淹的《岳阳楼记》等。

二、生活作文

目前作文教学往往忽视了生活与作文的关系，采用"虚构生活"的作文法和"模拟生活"的作文法，这种雾里看花、水中望月的做法实际上使学生远离了真正的生活，以致心灵尘封，情感干涸，使作文丧失了其应有的教育力量。要转变这一写作现状，就必须将生活与作文相结合，即"生活作文"。

(一)生活作文的内涵与意义

所谓的"生活作文"是以真实的生活世界为写作对象，以现实生活需要为作文能力培养目标，从观照学生真实生活，拓展学生作文内容与作文形式入手，充分关注学生个性差异，努力激发学生写作内驱力，提高学生书面语言运用能力，与此同时，发展学生思维，提升学生人格的一种作文理念及教学策略。

生活作文可以促进学生主体性人格的培育。当作文选择真实的生活为其表达的主题时，当作文与人的成长自然和谐地融为一体时，生活作文的写作过程就是学生主体人格形成、发展的过程。学生通过写作，从意识到快乐与不快乐到逐渐理解喜和悲，从了解物的存在到理解自己同周围的区别，从了解事物的现象到理解事物的本质，从体会到生命的喜悦到懂得生命的价值。这种由生活而生发出来的内心体悟一旦与写作结合起来，就可促进学生主体性人格的培育。

(二)生活作文的实验

生活作文研究的涵盖面是比较广泛的，因而要临近较为完整的境界需要进行长期的实践与研究。就近期而言，我国主要有以下几种实验类型。

1."做人—作文"教学

"做人—作文"教学是由中国报刊协会和人教社提出的，它以"三化合一"（"三化"即生命化、生活化、生态化）为指导思想，通过专题活动和常规活动来建构作文教学体系，要求在作文教学中将"人"和"文"统一起来，以做人为作文之本，用作文促进做人，使作文真正成为培养和提高学生素质的有效途径。"做人—作文"教学重点关注以下三个方面：(1)作文教学的目标应着眼于学生"学会做人"的可能生活的建构；(2)作文教学的内容应关注学生的现实生活；(3)作文教学的过程应强调学生的体验和感悟。总之，"做人—作文"教学是积极引导学生追求做人真谛，把作文能力的培养融入做人的生存、享受和发展等生命需求之中的教学。

2."社会化"写作

"社会化"写作又称"放—收—放"写作学习模式,是吉林省榆树市秀水镇第二中学特级教师李元昌在辩证唯物主义哲学否定之否定的规律指导下创立的三步作文训练法。李元昌认为,教育就是为了培养未来的劳动者,所以语文能力,特别是作文能力,必须同社会生活结合在一起。社会生活是学生作文的物质基础。"放—收—放"三步作文训练法就是基于社会需求,通过社会生活实施的写作教育。这一作文训练法也得到了专家们的认同,他们认为:"放—收—放"三步作文训练法,体现了由低到高、由易到难的训练层次,符合循序渐进的原则和学生的认识规律,也体现了语文教改的基本思想。

3."生活化"作文

"生活化"作文的核心理念是:作文教学是为了学生的全面发展。是由湖南教育科学院的马智君提出的。所谓"生活化"作文,主要基于以下三点认识:(1)学会做人是生活,也是写好作文的认识;(2)生活和对生活的认识是作文的源泉;(3)真实的生活加上创新的写作是生活化作文的灵魂。在作文训练思路上,"生活化"作文以学生生活为出发点,遵循"生活—感觉—表达""生活—感受—表达""生活—感悟、思辨—表达"有序性原则训练,从而促进学生的全面发展。

通过这三种不同类型的实验,我们不难发现生活作文的一个共性,即追求作文为生活而写,关注学生作文兴趣、意识和潜能的唤醒,关注学生终身需要,学生作为发展的主体在作文中的地位越来越得到凸显。可以说,"生活作文"激活了作文教学日趋僵化的局面,使中小学作文教学呈现出勃勃生机。

三、作文教学生活化

如何把作文教学与生活实际联系起来,把生活作文落到实处呢?我认为,应该把生活化的观念贯彻到写作动机、作文命题、作文指导、作文修改和作文评价之中。

（一）写作动机生活化

作文教学的生活化,首先是写作动机的生活化。在以往的教学实践中,教师往往把注意力放在写作技能的训练上,探索出多种训练体系来提高学生的写作技能,往往忽视了学生的写作动机。事实上学生的写作水平不仅和写作技能有关,还与写作动机密切相关。

传统作文教学都有这样一个模式,首先由教师给出本次作文的题目,接着教师就围绕这个题目展开一系列的指导,然后向学生展示几篇名家例文,最后要求学生在规定的时间内完成作文。这样,整个写作过程就演变成了完成教师规定的一项任务,无视其是否是学生想写的、有无材料可写,也就很难符合众多学生的实际情况。长此以往,学生的主体意识日趋淡薄,完全陷入了被动写作的状态。

人总是有表达欲望的,如果该表达而得不到表达,压抑于心,情动于中而不能形于言、形于文,便有内心阻滞的感觉。叶圣陶先生说:"作文的自然顺序应该是我在认识事物中有感,感情的波澜冲击着我,我有说话的愿望,便想倾吐,于是文章就诞生了。"这段话告诉我们:写作不是作为一个学生学习的需要,而是作为一个人源于生活中的碰撞而产生的需要,是表露自己思想内涵的一种方式。我认为作文教学就应当激发学生表达的欲望,变"要我写"为"我要写"。

湖北省宜昌市三峡高中的胡平老师在实践中是这么做的:

上课后,胡老师启发学生说,许多人的记忆深处难免有几件在自己看来不怎么光彩的事,诸如偷拿东西啦,好吃啦,淘气啦,逃学啦,挨打啦……于是,总是小心翼翼地护卫着这些"隐私",不让它曝光。殊不知,大胆地撕下"怕丢人现眼"这块遮羞布,坦率写出真情实感,你会走入另一片明媚的天地,不仅能充分体会放下包袱的轻松和愉悦,而且还能品尝到作文获得成功的满足和自豪。接着,胡老师给学生朗读了卢梭《忏悔录》中的一段记录他偷拿朋塔尔小姐小丝带的文章。朗读后胡老师又进一步启发学生说,那种自以为"不光彩"的事往往具有当时感受很深、事后长久萦绕心头、挥之不去的特点,可谓熟悉之中"最熟悉"的。作为当事人的作者对此记忆的表象总是格外清晰稳定,认识的程度总是格外深刻独到,寄寓的情感总是格外复杂丰富,所以,一旦扯下"怕丢人现眼"这块遮羞布,就会文思泉涌,写出真实、细腻、感人的文章。这时,无需老师布置题目,同学们就都纷纷拿起笔来,以前那种看到作文题后焦虑、无话可说的场面荡然无存,教室里鸦雀无声,大家伏案疾书。①

(二)作文命题生活化

命题作文是作文训练的主要形式,命题的好坏往往影响着作文的质量。学生之所以谈"文"色变,视作文为苦差事,原因就在于教师往往出些与学生生活体验相距甚远的"成人化"题目。陈钟樑先生就曾引用哲学家维特根斯坦的名言"我贴在地面步行,不在云端跳舞"来批评一些作文命题在云端跳舞,远离了生活的土壤。命题一旦脱离了生活,就割断了学生生活的脉搏,隔膜了学生对生活的感情,钝化了学生思维的触觉,剩下的只能是套话、空话。相反的,一个源于生活的作文命题,却能打开记忆的闸门,放飞想象的翅膀,唤起浓厚的写作兴趣,流泻出表现思想与生活内蕴的文章。

叶圣陶先生曾说:"训练学生作文,必须注重于倾吐他们的生活积累。"②生活是作文的源泉,作文的过程就是学生对生活的审美与再创造的过程。学生情感丰富,个性色彩浓郁,他们对自己和世界都有独特的认知和体验,既有表达的素材又有表达的渴望,因此新课程强调作文教学要"适合学生的身心发展特点,适应学生的认知发展水平,密切联系学生的经验世界和想象世界"。

这就要求教师在作文命题的内容上必须从给范围、材料等限制中解放出来,尽可能充分地考虑学生的身心特点、生活阅历、认知水平和兴趣爱好等方面的因素,围绕学生的生活命题。杭州经济开发区文海实验小学的顾之川老师在实践中是这样做的:学期开学时,顾老师会让学生自拟题目,写一篇作文,和老师和同学们交流交流假期中的生活和感受。因为寒暑假中,学生都会经历一些事情,或者令他们感动,或者令他们快乐,或者令他们伤心……③这样学生的作文题材来源于生活,是为了自己交际的需要,抒发内心情感的需要,作文就犹如溪水潺潺,又何须再去编

---

① 胡平:《营造适当环境,激发写作动机——一个成功作文教学案例的心理学分析》,http://www.teachercn.com/Zxyw/Jxwz/2006-6/4/20060108151204922.html,2005.4。

② 叶圣陶:《语文教育文集》(下),教育科学出版社1980年版。

③ 顾之川:《论新课程背景下小学生活作文教学》,《文学教育》(下)2007年第10期,第116—117页。

造、拼凑呢？

总之，作文命题的艺术在于贴近生活，教师应把握住学生生活的脉搏，捕捉他们的喜怒哀乐，努力把题目出到学生的心坎上，激发他们写作的积极性和主动性，让作文成为学生表情达意的工具，成为学生生活的需要。

（三）作文指导生活化

作文命题生活化只是生活作文的一小步，命题的生活化不见得就一定能带出文章内容的生活化，这中间涉及许多因素：如教师的引导、学生领悟生活的程度、学生的思维定势等，其中更关键的是教师的主导作用。由于积习的影响，语文教师大多笃信写作知识的力量。作文指导课所讲内容多是如何立意，如何构思，如何表达，以为学生只要记住"中心明确"，笔下就能做到"主题显豁"，只要记住"详略得当"笔下就能做到"繁简有度"，这就从根本上背离了作文教学的规律，也违背了写作的规律。我认为，生活作文的指导应摈弃技能知识的传授，突出生活化。

1. 引导学生关注生活，突出学生的主体性

美国一位叫德尤的教师给自己学生的作文题目是：找出自己希望从事的职业，访问一位真正从事该行业的人，写一篇报告，在班上演讲。这位教师作文教学的成功之处就在于引导学生关注现实，关注未来，引导学生实实在在地思索自己的人生理想。这样，学生既有东西可写，又能写得朴实生动。"我的理想"这样的题目我们哪个学生没写过？但是我们学生的作文洋洋洒洒，理想远大——科学家、工程师、教育家……这些大多是凌驾于现实的天马行空的想象，学生只看到这些职业的闪光之处，并不能够真正的理解他们笔下的职业。

由于长期受到典型文本、评价体系以及教师教学方法的影响，学生往往忽视了最真实的生活，失去了对生活细节应有的敏感。他们表面上对诸如祖国大好河山、英雄模范人物、典型的社会事件有着激烈浓郁的感情，而事实上在所谓的"大情感"的束缚下，他们的主体性被一再地削弱。太多的修饰语、太多的形容词背后是情感内容的空乏无味。

因此，在作文教学中教师的角色应该是引导学生关注生活，启发学生用文字把它表现出来，并在表达中渗透其做人原则、价值观念、是非观

念、个人修养、文化品位和审美意趣等,让写作成为生命的真实写照和享受生命的方式,真正做到"人""文"统一。教师可以引导学生从关注身边的小事做起,比如同学间的误会、矛盾、冲突,这些生活中的小插曲都可以是学生关注的对象,将它们记录下来,进而融入自己的世界观、人生观、价值观,尽情地抒发情感,这样写出来的文章才能烙上情感个性的印记,涂上独特心灵的色彩,真正达到思想、情感、态度的真实和外在的真实之间的和谐统一。

2. 鼓励学生体验生活,培养学生的真诚性

我国历来注重文章的教化功能,也把作文推向一种绝对高度,说文章是"经国之大业,不朽之盛事",又说"代圣人立言"。所以当现实材料满足不了"主题深刻"的要求时,唯一的做法就只有瞎编乱造了。一个在家里养尊处优的孩子,每天上学的路上都会看到清洁工在辛勤地扫地,或许他只是每天从送他上学的车里看到的,然而他就会在作文中写道:"我一定要学习清洁工勤勤恳恳的敬业精神,努力学习,将来为祖国的现代化建设作出自己的贡献。"这个学生写的有没有错?没有错。但写得真不真?肯定不真。因为他没有切身的生活体验,浮光掠影的见闻导致他写出来的文字必定是无关痛痒的体会和感受。

文学是社会生活的反映,这种反映不是表象的、浮泛的,而是深刻的、本质的。深刻的、本质的反映必然要求作者走进生活,而不是走近生活。我国现代著名作家老舍在《青年作家应有的修养》一文中指出:"深入生活好比挖井,虽然直径不大,可是能够穿透许多层土壤。在一个工作岗位上坚持工作的好处就是在一个地方钻探下去,正像打井,一直到发现了水源。这些源源不断的水使我们终生享受不尽。在文学史上,许多有才能的作家总是写他亲手掘成的那口'井',并不好高骛远地去写他们没见过的海与大洋。"①德国古典主义哲学家、作家歌德也说过:"依靠体验,对我就是一切;臆想捏造不是我的事情;我始终认为,现实比我的天才更富于天才。"②大师们的教导其实也是来自于长期实践之后的真实体验,便捷地汲取他们的智慧和经验是我们的福分,为什么还要去走弯

---

① 老舍:《老舍的话剧》,文化艺术出版社 1982 年版,第 195 页。
② 集体编著:《马克思列宁主义美学原理》,生活·读书·新知三联书店 1962 年版,第 111 页。

路呢？

　　所以在指导学生作文的过程中，我们应鼓励学生体验生活，说真话，谈真想法，不要一味地人云亦云。还是以这个孩子为例，也许在他们班上就有一个学生的母亲就是清洁工，他完全可以亲自到同学家里去零距离地体验和感受清洁工的生活，捕捉真实的生活场面、生活细节，全方位多角度地融入具体的题材氛围中去，这样他才能做到如叶圣陶先生说的"合于世理的真际，切乎生活的状况""本于内心的积郁，发乎情性的自然"。

　　3. 启发学生思考生活，张扬学生的创新性

　　创造性不只是学生应具备的思维品质，也是应具备的性格品质。作文教学就应提倡创新，鼓励创新，放飞精神，放飞思想。毛泽东曾说过："出一张卷子，什么都答出来了，一点创造性都没有，可以打个及格，不一定打优秀；答了一半，但是很有创见，你给他打满分、八九十分也是可以的。"这番话要在大型考试中操作当然有困难，但鼓励创新，高度评价创新的思想肯定是具有真理性意义的。高考作文评分特别划出一个"创造"等级也正是这一思想的体现。因此，在作文指导中，教师要不断地启发学生去思考生活，走出"共性"，凸显"个性"。

　　例如，作文题是"水"，模式化的写作就只是写水的价值，水资源的珍贵，爱惜用水，保持水源清洁，化水害为水利等。教师应帮助学生打破这个思维定势，引导学生从与之相关的事物出发去思考，这样就找到了一块无限广阔的空间，可以写："水与生命"、"涓滴与大海"（个人与积累）、"水与人生"（沉浮）、"水与政权"（载舟之水也覆舟）、"小溪流之歌"（走向博大，追求高远，生命不息奋斗不止），等等，通过这样的启发，学生突破了原有的局限，立意就更加开阔、新颖了。

　　又如，作文题是"雪"，教师可以引导学生抓住"雪"的特色进行全方位的辐射状的发散式思考。从它洁白无瑕的特点，可以赞美它的纯洁；从它掩盖污浊的特点，可以联想它的粉饰太平；从它冰冷的温度，可以批判它的冷酷无情；而有人看到它遇热即融为水滴，又联想到它感受到温情就感动流泪，写出它的人性。总之，"横看成岭侧成峰，远近高低各不同"，一个新视角就是一方新的风景。

（四）作文修改生活化

俗话说：好文章是改出来的。作文修改的目的是培养有作文能力的"人"，而不是直接把某一篇作文"改好"。"改好"一篇作文并不难，但要使学生自己的作文能力提高一步，就要花费不少力气。叶圣陶在《语文教育书简》里，有句很精辟的话"凡为教，目的在达到不需要教"[①]。学生眼前在学校里要阅读，要写作，将来离开学校以后，仍然要阅读，要写作，教师不可能永远跟在学生后面，给他们讲书和改作文，因而教师必须训练学生使他们"自能读书，不待老师讲，自能作文，不待老师改"[②]。叶老认为"老师之训练必做到此两点，乃为教学之成功"[③]。"新大纲"也提出"要有计划地培养学生自己修改作文的习惯和能力"，并指导学生"自己修改，或组织他们互相修改"。因此，在作文批改这一问题上，语文教师必须切实转变思想观念和教学角色，以崭新的现代教育视野为指导，让学生主动参与到评改文章的活动中，在评改中学会修改、发展提高。本着这一精神，我认为，作文修改必须做到生活化。具体来说，就是把作文批改的主动权交给学生，在教师指导下，让学生自己修改。

1. 组织学生自改作文

叶圣陶先生曾说："改的优先权应属于作者本人。"在组织学生修改作文前，老师要先向学生讲清楚自我修改作文的重要意义、原则和方法，使学生重视自我修改作文，明确作文修改是有章可循、有法可依的。修改文章应从以下几个方面努力：一是引导学生修改思想；二是修改语言；三是修改文字。这就为我们解决了改什么的问题。至于怎么改，一般是先让学生对照题目，看内容是否切题；接下来看文章的条理是否清楚，详略是否得当；最后再改正文中的语病、错别字和用错的标点符号。无论是好作文还是差作文，都应要求学生尽量指出好在哪里，差在什么地方，并在作文本上一一做好批注。

2. 组织学生互改作文

根据需要，还可以让学生进行同桌与同桌之间，组与组之间的作文

---

① 叶圣陶：《语文教育书简》，教育科学出版社1980年版，第717页。

②③ 叶圣陶：《叶圣陶语文教育论集》，教育科学出版社1980年版，第717页。

交换互改活动。因学生刚写完作文，印象深刻，让学生及时批改，会较准确地找到问题；又由于同学之间的写作水平较接近，批改者也容易被佳作吸引，会借鉴学习别人的优点，努力提高自己的写作水平。批改初步完成后，及时把作文返还给本人，让本人反思，吸取修改人提出的意见和建议，再次构思，考虑并尝试如何写得更好。具有代表性的问题，可交给学生小组共同评析，比较异同，统一认识后得出最佳的评改意见。

3. 教师定时面批作文

在平时的作文教学中，教师不但要组织学生自批、互批作文，也要定时定量面批作文。因为学生判定作文的水平毕竟受生活阅历、知识储备的限制，难免不是一家之言，有失中肯。教师定时面批，不但可及时了解学生习作中反映出的问题，给予学生习作一个中肯的评价，还可和学生进行面对面的交流。直接指导学生写作，学生所受的影响比较深刻，对提高学生写作水平大有裨益。

总之，作文修改的方式是多种多样的，综合运用多种批改方法，采取宽松的、多样化的手段，才能引起学生的修改兴趣，才会诱导他们多写、乐写、善写。这样，作文修改才不会失去它在作文教学中具有的重要意义。

（五）作文评价生活化

作文评价是作文训练中的一个重要环节，而实际操作中，为了完成任务，应付检查，教师的评语常常缺失深、准、新、实，而流于浅、泛、旧、空，即便是课堂点评，也很少结合学生实际，只讲理论，走过场，致使评讲形同虚设，学生越来越远离作文评价，远离真实的作文。由此，我提出作文讲评的生活化。

1. 评语生活化

学生写作是与生活对话，与他人对话，与自我对话，更是与教师对话。教师是学生最重要的读者，这位"读者"反应如何，直接影响"作者"后续写作的动力和兴趣。可是，在作文教学的实际操作中，教师很少以一名热心读者、知心文友和欣赏者的角色与学生平等对话，更多地扮演着一个冷眼的评论家的角色，给学生的评语往往是一些类似"写得欠具体""层次不清楚"的套话——教师完全把自己置于评语之外，很少谈切身体会和感受,更不会融入个人的思想、情感,这严重挫伤了学生的写作积极性。

因此,我们建议语文教师用生活化评语批改作文。在给学生写评语时,彻底改变以往的老套路,摒弃公文式的、隔靴搔痒的评语,把自己摆进文章里去,追踪作者思路和情绪的发展变化,从而充分发挥评语的作用,激发学生的写作热情。

闽东工业学校的赖敏艳老师在写评语的时候就力求用富有朝气的、具有亲和力的、带有创造性的语言表达自己的看法,同时保留对其形式、技巧方面的批评,以增添评语的激发性、新颖性。她的一个学生曾写了一篇题为《平平淡淡才是真》的文章,文中写了自己有许多的梦想,但往往随波逐流,梦想皆成泡影,生活真是无滋无味。在作文尾批中,赖敏艳老师没有用简单鼓励的语言激发他,而是给他介绍了美国心理学教育学博士哈尔·厄本著的一本书《成功加油站》,并引用了其中一章的提纲送给他——把握时间、把握生命的四个关键:(1)计划每一天;(2)与自己约会;(3)使用每次做一点的方法;(4)发现自己最富有创造能力的时间。最后才指出该篇练笔的自拟题目与文章的立意不太吻合,整篇文章应该明确表达出一种或甘于平淡或渴望成功的主题。① 这样把批改作文当作是与学生的一次交流,对学生的作文做出恰如其分的评价,唤起学生积极的情绪,真心诚意地帮助学生提高写作水平,才能收到理想的教学效果。

2. 讲评生活化

作文讲评,既是对学生写前指导的总结,也是作文的再一次指导,它能让学生及时明了自己作文和全班作文的情况,确实知道"不该怎样写",从而发扬成绩、改正缺点,加深和扩大写前指导效果,使作文教学的目的要求得到进一步落实。讲评得好,可以使学生从中受益,激发兴趣,培养热情,从而激起更为强烈的写作欲望;反之,则适得其反。传统作文讲评的缺陷在于空泛化,从概念到概念,这严重损伤了学生作文的积极性,所以对学生作文的讲评要贯彻理论联系实际的原则,融入生活,实现

---

① 赖敏艳:《作文评价的人文关怀》,《福建广播电视大学学报》2007 年第 8 期,第 56—57 页。

生活化。

下面以廖绍舜老师在教学中的实践为例。廖绍舜老师曾让学生写一篇通过数件事来写一个人的记叙文,作文收上来,发现有部分平时基础较好的学生的作文,语言文字功夫还不错,可是所选材料却与中心思想若即若离,扣得不紧。究其原因,就是没有掌握好"材料应与中心统一"这个规律。在讲评时,廖绍舜老师没有批评、挖苦学生,也没有大讲"材料应与中心统一"等写作知识,却先讲了一个有趣的小故事:

从前有个女子,三个秀才同时向她求婚,她备好一桌酒菜,要当场面试,以求定夺。她出了一个小题目:用"胡胡涂涂,清清楚楚,容易的容易,难上的难"分别做四个句子的结尾,组成一组短文。张某先答:"雪在天上胡胡涂涂,落在地上清清楚楚,把雪变成水容易的容易,把水变成雪难上的难。"李某接着:"墨在砚上胡胡涂涂,写在纸上清清楚楚,把墨变成字容易的容易,把字变成墨难上的难。"王某吃饱喝足后,笑道:"小姐办这桌酒席弄得他俩胡胡涂涂,我的心里却是清清楚楚,小姐想嫁给我容易的容易,我想小姐就难上的难。"

故事未完,教室就响起了热烈的笑声,学生们都争着回答:"王某中了!"廖老师就紧接着问:"张某、李某的语言文字差吗?"齐答:"不!""为什么没中?""没有紧扣这桌酒席的主旨。"①这样通过生活化的讲评,学生在一种宽松愉悦的氛围中,得到心智启迪和潜能的激发。无需再多讲什么写作方法之类的名词术语,学生已在故事的感染下,知道了写文章切忌离题太远的道理了。这种课堂教学,学生们兴趣盎然,知识也较容易接受,学生作文水平能得到真正的提高。

作文教学生活化能使教师更新观念、开阔眼界,提高生活教学的实践能力;使学生更加热爱生活,视作文活动是生活的重要组成,作文不再是枯燥乏味,脱离生活,而是兴趣盎然,充满生机……

在生活中作文,在作文中生活,这是一种高尚的美的境界。生活作文教学以生活为主,以人为本,体现对生活的关注,对个体的关注,这是作文教学的自然回归,也是作文教学改革的发展趋势。在新课程标准下,作文教学必须围绕"生活化"的基本路线进行,使学生获得真正的写

---

① 廖绍舜:《信息反馈情绪律在语文教学中的运用》,《龙岩师专学报》1998年第1期。

作体验,而这需要广大教师变革教学思想和教学实践活动,深入学习课程改革理念,真正实现中学作文教学的突破。

第六节 体验作文教学模式

写作教学是语文教学的重要组成部分,长期以来,传统写作教学中存在着种种弊端,忽略了学生主体的精神世界,压抑了学生的个性和创造性。体验作文作为一种新兴的作文教学类型,它的出现对于克服传统教学中的一系列弊端有着重要的意义。

一、体验作文教学产生的背景

我国传统作文教学模式,基本遵循着"命题—指导—写作—批改—点评"这五个步骤。教师先布置作文题目,适当地进行指导点拨,然后便要求学生在规定的时间内,根据给定的题目,写出一篇内容体裁均符合要求的文章来。这样的教学模式,将作文训练局限于一时一地,无法激发学生的真实感受,教师的指导点拨也往往流于形式,大多只是对题目要求的重述和强调,调动不了学生主体的写作欲求。学生面对布置下来的作文题目,往往无法有效调动真实的思想情感,便只好根据题目的要求,凭空想象捏造作文内容。于是,在传统作文教学的学生习作中,常常存在着这样的共性问题:空话、套话、假话连篇,内容空洞、无病呻吟,情感牵强附会、矫揉造作,千篇一律,缺乏个性思想和创造性。造成这种情况的原因,很大一部分都是源于传统作文教学模式忽略了学生的真实感受和需要,缺乏对学生主体思想情感的关注。

2001年的《全日制义务教育语文课程标准》在写作部分的教学建议里指出:"写作教学应贴近学生实际,让学生易于动笔,乐于表达,应引导学生关注现实,热爱生活,表达真情实感……应为学生的自主写作提供有利条件和广阔空间,减少对学生写作的束缚,鼓励自由表达和有创意的表达。"①这就对写作教学空间的开放性提出了要求，表明写作教学不必局限于教室和学校，教师可以将课堂引向更广阔的空间，在教学中利用大自然和社会生活中的教育资源，激发学生的真实体验和写作灵感。体验作文就在这种背景下应运而生了。

2011年新颁布的《全日制义务教育语文课程标准》再次重申了对学生习作中表达真情实感的重视，它强调教师应"要求学生说真话、实话、心里话，不说假话、空话、套话，并且抵制抄袭行为"②。由此可见，如何激发引导学生进行真情实感的写作，是写作教学的重要目标。这也正符合体验作文提倡、鼓励学生抒发原创性思想和真实情感的理念。

2004年，江苏高邮市城北小学冯长宏老师在《体验作文与作文体验——写作课程改革的思考与实践》中，从写作课程本质的角度探讨了"体验作文"这一命题提出的意义。他认为"写作课程的本质在于满足主体的表达需要，在于尊重主体的生命理解，在于体现以人为本的人文价值"，写作应该"回归本质"，而回归本质也即回归心灵，回归自然和回归体验。

同年《湖南教育》第1期中开设体验作文专栏，在开栏语中指出"作文的本质是生命的倾诉与表达"，"无论哪一种作文方法都离不开作文主体个性化的体验"，并期待体验作文"成为提高中小学作文效率的一个突破口"。

上海市华漕中学单云德老师在该专栏《体验作文：彰显生命中的独特》一文中，借用作家史铁生《写作四谈》中的一段话阐述了"体验"之于写作的重要性和必要性，认为任何作文实际上都是作者内心独特体验的个性表述，并总结了体验作文写作的三个特征——独特的发现、独特的感悟和独特的表述。其中，独特的发现是前提，独特的感悟是灵魂，独特的表述是关键。

2007年，陈敏在《我与我的"体验作文"教学》一文中提出："'体验作文'是指教师通过在课堂上创设一个个具有科学性、趣味性和系统性的生活场景来吸引学生参与，在体验中产生写作兴趣，激发习作乐趣，从而

---

①②　中华人民共和国教育部：《全日制义务教育语文课程标准（实验稿）》，北京师范大学出版社2001年版。

轻松地学写作文。"①她认为，体验作文可以构成一个"生活—作文—生活的循环"，并能优化这个循环，在此过程中学生的写作能力也会得到提高。

2011年，蒋铭在《构筑体验课堂，释放个性活力——开展体验作文的实践与探索》一文中，指出"体验是学生的认识之源，在体验作文里，活动是作文的源头活水"，主张通过若干项教学内容的改变来丰富学生体验，实现以人为本的开放教学。这若干项中包括作文训练题材、训练方法、训练过程和评改方式的改变。蒋铭所主张的"体验"，既包括写作前搜集素材感受生活的体验，也包括写作中以说写等方式相结合表达的体验，还包括写作后用多种方式评改作文的体验。蒋铭对体验作文教学手段的探索，虽然有利于提高学生的作文水平，但却将"体验"理解得过于宽泛和浅显，冲淡了体验作文的本质特色。

综上所述我们发现，近十年来，体验作文从产生到发展经历了一个从不完善到逐渐完善的过程，但人们对体验作文的研究比较零散，大部分是对体验作文的概念界定、作文特点及教学手段的研究，还没有建构起一个系统的理论体系。

二、体验作文的概念界定

（一）体验作文的含义

什么是"体验作文"？弄清楚体验作文的概念之前，我们必须要先了解"体验"的含义。现代汉语词典对"体验"是这样解释的：通过实践来认识周围的事物；亲身经历。

2003年，张爱民在《体验，联结生活与作文间的桥梁》一文中提出："体验是指少年儿童通过自身经历和实践获得真实体会和感受，形成知识和能力的一种内在活动。"②2006年，蒋晓飞在《崇尚游戏精神，激活本我体验——"作文全觉积蓄"六步法例谈》中提到："小学生作文时所直接

---

① 陈敏：《我与我的"体验作文"教学》，《福建论坛》（社科教育版）2007年第7期，第24—25页。

② 张爱民：《体验，联结生活与作文间的桥梁——作文教学新探》，《江西教育》2003年第20期，第25页。

面对的已不是客观世界的实体,而是自己的心理——客观现实在头脑中的反映,主要是内心世界的种种记忆表象。"他主张:"我们应该引领学生采用感性或直觉的方式去积蓄生活经验,把那些具体的、丰富的、鲜活的经历与体验积蓄下来。"①

结合上述观点,我们可以对"体验"的概念做出如下界定:"体验"是个体经过亲身实践之后获得某种感受或认知的心理过程。

在明确了"体验"的含义之后,我们再来了解"体验作文"的内涵。"体验作文"无疑是一种新兴的作文教学类型,它有着独特的作文教学理念和教学方法。近年来,不少一线教学工作者都曾尝试给体验作文下定义。

2007年,陈敏在《我与我的"体验作文"教学》一文中提出:"'体验作文'是指教师通过在课堂上创设一个个具有科学性、趣味性和系统性的生活场景来吸引学生参与,在体验中产生写作兴趣,激发习作乐趣,从而轻松地学写作文。"②2011年,王素仙在"浙江省中小学教师(学科)专业发展培训"提交的培训作业《让学生在体验中作文》里提出:"体验式作文教学,是指教师指导学生围绕某一主题,通过观察、阅读等形式,使其形成对自然、社会、人生、自我等的认识和感悟,在此基础上,综合运用语文知识,准确表达思想感情的过程。"③2011年,赵培杰在《学园》上发表《小学生体验作文教学的实践研究》一文,指出:"所谓体验作文教学,就是在教学中教师根据课内外不同的习作内容和要求巧妙创设现实情境,接触到学生的生活实际,激活其平日生活积累,诱发其情感体验,引导其积极留心生活,丰富个性体验,用恰当的语言文字把自己亲身经历和实践活动中看到的、做过的、听过的、想到的有关内容及由此萌发的情感有条理地表达出来的过程。"④

---

① 蒋晓飞:《崇尚游戏精神,激活本我体验——"作文全觉积蓄"六步法例谈》,《江西教育》2006年第11期,第12页。

② 陈敏:《我与我的"体验作文"教学》,《福建论坛》(社科教育版)2007年第7期,第24页。

③ 王素仙:《让学生在体验中作文》,http://zxxjs. zhejiang. teacher. com. cn/GuoPeiAdmin/HomeWork/ShowStudentHomeWork. aspx? HomeWorkStudentId = 8996&cfName = 20111101zxxjs8996(2011/11/1)。

④ 赵培杰:《小学生体验作文教学的实践研究》,《学园》2011年第4期,第143页。

综上所述,我们认为,体验作文教学,是一种以引导学生发挥主体性进行实践体验为主要形式,以鼓励学生原创性的思想和真实化的情感抒发为主要特征,以培养、激活学生的情感体验为中心组织教学活动,呼吁回归心灵、回归本质的作文教学模式。

(二)体验作文的分类

叶圣陶先生曾说过,生活如泉源,文章如溪水,泉源丰富而不枯竭,溪水自然活泼地流个不歇。因此,体验作文的实践必须和生活联系紧密,越是生活中的亲身经历,触发的思考和感悟就越真实,写出的文章也就越有真情实感。

体验作文的写作离不开学生的亲身实践体验,按照实践活动内容、种类的不同,可以将体验作文分为不同类型。

2003年,张爱民在《体验,联结生活与作文间的桥梁》一文中按体验作文的取材领域和范围分类,主张引导学生在"家庭生活""学校生活""社会生活"和"大自然生活"中进行体验。2004年,冯长宏在《体验作文与作文体验——写作课程改革的思考与实践》一文中将体验作文分为"生活体验作文""活动体验作文"和"阅读体验作文"。2010年,修志慧在《体验性作文教学的实践与思考》中将体验活动分为"家庭事务""校园生活"和"自然人文"三类,主张在"家庭事务"中引导学生"体验劳动的艰辛,品味生活的快乐,抒写浓郁的亲情";在"校园生活"中引导学生"关注校园生活,感悟校园文化内涵,抒写爱校情怀";在"自然人文"中引导学生"投身自然与人文、历史与现实的大环境,体验感悟生活,积累文化素养,培养厚实的文风"。

结合上述观点,我们可以将"体验作文"按参与个体体验对象的不同分为:生活体验作文、活动体验作文和阅读体验作文。其中,"生活体验作文"又可以按照个体体验领域的不同,分为"家庭生活体验作文""学校生活体验作文"和"社会生活体验作文"。

三、体验作文的写作策略

写作策略是写作主体对与写作行为有关的一切活动的整体性把握,它讲究写作的方式方法,讲究写作的技巧等,以达到最终的沟通交流的目的。我国著名教育家叶圣陶先生说:"写任何东西决定于认识和经验,有什么样的认识和经验,才能写出什么样的东西来。反之,没有表达认识的能力,同样也写不出好作文。"可见,要想写好作文必须把握两点:一是认识的程度;二是表达的能力。具体到体验作文的写作来说,即必须把握如何加深对人、事、物、景的体验感悟和如何提高表达能力两点。体验感悟越深刻、越清晰,表达时相对会越顺畅,也就是说,第一点的把握有利于第二点的提高。由于"表达能力的提高"是写好所有类型作文都需要的,是共性要求,因此这里不再赘言,只针对如何加深学生对人、事、物、景的体验感悟这一点进行阐述。

1. 观察生活,广开资源

语文的外延和生活的外延相等。五彩缤纷的生活,日新月异的社会,同学老师、父母兄妹、大街小巷、鸟兽虫鱼等,生活中的一切都可以作为写作的素材,只要细心观察、善于思考,就能发现素材无处不在。体验作文的写作教学需把学生从课堂上和课本里解放出来,将丰富多彩的社会生活、灿烂多姿的大自然作为学生作文的活水源头,引导学生做生活的有心人。只有认真观察、体验生活,才能从根本上解决写作的材料来源问题,写出内容充实、生动活泼的好文章来。

2. 拨动心弦,积淀感悟

罗丹说过,生活中不是没有美,而是缺少发现美的眼睛。教师在引导学生观察自然、观察生活中的人、事、物时,要鼓励学生发现美,让学生用自己的眼睛去捕捉可能存在于平凡、细节中的独特之美,感受心灵在体验到美时那细微的触动。俗话说,好记性不如烂笔头。在心弦波动的同时,要及时记录下内心的体验,因为这种体验可能是瞬间的、易逝的、不易把握的,如果没有及时记录下这种稍纵即逝的体验,等到写作文的时候再去回忆,就有可能失去了时效性,再也无法记起当时当刻的切身感受。

3. 创设情境,激发体验

创设情境对激发人的某种情感具有一定的作用。心理学认为,情境是"事物发生并对机体行为产生影响的环境条件",是"对人有直接刺激作用、有一定的生物学意义和社会意义的具体环境"。①在体验作文的写作教学中设置一个具体、生动的情境，可以让学生感到亲切和新鲜，有利于调节大脑皮层的兴奋点，催发学生的思维运转和想象发挥，使学生在一种轻松愉快的情绪下进行学习和创造。同时，这种教学情境的创设，也可以激活学生脑海中储存的体验记忆，调动他们的情感体验，激发学生的写作欲望。

四、体验作文教学模式的建构

教学模式，是在一定教学思想或教学理论指导下建立起来的较为稳定的教学活动结构框架和活动程序，是表现教学过程的程序性的策略体系。体验作文曾是活动作文的一支，与活动作文无论在教学理念还是教学手段上都有很多相似之处，但作为新兴的作文类型，体验作文应该有自己独立的教学模式和独特的教学理念。

（一）体验作文教学的基本理念

体验作文的写作教学重视学生的内心体验，鼓励学生原创思想和真实情感的抒发，因此它在教学中以培养、激活学生的情感体验为中心组织教学活动，创设开放民主的教学环境，提倡学生"吾手写吾心"，写出自己真实的心灵情感。具体说来，体验作文的教学理念可以总结为以下三点。

1. 以体验为中心

体验是学生在生活中通过实践获得的认知和感悟，是写作的前提和基础。很多学生面对题目绞尽脑汁也无法下笔，就是因为缺乏相关体验，在此情况下，教师就要尽可能地采取适当的教学方式和教学手段，创设一定的情境，来激发、诱导学生产生相关的体验，从而使学生产生写作冲动和欲望。体验作文可分为三类：生活体验作文、活动体验作文和阅读体验作文。其中，活动体验作文的写作，一般需要学生通过活动实践来获得体验，这种体验的培养方式是可操作性的；生活体验作文的写作

---

① 谷传华、张文新：《情境的心理学内涵探微》，《山东师范大学学报》（人文社会科学版）2003 年第 5 期，第 99 页。

所需要的体验,是在日常生活中点点滴滴积累下来的,这种体验需要教师的引导来激活、唤醒,这就需要创设一定的教学情境来实现;而阅读体验作文既可以采取当堂的阅读训练来培养体验,也可以通过创设情境来唤醒学生某类阅读的情感体验,即两种方式皆可。因此,在组织体验作文写作教学时,教师大体采用两种方式来培养或激活学生的体验:一是组织活动;二是创设情境。

2. 提倡自主写作

美国教育学家杜威提出以"做中学"为核心的实用主义教育思想,认为学校教育的作用就是交流、传递和发展经验,而学生在活动中自主地去体验、尝试、改造,学生主体获得了经验,使学习变得更加有效。因此,在体验作文的写作教学中,教师无论是组织活动还是创设情境,都应赋予学生充分的自主权,让学生全身心地投入其中。教师作为学习的引导者、活动的组织者和体验激活的推动者,要把学生放在教学的中心,让学生学会自主思考,充分调动个体积极性和主动性,唯有如此,才能让学生获得的体验感受更真实、更深刻。

3. 注重"吾手写吾心"

英国有一句谚语,"一千个人眼中有一千个哈姆雷特"。这说明阅读过程中,即使是同一篇文章,每个读者因为阅读视角、价值观、经验阅历等方面的不同,也会获得不同的阅读体验。不仅是阅读,教学也是如此。每个学生都是独特的个体,即使是同一种情境或同一项活动,不同的学生经历后也会获得不同的体验和感受。学生的体验和感受有些是在活动和情境中新鲜形成的,有些却是在日常生活中点点滴滴地积累下来的,沉淀在心底,需要在情境和活动中激活和唤醒。因此,在体验作文的写作教学中,教师一方面要通过活动的开展和情境的创设来促进催化学生真实体验的形成,另一方面要采取适当方式来激活、唤醒学生原始积淀的心理体验,鼓励学生直面自己的内心世界,将内心感触和体验真实地付诸笔端。

(二)体验作文教学方法

体验作文的写作教学离不开写作主体的亲身实践环节,而学生进行实践的形式可以是参与活动,也可以是在生活、自然和社会中体验,还可以是在阅读中感悟。学生的实践方式不同,体验和感悟形成所需要时间的长短也不一样,但是在催发表达的时候,都需要教师的启发和诱导。在这种主体实践—获得体验—激活体验的过程中,教师常常采用活动教学法、情境教学法和交往教学法来完成教学过程。

1. 活动教学法

活动教学法,也称活动型教学法,是一种新型的教学方法,一般指教师根据教学要求和学生获取知识的过程为学生提供适当的教学情境,根据学生身心发展的程度和特点设置,让学生凭自己的能力参与阅读、讨论、游戏、学具操作等去学习知识的课堂教学方法或过程。活动教学主张尊重学生,解放学生,让学生成为自己学习和活动的主人,让其天性得到释放和发展,尤其重视学生的学习兴趣和直接经验,鼓励他们通过自主活动和主动学习获得身心的和谐发展。因此,体验作文的写作教学中,为了给学生提供实践的契机,组织活动成为必要的教学手段之一。教师可以运用活动教学法,根据特定的写作目标和作文主题设置活动,让学生自主参与,在活动中通过听觉、视觉、空间知觉、触觉等感官的共同参与协作而获取体验和认知。

2. 情境教学法

情境教学法是一种常用的教学法,指在教学过程中,教师有目的地引入或创设具有一定情绪色彩的、以形象为主体的生动具体的场景,以引起学生一定的态度体验,从而帮助学生理解教材,并使学生的心理机能得到发展的教学方法。情境教学法的核心在于创设情境,激发学生的情感。诸如生动形象的语言描绘、课内游戏、角色扮演、诗歌朗诵、音乐欣赏等,都是情境教学法常用的教学手段,寓教学内容于具体形象的情境之中,使学生在营造的情境中受到感染、影响,获得体验与感悟。体验作文的教学一方面需要通过情境的营造来唤醒学生沉淀于心底的体验记忆,另一方面也需要情境来感染学生,激发学生自主获得某种态度体验,从而在面对作文题目时,通过情感的驱动激发表达动机,达到"情动辞发"的境界,不再抓耳挠腮、无从下笔。

3. 交往教学法

交往教学法是 20 世纪 70 年代联邦德国的沙勒与舍费尔提出的,它以"教学过程是一种交往过程"为基础,侧重教学过程中的师生交往关系,重视教学的教育性,要求学校要发展学生的个性,强调学生个性的"自我实现"。交往教学论认为"合理的交往是一种合作式的交往",相对于传统作文教学中师生缺乏互动、教学机械呆板的弊端,交往教学法可以实现师生关系的民主、平等。体验作文教学在这种自由、平等的师生互动中才能够顺利调动学生的积极性和创造性。尤其是在创设情境或组织活动时,这种和谐融洽的师生关系更有利于学生积极地融入活动和情境中,也更有利于学生踊跃地陈述自己的观点。

(三)体验作文教学过程

教学过程,即指教学活动的展开过程,是教师根据一定的社会要求和学生身心发展的特点,借助一定的教学条件,指导学生主要通过认识教学内容从而认识客观世界,并在此基础之上发展自身的过程。《全日制义务教育语文课程标准》在实施建议中强调"写作是运用语言文字进行表达和交流的重要方式,是认识世界、认识自我、进行创造性表述的过程"①。因此,体验作文的教学过程,应注重引导学生去认识社会、体验生活,并鼓励学生将实践获得的体验感受用自己个性化的语言表述出来。具体说来,体验作文的教学过程可以分为四个环节。

1. 确定主题,酝酿感情

首先,教师要根据教学目标、环境要素或学生的兴趣爱好等确立写作主题,写作主题的确立与教学方法和教学手段的选择与运用都有着密切联系。例如,写作主题是亲情、友情类的,则需要营造情境,激活学生的体验记忆,让学生将脑海中储存的相关的情感体验调动出来;写作主题是与大自然景物有关的,则需要组织活动,让学生通过观察领略自然风光,获得体验;如果写作主题与学生的生活相关,可以创设情境,也可以灵活机动地预留一段体验时间,"放长线、钓大鱼",让学生在课下生活中为写作积累体验素材。只是无论是组织活动还是创设情境,抑或是布置体验"任务",都要事前适当言明要求,以免学生毫无头绪、白白浪费时间。

---

① 中华人民共和国教育部:《全日制义务教育语文课程标准(实验稿)》,北京师范大学出版社 2001 年版。

2. 创设情境，引导体验

主题确立、任务布置之后，接下来就是引导学生参与实践、获得体验。前面已经谈到，体验作文的写作教学过程中，教师主要采取两种方式来引导学生获得体验：组织活动和创设情境。由于组织活动的教学方式与活动作文的教学过程类似，所以不再赘述，只讨论创设情境这一种。布鲁纳说过："教学论必须探明唤起学习积极性的最佳经验与情境。"[①]一个成功的情境的创设不仅能够再现生活，激活学生的体验，还能够激发学生的创作欲望，让学生"情动而辞发"，吾手写吾心。

3. 抒写体验，张扬个性

经过上述环节的准备和铺垫，学生已经有了情绪的积淀，情感体验也已唤醒和激活，接下来的写作就水到渠成了。此时，教师应给予学生适当的写作方法和技巧方面的指点，让学生有意识地进行整体构思，思考自己想要表达的主题和中心，然后将心中的独特体验尽情流泻于笔端，抒发自己独特的内心体验，这样沾染了强烈情感色彩的语言，往往是最有张力和表现力的。

4. 多元评价，鼓励创新

习作完成后，可以采取多元评价，评价标准和评价主体都不唯一。首先是写作主体的自评，让学生完成自作后再次读自己的作文，重新回味、审视一下写作过程，谈谈自己作文中的精彩之处和不足之处；其次，可以让学生与学生之间互评，学生之间相互都是同龄人，有一种自发的亲切感，因而更能理解同伴文章中表达出的某种情感，也更容易发现其文章中的不足之处，通过互评可以促使他们见贤思齐、取长补短。除此之外，教师的评价也很重要，教师既要点评学生作文，又要点评学生的"互评"和"自评"。另外，如果有必要的话，也可以请家长来评价，这样家长不再是孩子学习的旁观者，而是参与者、评判者，通过作文了解孩子的心理世界，同时加深对孩子的了解和沟通。

---

① 季羡林、顾明远、吕型伟：《小学语文》，人民教育出版社 2007 年版，第 13 页。

第七节　情境作文教学模式

《全日制义务教育语文课程标准》指出:"语文教学应为学生创设良好的自主学习情境,帮助他们树立主体意识,根据各自的特点和需要,自觉调整学习心态和策略,探寻适合自己的学习方法和途径。"作文教学历来是语文教学的重头戏,更是一线教师极度关注的话题。在新的课程标准视野下,作文教学的方法以及目标应该赋予新的要求。为了配合新的课程标准所提出的要求,作文教学走情境教学之路是非常理想的教学方法,并且非常符合新课程改革要求。让学生先感受理解、后表达运用,或边体验感受边让内部语言积极活动。培养学生的观察能力、想象能力和表达能力,激发学生的写作兴趣,表达的欲望,使写作成为培养他们语文素养的重要手段。

所谓情境作文就是由教师为学生设计、渲染出一种合情合理的情境,并把学生吸引到这种情境中去,以激发学生的写作欲望,引发学生的想象,借用平时所积累的材料而表达成文的一种作文形式。它强调要从学生的生活实际、心理实际和思想实际出发,进行联想、写作。

一、情境作文提出的理论依据

关于"情境",其理论来源于国外的研究,如脑科学、认知心理学、建构主义的研究等。其实创设情境、置身情境、通过情境为诗作文古来已有。南朝刘勰就提出"夫缀文者情动而辞发""情以物迁,辞以情发"。唐代王昌龄主张:诗有三境,物境、情境、意境,应将神思心情和物境景色交感而成的意象与境象契合交融起来。近代王国维的"境界说"对写作的影响则更为深远,文学"原质"一曰景、二曰情,情景化合而为境。情境相谐作品才能沁人心脾、动人心魄。

除了古代文论外,在西方教育史中,柏拉图、夸美纽斯、洛扎诺夫的"协调心灵""博雅教育""暗示教学"等主张都倡导在特定的"情境"中,以鲜明的表象、真切的情意、丰富的美感,激起学生情绪,促进学生主体建构,达到最佳教学效果。赞科夫认为,作文教学应当培养学生的观察能力、思维能力、创造力和想象力。其中观察能力的培养是其中的核心因素，是作文的基本功。苏霍姆林斯基也这样说道，会观察周围世界的现象、会思考、能提出疑问，会表达关于自己所见、所观察、所做、所想的思想，会写作——即能把自己在周围所看到、观察到的事物叙述清楚，是三种重要的独立的学习能力。到具体的场景中去观察是赞科夫和苏霍姆林斯基共同的观点。

国内最早提出情境教学概念并最早进行系统实验的是李吉林老师，随后情境教学被广泛运用于各个学科领域。李吉林老师认为，"情境教学"，就是"充分利用形象，创设典型场景，激起学生的学习情绪，把认知活动与情感活动结合起来的一种教学模式"。李老师认为设置精彩的教学情境，有效地激起学生的情绪，促使学生带着感情色彩去观察、体验客观情境，并展开积极的思维与想象，从而激发起表达的动机，这样学生就会不自觉地将情境中的声、色、形的表象与自己储存的词语联系起来，文章自然会呼之欲出了。

邓泽棠老师的情境作文教学的实验历时十五年，形成以观察情境为基础、激发情趣为核心、激活思路为主导、语感训练为重点的创造型的作文教学模式。他重视把学生带进情境中写作的方式，展现生活是语言的源泉，提供了观察情境、激发情感、培养美感的丰富多彩的客观表象。邓老师的观察情境作文有观察生活情境作文、观察自然情境作文、观察游戏情境作文、观察表演情境作文等，并建立了"创设情境、激活情趣"的乐学形式，使情境作文教学和学生的生活实践结合，把观察、想象、思维、情感的发展与学生的语言发展结合起来，进行有机地训练。

李白坚老师的游戏情境作文，是一种以小学四、五、六年级及中学一年级学生为教学对象，以生动、活泼、有趣的游戏演示活动为作文内容，通过游戏演示活动，激发学生创作情绪，诱导学生在轻松愉快的氛围中完成从思维到文字的转化，并大规模提高思维创造力及作文写作水平的作文教学方法，其实也可以将此情境归到观察情境的范畴。李老师认为，"生活是写作的唯一源泉"，而"激情是写作的动力"。因此要将学生吸引到作文课堂上来，首先得讲究趣味，在课堂上设计大量的具有科学性、趣味性的游戏。除了将为学生提供写作素材并激发学生的创作冲动，还将使学生在轻松愉悦的状态下作文。在提高他们的情趣的同时，减低了学生的课堂负担。

于漪老师的语文情感教学最大特点是以形象生动而丰富多彩的语言激发学生的兴趣,同时以这种富有感染性的情感创设情境,通过这种带有强烈感情的语言、问题来营造一种情境,让学生获得情境的体验和心灵的感悟,得到一种精神的愉悦和心灵的满足。于老师不仅重视写作前情感的诱导,还重视写作时的支援,如帮助他们列提纲,帮助他们选词句,如试写一段、边写边改、面批面改等方法,从扶到放,使学生慢慢摸到作文的"门道"。除了重视写作前的以情促思之外,于老师还非常重视写作后的评讲。她说,习作讲评的质量如何直接影响写作教学的质量,素质的培养和书面表达能力的提高。

魏书生老师教作文也重在情感、情境的诱导,对于中学生而言,只要诱导得好,接下来围绕主题自主选材和布局谋篇就不是什么难事儿了。他的诱导方法很多,如借助图片、幻灯、多媒体技术等各种教学媒介来营造良好的教学氛围,创设合理而积极的生活情境,引发学生的兴趣。通过做游戏等多种形式的演示活动,引导出写作的主题,把其他形式的能力训练,转化为语言表达的能力训练,同时激发孩子的写作兴趣。

建构主义认为,知识的获得是个体的主动建构过程,而不是被动接受过程。皮亚杰关于儿童的认知发展观,即活动内化论对建构主义学习理论发生了极其重要的影响。在以建构主义理论为指导的教学过程中,学习者必须通过主动的、互动的方式学习新的知识;教师不是以自己的看法以及课本现有的知识来直接教给学生,而是植根于学生先前的经验和原有的知识来进行教学;并且在建构主义理论的教学活动中,不仅学生在建构知识,教师也在建构自己的知识。这与我国传统的"教学相长"的教育思想不谋而合。

以上理论观照到学生的写作学习,就形成了建构性写作学习,相应地,它也就应具备以下重要特征:积极的建构,让学生"在写作中学习写作",也就是让学生通过写作实践,在写作实践中发现有关的问题并进行主动的探索,藉此获得有关的写作经验;情境化的学习,建构性的写作教学则把学生置于一个更真实、更具体的任务情境中,提供学生愿意参与的社会探讨与学习的写作实践环境,给予必要的物质、社会、文化支持系统的保证;社会性的学习,它重视教学中师生之间及学生之间的社会性相互作用,主张采用"合作学习"和"交互式学习"方法;累积性的学习,在对话交流与合作探究的过程中,获取写作知识并对之进行同化或顺应;目标导引与诊断反思性的学习,建构自己的知识经验,形成自己的见解及行为的策略与方式。写作教学中可以组织学生以小组合作的形式进行写作学习,共同完成写作任务,组织学生对作文进行互相评改和自我评改。不仅如此,建构性写作学习还对写作教学中教师的指导行为提出了相应的要求,教师是写作学习活动的组织者,是学生学习的协助者、促进者,是学习活动中学生的重要合作伙伴。

《基础教育课程改革纲要〈试行〉》中提出,要"改变课程实施过于强调接受学习、死记硬背、机械训练的现状,倡导学生主动参与、乐于研究、勤于动手,培养学生搜集和处理信息的能力,获取新的知识的能力、分析和解决问题的能力以及交流与合作的能力"。在这一大背景下,《普通高中语文课程标准(实验)》便提出了"积极倡导自主、合作、探究的学习方式"这一重要理念。"学生是学习和发展的主体。语文课程必须充分激发学生的主动意识和进取精神,倡导自主、合作、探究的学习方式。养成独立思考、质疑探究的习惯,增强思维的严密性、深刻性和批判性。乐于进行交流和思想碰撞,在相互切磋中,加深领悟,共同提高。""合作学习有利于在互动中提高学习效率,有利于培养合作意识和团队精神。应鼓励学生在个人钻研的基础上,积极参与讨论及其他学习活动,善于倾听、吸纳他人的意见,学会宽容和沟通,学会协作和分享。"

"情境作文"的优点是显而易见的,一个突出的表现就是为写作者提供了特定的"情境",给学生呈现了具体可感的写作对象,便更易于调动写作情绪,激发写作动机,而这些对产生主动、积极的写作心理和行为是至关重要的。从建构主义的角度来考察,这"情境"正是学习者积极建构知识的前提和物质基础。只有在情与境相融,心与心相碰,教与学相长,教与学互相促进的情境中,学生的主体意识才会有形成的"土壤"和生长的"养分",才能充分发挥学生的主体性。

二、情境作文的命题

俗话说"好题一半文",道出了命题创新的意义。命题单一,死板和陈旧是导致学生厌倦作文的重要原因之一。情境作文的命题方式有以下几种。

1. 口述式

教者有感情地讲述故事,让学生进入情境,引发写作兴趣。创设口述情境要注意:情境是要说学生关心、熟悉的事,或尽可能新颖奇特有悬念。口述情境要有口头艺术,注意语调语感,能感染学生,令学生如闻其声、如见其人、如临其境,产生清晰生动、具体可感的画面。而学生则要有记录的习惯,记录稍纵即逝的感受,描绘与众不同的人和事,抒发个性化的乐和愁。

2. 文字式

作文中提供的文字材料,不仅仅是一般的写作素材,大多还展现出具体形象的情境。通过阅读,文字中的情境会再现在读者面前。因此又可叫"阅读情境"。

如一位自以为有才华的青年得不到重用,非常苦恼,他质问上帝,命运为什么对他如此不公。上帝从路边随便捡起一块小石子,又随便扔了出去,问青年:"你能找到刚才扔出去的那块石子吗?""不能。"青年摇了摇头。上帝把手指上的金戒指取下来,扔到石子堆中去,又问青年:"你能找到刚才扔出去的金戒指吗?""能。"果然,青年没多久就找到了金戒指。"你现在明白了吗?"青年犹豫了一阵子兴奋地回答:"明白了。"请从以上材料中提取信息,写一篇 800 字以上的文章。文章内容必须与材料实质有一个明确的切合点,立意自定,题目自拟,文体自选,不得抄袭、套用。

审读这篇材料的关键点是将"金子"与"才华"联系起来思考,青年找到金戒指是因为它具有闪光点。把握了这点,我们就可以确定材料的基本内涵:一个人的才华想得到社会的认可,就得有真才实学,就得先把自己这颗石子变成金子。因此写这次的作文可以有三个角度:一是从自身出发,能自我完善,将石子变成金子;二是认识到"金子"比喻有才能的人,写有麝自然香;三是从寻找金子的角度写伯乐的重要。

3. 图画式

如漫画,漫画材料作文的优点是显而易见的,漫画是一种学生喜闻乐见的艺术形式,往往通过夸张、比喻、象征、寓意等手法,表现为幽默诙谐的画面。这种画面既有生活的实体感,又富有艺术趣味性和魅力,因此,把它当作作文题出现在写作者面前时,就立刻会产生感情上的弹拨力,激起写作的兴趣和欲望。漫画材料题的作文可以是多种多样的,既可以写议论性文体,又可以写记叙性文体,也可以写说明性文体和艺术性文体。特别是新崛起的"世像漫画""新闻漫画""科技漫画""名人漫画"等,另外,如体育漫画、连环漫画等也很有特色。正是这种漫画形式的丰富性和多样化,为我们利用漫画材料进行写作训练提供了多方面的良好条件。图画式情境也可以是摄影作品,还可以是电脑制作的画面,画面的数量可以是一幅,可以是连续的几幅,也可以是以动态方式呈现的片断。

4. 音乐式

音乐自有它的神奇本领,无论是风和日丽的阳春三月、电闪雷鸣的夏日暴雨,还是咆哮的海、静谧的林或是喧腾的闹市等各种不同的背景,无论是欣喜若狂还是暴跳如雷,是苦闷压抑或是痛不欲生的不同情绪,不同旋律的乐曲会营造出相应的情感氛围,生动形象地将它们再现出来。令学生在音乐营造的世界中尽情地想象,彻底激活学生的写作思维。

如,选择适合中学生年龄特征的抒情歌曲,让他们根据歌词,展开联想,扩写成七八百字的散文。如歌曲《橄榄树》等。

5. 影视式

多媒体在作文教学中有不可忽视的作用。课堂上充分利用媒体形象性、再现性、可控性的特点,将人、事、物、景等写作材料通过实物、图片、录音、投影、录像、电脑等多媒体进行再现,让声、光、色、像充分刺激学生感官,唤起学生的记忆或再造想象。这不仅营造了情境氛围,激发了学生兴趣,还弥补了学生认识与实际的差距,缩短了时空,把五彩缤纷的社会生活融会于五彩斑斓的画面之中。影视是一种视听艺术,而影视作品本身就是一种文学样式,自然可以应用到我们的写作教学。

6. 演示式

教师在讲台上演示各种形态、动作让学生观察;也可把实物、盆景、模型等实物展示于讲台;还可以让学生上台玩魔术,表演相声、小品或课本剧等节目,提供情境,能吸引学生的注意力。扮演者亲身体验到事情中的人和事,旁观者亦能亲眼看见事情的全过程,从而大家都能在写作中形象生动地反映出所见所闻所感,写出真切感人的文章来。演示不必一定要在作文课上进行,在平时上课前腾出五六分钟左右,请学生上台朗读准备的优秀作品,准备的小故事等,都有积极的效果。

7. 体验式

真情实感从何而来,来自学生自身的参与和感受。只有让学生参与到某活动中,才能有感受,有体验,才能捕捉到自己的真实心境。这就是"文从情中生,情在境中生"的道理。早在 20 世纪 70 年代末,"情境教学"的创始人李吉林老师就提出了"开展野外活动"的设想,并开始将学生带入大自然这所蓝天下的学校。进行野外活动,需要多感官参与,强化情感体验,在活动中,除了视觉以外,我们还要让学生的听觉、触觉等多种感官一同参与到活动中,这样可以使多种感受形成合力,从而产生较强的"冲击力",撞击人的心灵,使人获得较强的情感体验。如近来在学生群中盛行的"农家乐"活动,在活动过程中由于同学们动眼、动耳、动口、动手、动脑,多种感官参与其中,使他们的体验格外深刻。户外活动一般是带领学生在一个广阔的空间、较长的时间中开展活动,因而在活动的组织、安排等方面与校内的教学活动相比,情况要复杂得多,组织的难度也要大得多,这就需要我们的老师在活动前做好各方面的准备。

情境作文是一种多维体的教学方式,适用于各个层次的学生,适用于各种环境。情境作文的训练强调在与社会的联系中学习写作,有利于学到写作的交际本领;采取"先感受,后发挥"的原则,有利于萌发学生的文思;感情表象是文思产生的基础和动力,对学生的文思作"定向控制",又给他们自由发挥的广阔天地,有利于培养学生的创造能力。在无条件的自由拟题作文中,学生有选择和创造的充分自由,但难以统一要求,不便于统一指导;利用条件限制很严的材料作文,有利于统一要求和指导,但又容易束缚学生的文思。而情境作文训练能较好地解决这方面的矛盾。这种作文训练方式只为学生的文思提供产生的起点和发展的方向,在这个范围内学生完全可以发挥自己的个性和特长,有着充分的创造余地。

三、情境作文的教学

所谓情境作文就是由教师为学生设计、渲染出一种合情合理的情境,并把学生吸引到这种情境中去,以激发学生的写作欲望,引发学生的想象,借用平时所积累的材料而表达成文的一种作文形式。它强调要从学生的生活实际、心理实际和思想实际出发,进行联想、写作。情境作文教学就是设置捕捉可见可闻可感的情境或者参与某项活动,让学生置身其中,心在其中,通过观察想象议论抒情,进行作文写作的一种教学方法。它具有明显的心理优势,可以激发学生的写作兴趣,提高教学效果,它是利用主体(作者)对客体(设置的情境)的情感,客体对主体的刺激,充分发挥智力与非智力双重作用下的有效教学手段,体现目前语文教学中最具有广阔发展前景,最先进的语文教学思想。

(一)情境作文的教学原则

情境作文要获得成功,在很大程度上取决于创设的情境对学生是否具有吸引力。创设情境应从教学的目的出发,掌握以下教学原则。

1. 启发性

情境作文教学,由于要充分利用学生的情感因素,更需要有效地启发。学生掌握的写作技能,积累的写作兴趣,蕴藏的写作热情就像一个巨大的水库,只有把闸门打开,水才会滚滚而来,产生巨大的能量。提供带有矛盾冲突或具有悬念的情境,能触发学生的文思,把“要我写”变成“我要写”。富有思考性问题的情境,能引起学生探究的兴趣和欲望,从而调动学生内在的积极性和独创性,促使他们主动地去发现问题,分析问题,解决问题。如:根据鲁迅先生的一段话“第一次吃螃蟹的人是很可佩服的,不是勇士谁敢吃它呢? 螃蟹有人吃,蜘蛛一定也有人吃过,不过不好吃,所以后人不吃了。象这种人我们当极端感谢的”,自拟题目,写一篇议论文。

2. 趣味性

创设的情境要生动、具体、独特,能引起学生的兴趣。情境作为学生的刺激物,必须具备生动感人的特点,才能激起学生的观察、体验、认识、表现的热情。我们应当根据青少年的心理特征,尽可能运用形象化的手段,使学生获得深刻的感受。近年来,公益广告终于冲出商业广告的重围,以它独具的义务性、社会性独具魅力。它用亲切的绝非夸大其词的广告语言,呼唤人们的良知回归。应当看到电视公益广告已吸引了广大中学生,因此可以从中选取某些适合中学生的题材进行命题。当然写公益广告不像写标语口号那样简单,它需要进行完整的构思,要注意表现手法,要讲究含蓄,要给观众留点艺术空白,使他们有点想象空间和思索余地,力争微而不浅,短而不陋;尤其在语言运用上更要"惜墨如金",必须反复酝酿修改。

3. 创新性

创设的情境要灵活多变,给学生以新鲜的感受。情境作文要能经常引起学生的兴趣,必须在内容、形式、手段、程序等方面不断变化,新奇的、出人意料的情况,则容易引起学生的惊诧和兴致,从而产生写作冲动。如:"记不清是哪天晚上,我做了一个奇怪的梦:四面楚歌,十面埋伏,真是莫名惊诧。一元二次方程的判别式是什么?茅盾原名?——教科书上写着:沈雁冰——老师说是沈德鸿,无所适从……"写一篇 800 字以上的文章。立意自定,题目自拟,文体自选,不得抄袭、套用。这种情境的创设,让学生身临其境,即兴作文,就会有新鲜的感受和写作冲动。"

(二)情境作文的教学过程

情境作文是一种多维体的教学方式,适用于各个层次的学生,适用于各种环境。

1. 根据需要,设置情境

所谓情境创设是指在教学过程中,教师通过音乐、图片,通过激情语言的引导,通过角色的扮演,拉近学生与文本的距离,激发学生积极性与创造性的教学方法。情境教学以情境创设为手段,以情趣激发为核心,注重改善影响学生写作能力的内在因素和外部因素,把教学与智能训练、语言表达、性情陶冶、思想有机结合起来,从课内延伸到课外,变单一封闭式教学为多元开放式教学。

教写说明文要展示实物或组织参观,教写记叙文要提供故事情境或组织参加实际活动,教写议论文要提供问题情境。总之,教学要设置情境,情境符合教学需要。同时,情境设置要切合实际,可以操作,可以实施,讲究实效。创设的情境要有典型性,要设疑或留有悬念,让观者有思考的能力。

教师在写作前要指引学生仔细观察环境、场景、人物神情活动等。

如设置的是口述式、音乐式的情境,教师则要指导学生根据故事的情节,歌词的含义,曲调的情感进行联想想象,触发自己的情感;如设置的是体验式的情境,教师要指导其在活动的每个环节中细心地感触和体会;如设置的是演示式、影视式的情境,教师则更要指导其运用多种感知器官接收信息,产生自己的感知;还有图画式和文字式,教师要指导其仔细观察阅读,弄清图画中的事物及其深刻寓意。

教师的指导作用不再表现在对写作理论知识的传授和灌输上,教师应当创设真实的、有挑战性的学习情境,提供活动机会,促进学生写作学习的积极主动建构;应当构建学习共同体,共同合作,不应充当写作理论知识的直接传授者,而应当是写作学习活动的组织者,是学生学习的协助者、促进者,是学习活动中学生的重要合作伙伴。

2. 发散思维,充分想象

爱因斯坦曾说:"想象力比知识更重要,因为知识是有限的,而想象力概括着世界上的一切,推动着社会进步,并且是知识进化的源泉。"然而,传统的作文教学是教师出题学生写作,它的优点是便于教师的指导,但也因此严重束缚了学生丰富的想象力。学生违心地写着不愿写的内容,还得了"干巴巴"的评价,极大地挫伤了学生写作的积极性。

发散性思维训练,致力于引导学生多侧面、多角度地认识事物、思考问题,拓宽思维广度,延伸思维深度,从而写出别出心裁的文章。利用发散性思考方法,使文章内容充实,思想深刻。"横看成岭侧成峰,远近高低各不同",立足于独特视角观察思考,寻求个性化的突破点。我们的学生长期以来形成了思维定势,作文依赖作文选,根据范文割割补补,毫无新意。因此,教师要注意引导学生打破传统。著名的美术家齐白石有句名言:"画人所不画,不画人所画。"画画如此,写作亦然。

所谓联想,就是由一事物想到另一事物的心理过程。所谓想象,就是人在头脑里对已储存的表象进行加工改造形成新形象的心理过程。想象与联想的运用可以使文章显得新奇生动,妙趣横生。

发展想象力可以有扩展性训练,如根据材料的某一点,体会材料创设的情境,再展开联想,使形象具体、鲜明,如将《石壕吏》中差吏和老妇的对话进行扩充、想象。发展想象力还可进行延伸性的训练,如根据材料的叙述、情节的发展,展开创造联想,合理推测故事发展的趋向。这项训练是以原材料中言犹未尽的情节为起点,要求学生合理想象,延伸情节,如读《孔乙己》和《范进中举》后,指导学生以"孔乙己巧遇范举人"为题,想象一下他们见面时的情景是怎样的?

3. 促进交流,引发讨论

传统的写作教学,整个教学过程中都是师授生受,学生的写作学习及练习完全是被动的,没有积极性可言。而按建构主义的思路设计教学,就应该让学生在"做中学",即应"在写作中学习写作",也就是让学生通过写作实践,在写作实践中发现有关的问题并进行主动的探索,藉此获得有关的写作经验、知识、技巧、策略等。"在写作中学习写作",这就是一个积极建构的过程。

传统写作教学中,人与人之间缺乏应有的或足够的交流、合作与对话。建构主义则强调,教学要增进师生之间及学生之间的合作,使学生看到与自己不同的观点。因此,它重视教学中师生之间的及学生之间的社会性相互作用,主张采用"合作学习"和"交互式学习"方法。在写作教学中,建立写作学习小组,加强师与生、生与生之间的交流与对话是促进学生写作的社会性学习的重要方法与途径。作为一种特殊人际互动的师生互动就是指在师生间、生生间发生的各种形式、各种性质、各种程度的相互作用和影响。当代教学论研究表明,师生互动通过影响教学的气氛、教学反馈以及学生的参与程度,进而影响教学的效果。目前流行于西欧北美的建构主义教学论和德国的批判—交往教学论也都强调师生互动的重要性。

师生积极参与互动,是使讨论、交流得以充分有效地开展下去的基础和前提,在这一环节上,教师的指导主要体现在调控课堂秩序以及引导学生的思维,使讨论能有序地进行上。这一环节的进行,不由教师独揽,也不由学生独自操作,而是以写作小组为单位,以师生合作的形式进行。

为了便于小组讨论与合作,同时兼顾到班级交流,恰当安排座位的布局形式就显得十分重要。显然,传统秧田形的座位布局不利于学生之间的相互照面,不是人际对话交往的有效形式。半圆形和马蹄形的座位布局,不仅能使对话者完全集中到交流对话所涉及的事物本身上,而且能集中到每个人的行为举止、交往态度上,使对话者进行自我监控,形成人际合作的态度。其实每个学生都渴望在同等地位上与别人交流,渴望看其他人的作文,无论好坏,他们都能更清楚地看到自己的缺点,从而更积极主动地改进。文章展示的过程,就是被肯定、被赞扬和被尊重的过程。

4. 构建成文,注重评改

一切新的学习都是建立在以前学习的基础上或在某种程度上利用以前的学习,但这并不是知识的简单叠加或知识的量变,而是对原有知识的深化、突破、超越或质变。传统师授生受、坐而论道的写作教学方式不利于学生对写作知识的深化、突破、超越与质变。相反,如果写作知识"从实践中来,到实践中去",学生藉由丰富而切近的写作学习情境和丰富而深切的写作实践经验,在对话交流与合作探究的过程中,获取写作知识并对之进行同化或顺应,就必能达成写作知识的不断建构、丰富和发展,从而实现真正意义上的知识的不断累积。

新的语文课程标准明确要求:学生应"养成修改自己作文的习惯,能与他人交流写作心得,互相评改作文,以分享感受,沟通见解",应"能独立修改自己的文章,多写多改,养成切磋交流的习惯。乐于相互展示和评价写作成果"。这一环节中,教师的作用不可或缺,最为重要的是目标导向,即引导学生明确写作重点。同时,教师需加入到学生的活动中,介入他们的写作过程,实施必要的即时指导。交流经验,把写作过程中个人及小组获得的写作经验在班级进行交流、讨论,相互批判,相互学习,求同存异,共同提高。其间,教师要不失时机地引入优秀作者的典型佳作,学生在观摩、比较、感悟的基础上相互讨论,使经验交流深入下去。故我们应该坚持多主体评价,坚持以学生为中心,师生结合的方式。教师需要在充分尊重学生个体差异的同时提出一定的期望,以赞许为基础,给学生提出鼓励性的期望。

(三)情境作文的教学方法

1. 体验生活情境,丰富学生写作素材

置身生活情境,丰富感性认识。情境作文是让学生置身于大自然或社会生活的某个场景之中,用感官捕捉描写内容,把握住客体对主体的感觉刺激和由此引起的情感体验,用文字把事物的本态描述出来的一种作文形式。

但是,生活的场景是多样的,这就需要教师依据写作教学的目标,认真选取鲜明而富有典型意义的场景,带领学生走向生活的情境,从而进行作文教学。在教师有目的的组织下,学生能够亲眼看、亲耳听,获得更多的感性认识,这样就能为学生描写自己见到的实实在在的事物,提供写作的动力。以生活来展现情境,不仅仅是引领学生去观察大自然,还应引领学生去关注社会,关注生活。

从学生的生活实际出发,积极组织开展各类教育实践活动。让学生通过采访,网上查找资料,以及实地考察来完成;经常开展各种各样的游戏,将学生带入到一个个典型的生活情境中,并把写作教学融入这些活动中,扩大且丰富学生的生活世界,这种生活展现情境的创设手段显然是成功的。

2. 实物演示情境,激发学生写作兴趣

运用实物演示情境,符合学生直观思维占优势的特点,更易于让学生接受和掌握。偶尔安排学生对某一事物进行观察和表述,练习写一些简短的说明文。指导学生按照一定的顺序观察,再结合课本中所学到的说明方法进行习作训练。这样学生能在教师富有启发性的引导下,在由整体到局部、由外到里的逐步观察中了解实物的特点,写作自然就言之有序、言之有物了。让学生描写身边的同学,从外貌、性格等各方面进行描述,不能写出名字,让其他同学猜,如果猜中率高,说明其描写细致生动,抓住了人物特点,更能激发学生写作的兴趣。

3. 表演再现情境,强化学生写作感受

表演再现情境是通过角色的扮演来进行的,学生们成了热情演员或观众,一下子全部进入了教材描写的情境中,这种生动的形式,使学生特别兴奋,且富有戏剧意味,学生情绪热烈,为自己的习作做了充沛的情感积蓄。表演的目的在于,情境通过表演,能让学生看清更多细节,汲取更多的写作素材,为学生写清楚、写具体提供铺垫和帮助,学生情绪高涨。由于有了事先的提示,学生观察得特别仔细,写出的作文片段很不错。这种通过表演再现生活情境的方式,既富有童真童趣,又为学生的想象创设机会与空间,使学生喜欢作文,为他们插上写好作文的翅膀。

4. 语言描绘情境,启发学生写作思维

语言,是人类最准确思维的工具;语言,是人类最重要的交际工具;

语言,是使用最为便捷、成本最低的情境创设工具。"以语言描绘情境"是最基本、最重要的创设情境的方法。教师在创设情境时,绝对不能怠慢了语言,这需要教师以具有启发性、可知性、主导性的语言来对学生的认知活动做一定的指向,提高学生的感知效应,从而让学生按照一定的观察顺序,边听边看,边看边想,使观察活动与思维活动结合进行,促使学生更快更有效地进入特定的写作情境中。

四、情境作文教学模式建构的意义

"情境作文"的优点是显而易见的,一个突出的表现就是为写作者提供了特定的"情境",给学生呈现了具体可感的写作对象,便更易于调动写作情绪,激发写作动机,而这些对产生主动、积极的写作心理和行为是至关重要的。在建构情与境相融、心与心相碰、教与学相长、教与学互相促进的情境中,学生的主体意识才会有形成的"土壤"和生长的"养分",才能充分发挥学生的主体性。总的来说,情境作文教学有以下四点意义。

1. 情境作文教学能提供写作素材

当前学生写作的最大瓶颈就在于缺乏写作素材,传统的无境作文无法打开学生写作的思路,无法利用自己平时的知识经验,写出有内涵的作文。而情境作文创设的情境,能给学生提供较多的写作素材,起到抛砖引玉的效果。学生作文的情绪能否被激活,首先取决于命题。具有吸引力的命题容易激发学生的作文兴趣,感到有东西写,情绪稳定;如果不喜欢题目,感到无话可说,则情绪低落。情境作文当场提供了作文题材,学生可以感受,身在其中感知、认识、体验,从而有事可记,有话可说,有理可议,有情可抒,这样就扫除了作文中第一个心理障碍——题材障碍。从作文一开始,情绪上就打了胜仗。

2. 情境作文教学能激发写作兴趣

教师通过创设情境,将学生置身于情境之中,通过情境激起学生写作的动机,激发起学生写作的热情,发掘学生对于写作的兴趣,从而提升学生的写作能力和写作水平。需要是重要的写作内动力。教师创设情境要注意两点:一是创设情境要新,新的情境能够使学生兴奋,这时学生的注意力集中,观察、思考、想象之后,会得到新的感性认识,进而获得新的理性认识,会暂时感到满足,这些新的认识和暂时的满足会诱发学生产生跃跃欲试的表现欲、反应欲,即产生写作需要,教师抓住这一有利时机进行必要的指导,限时完成,作文效果会很好;二是创设的情境必须在学生的情感上产生共鸣,这样学生在教师创设的情境的感召和驱使下也会产生作文的需要。

3. 情境作文教学能创设写作平台

传统的无境作文是枯燥的,写作手法较为单一,情境作文的出现能够弥补这种状况,能够给学生的写作提供一个新的平台。体验源于经历,情感源于体验,体验是作文中重要的内动力,平时学生要写"伟大的祖国""美丽的家乡"等作文时,由于他的活动范围狭窄没有具体的感受,写起来十分费力,写出的文章也很枯燥乏味。有位教师带学生到长江边踏青,沿着长江走了四五里路,看到浩浩荡荡的长江水,看到郁郁葱葱的青青杨柳,一群群白鹭自由飞翔,农舍错落有致,江面上的轮船川流不息,不时传来一阵阵汽笛声……看到此景,"祖国伟大家乡可爱"之情油然而生,学生再回到学校进行写作时,就会感到材料充沛,作文也就内容充实了。

4. 情境作文教学能促进学生发展

情境作文最直接目的就是为了提高学生的写作能力,通过情境来激发学生的写作热情。情境作文适用于各个层次的学生,适用于各种环境,适用于各种题材,适用于中小学各个阶段各个年级,适用于整个人生的需要。

第八节　想象作文教学模式

《全日制义务教育语文课程标准》对学生的习作教学提出了全新的要求,即提倡自由表达,提倡自由想象作文,提倡表达个人的独特感受。新课标第一次给想象作文和记实作文同等的地位。爱因斯坦说:"想象力比知识更重要,因为知识是有限的,而想象力概括着世界上的一切,推动着进步,并且是知识进化的源泉。"想象是触发灵感的源泉,想象使我们超越现实,飞向更广阔的天空。那我们如何利用丰富的想象,写好想象作文呢？如何对想象作文进行命题以及教学呢？

一、想象、想象力与想象作文

（一）想象的概念与种类

想象是一种特殊的思维活动。所谓特殊的思维活动，是指想象主要用形象思维。据心理学研究：想象是人对自己头脑中的已有表象进行加工改造而创造新形象的心理过程。[①] 闻素霞认为对此概念我们可以作如下的理解：第一，想象是以感知过的事物形象为基础，即以记忆表象（储存在脑中的已有的表象）为原材料进行加工改造而形成的；第二，人的头脑不仅能够产生过去感知过的事物形象，而且能够产生过去从未感知过的事物形象；第三，想象过程所产生的新形象称为想象表象。[②] 我们认为要弄清想象的概念，首先要明确想象是一种过程，而不是一种结果；接着要弄明白什么是思维，所谓思维是人脑对客观现实概括的和间接的反映，它反映的是客观事物的本质及其规律性联系。德·波诺在《思维训练》一书中说："想象过程，本身也是一种思维过程。"

想象如果以其目的性可分为有意想象和无意想象；以其创造起点不同，可以分为再造想象和创造性想象；以其想象方式的不同，又分为联想、猜想、幻想、顿悟想象、否定想象等。无意想象是没有特定的目的、不自觉的、低级形式的想象；有意想象则是有一定目的的、自觉的想象。再造想象依据的是语言的描述或图形、图像在头脑中产生的表象；创造性想象是不依据现成的描述而独立创造出来的新事物的形象。联想是指由此及彼的想象，它是由此事物向彼事物的跳跃；猜想是指对未知事物的想象；否定想象是对真实的事物，先予以否定，由实入虚，迫使人们进行想象，在此否定有特殊的意义；幻想是一种与生活愿望相结合并指向未来的想象，是创造性想象的特殊形式；顿悟想象是人在集中精力去解决某一问题的时候，由于某一偶然因素的触发，大脑在已有表象的基础上，突然出现的新的思路。

---

① 路德庆：《普通写作学教程》，高等教育出版社 2003 年版，第 16 页。
② 闻素霞：《心理学教程》，华东师范大学出版社 2007 年版，第 100 页。

（二）想象力的概念及培养想象力的条件

想象力是能动的思维能力，它是人类区别于动物的独有的天赋和才能，它凭借形象思维和逻辑思维，对头脑中已经接受和贮存的各种信息、素材进行加工制作，重新排列组合，创造出未出现过的事物的形象的心理过程。想象力是由多种因素复合而成的智力结构。想象力以敏锐的观察力和良好的记忆力为基础，而原有表象的改组与新表象的建立又需要较强的分析力、综合力、判断力、推测力以及注意力、选择力，等等。我们认为想象力是一种心理能力，它的丰富或贫乏是一个人综合能力的一种体现。

因为想象绝不是胡思乱想、凭空捏造，它要受到诸多条件的制约：首先要遵循心理意图，概括想象事物形象的特点；其次是在已有生活积累的基础上的再造和创造想象。所以培养想象力是有条件的：（1）丰富表象和想象的储备；（2）扩大知识范围；（3）准确地理解引起想象的语言、图像等的特征和意义；（4）要重视相关、相似事物的启示，运用非逻辑思维联想；（5）变换思考顺序，长于逆向边缘思考，重视想象力的开发；（6）调节影响想象力的心理因素；（7）有效利用各种信息，特别是图形符号。[①]

（三）想象、想象力与想象作文三者之间的关系

想象、想象力与想象作文三者之间的关系是辩证统一的关系。第一，丰富的想象是写好想象作文的基础。想象是触发灵感的源泉，想象使我们超越现实，飞向更广阔的天空。有了丰富的想象，学生的作文才更有感情和诗意。第二，精彩的想象作文也可以培养学生的想象力。例如："这女人编着席。不久，在她的身子下面就编成了一大片。她像坐在一片洁白的雪地上，也像坐在一片洁白的云彩上。她有时望望淀里，淀里也是一片银白世界。水面笼起一层薄薄透明的雾，风吹过来，带着新鲜的荷叶荷花香。"（孙犁《荷花淀》）这一段话中，作者展开了丰富的想象，他把周围环境想象为一片洁白的雪地，一片洁白的云彩，营造了一个

_____

① 宋丽波：《表象的心理学研究与想像力训练》，科学技术出版社 2006 年版，第 60—68 页。

宁静、闲适的氛围。可以让学生模仿这一片段，学着去展开想象，并培养他们的想象力。

二、想象作文的概念与种类

作文是学生的精神家园，是他们学做真人的一种历练。作文的过程就是培养高尚情操的过程。学生从观察、感知、体验、领悟到捕捉信息，到行笔成文，其间的每一个环节都是他们认识世界、感受真情、陶冶心灵的过程。有学者认为，所谓"想象作文"，即根据学生的特点，运用童话、寓言、神话、民间故事等想象性文学形式，结合广阔的表象世界，引导学生展开丰富的想象、幻想和夸张，增强学生习作素材积累的信息量，培养学生思维品质的一种作文训练方式。我比较认同该学者对想象作文所下的定义。

上海特级教师徐永森把小学生接触的想象作文分为三类。第一类是童话式想象作文，这是运用小学生喜爱动物的特点，以动物来代替人类形象，用善良的童心来表达美好的愿望，对诚实、勤劳、勇敢和助人为乐等优秀品质加以颂扬，对说谎、懒惰、贪婪和自私等不良品行进行批评。第二类是科幻作文，这种作文内容全凭小作者对科学知识的了解，加以大胆想象编出故事情节，这种想象作文比较难写，必须要积累丰富的科学知识。要阅读《十万个为什么》《我们爱科学》《少年科普报》《海底两万里》等报刊书籍，还要关注科技新闻，拓宽自己的知识面，为写作打下扎实的基础。第三类是未来生活的想象作文，《青少年科技博览》2003年举办的"20 年以后……"征文比赛就属于这一类。①

我们认为，想象作文还应有第四类，那就是情境类想象作文。

1. 童话类想象作文

在儿童文学这块多彩的园地里，童话是一朵引人注目的奇葩。我们每个人都或多或少在她面前逗留、欣赏过。童话世界是五彩缤纷、神奇变幻的。那么，什么叫童话呢？童话，就是在现实生活的基础上，用适合儿童口吻的语言，说给（写给）儿童听的（看的）一种富于幻想的故事。如我们所接触过的《神笔马良》《小红帽》《卖火柴的小女孩》《白雪公主》

---

① 马飞宇：《想像作文怎样写（一）》，《少儿科技博览》2005 年。

……它们的情节适合儿童的想象,有生活的情趣,这些就是我们常说的童话作品。童话还包括一些民间故事、神话传说,如《牛郎织女》《白蛇传》《渔夫的故事》《齐天大圣》……所有这些,给我们创造了一个绚丽多彩的童话世界。童话又可分为古典童话、文学童话、民间童话、科学童话。如何引导孩子进行童话编写呢?

(1)抓住角色特点编写童话。在写童话的时候,我们首先要确定童话的主角,而几乎每一个主角都有自身存在的特点,如小狗的天性喜欢看家,蝴蝶爱美又善舞蹈,咖啡杯是用来喝咖啡的,垃圾桶活着的目标是把那些不听话的垃圾装进它的肚子……围绕这些角色的特点展开有机的联想,那么我们身边的任何东西都可以成为童话的主角,都能通过这一主角创编出一个童话。

就以上文中提到的咖啡杯为例,它的本职工作是为人们盛咖啡,而咖啡杯一般都比较精致小巧,喝咖啡在人们的印象中也比较高雅、休闲。根据这些特点,我们可以让情节往各方面延展,如咖啡杯和其他普通杯子的争论;或是这么精致的咖啡杯却偏偏遇上了不爱喝咖啡的主人,一直被冷落在漂亮的酒柜里;也可能是咖啡杯被它的小主人拿去装沙子了,开始它很气恼,可看到孩子脸上挂着的笑容又觉得自己很伟大……凡此种种,皆能创编。

(2)活用俗语经典编写童话。许多俗语本身就是一个童话,如歇后语"黄鼠狼给鸡拜年——没安好心",只要将这个歇后语进行扩充就能写出一个童话。不过,这只是其中的一种方法。比较灵活的一个做法是能活用这些俗语或经典,创编出另一些有现代意义的童话。如"狼狈为奸"这个成语原本是说狼和狈合作偷羊圈里的羊,而现在我们可以将狼和狈设计成两个贪吃的学生,常常合作翻过围墙买学校外面小摊上的零食吃,最后被值周老师抓住了,不得不写检讨书。

再如,苏轼的一句诗"春江水暖鸭先知"也可以启发我们编一个童话:我们都知道,算命先生常以"先知"来标榜自己,一只鸭子利用了这句诗,打着"鸭先知"的名号在学校门口摆起了算命摊,欺骗了很多学生的钱,最后被绳之以法。

(3)巧引现实场景编写童话。我们知道,许多童话的主角并不是唯一性的,同样一件事情既可以发生在小猴身上,也可以发生在小狗身上。

所以在编此类童话的时候,我们要学会将现实场景巧妙地运用到我们的童话中去。

如一位学生很想从老师手中得到一个小队长的牌子,但他又不好意思说,所以他将自己的这个心愿写成了童话《皮皮猴的心愿》。又有一位学生长得白白胖胖的,像一头可爱的胖小猪,所以他编的许多童话都是以小猪为主角的,而且里面的故事都是真真切切地发生在自己身上的。这样的童话读来很亲切,很温馨。让人觉得,童话就像一面镜子,孩子们是镜子里的小动物,而镜子里的小动物就是眼前这些可爱的孩子。

(4)依据科学知识编写童话。此类童话称科学童话,又称知识童话、自然童话,是童话(广义的童话)的一个分支,它具备童话的各种特点。科学童话具有一定的知识性,它是以科学知识为内容的,所表现的主题也与自然科学有关。科学童话所涉及的知识内容一般较为单纯,它并不负有普及科学的任务,但它能培养读者对自然科学的兴趣,启迪少年儿童的智慧。知识童话在我们的语文教材中也有选入。如《小壁虎借尾巴》一文中,通过小壁虎向老牛、燕子等动物借尾巴这一过程,让我们了解到了以下几个知识点:牛的尾巴用来赶蝇子,燕子的尾巴用来掌握方向,小壁虎的尾巴断了还能再长出来等。

像此类童话故事的编写,我们只要提供给孩子们一个知识点,孩子们就可以展开想象来创编故事了。如猪笼草虽然是植物,但它会散发清香,用它的笼子来吃掉虫子。根据这一知识点,孩子们很快就可以编出一个童话来,题目可以是《猪笼草的绝招》,也可以是《猪笼草和小甲虫》,只要在编写童话的过程中能提示出这一知识点就行。①

2. 科幻类想象作文

《哈利·波特与魔法石》《超人》《侏罗纪公园》《星球大战》……这些有趣的科幻影片曾把我们带入神奇的境界。而孩子们也曾有过这样或那样的幻想:到广阔的太空,去发现宇宙的奥秘;到神秘的海底,去探测丰富的宝藏;到未来的世界,去感受科技的进步……"科幻"范围很大,涉及人类生活的方方面面,可以从大的方面表达人类共同的理想和愿望,也可以从小的方面表达个人的理想和追求。具体可以分以下几个方面。

---

① 刘中林:《怎样才能写好"想像作文"》,《小学生作文辅导》(作文与阅读版)2006 年。

（1）太空类想象。比如太空之旅，与外星人交往，外星人长什么样，用什么语言与之交流；到火星探险，火星上是什么景色，那儿有什么等。

（2）医学科技类想象。比如出现了克隆人，人被冷冻多年后起死回生。

（3）电子科技类想象。比如未来的机器人；为了制止核战争，物理学家发明的太空和平机器人等。

（4）生活起居类想象。比如出现了具有调温、防病的服装，让高科技引领服装；出现了"方形西瓜""西瓜番茄"；出现了上大下小、几百层的楼房，奇妙的自动化农场；出现了空中汽车，大大缓解了交通拥挤的现状等。

要写好此类想象作文，同学们一定要广泛涉猎科技类书报，如《大众科学》《科幻大王》《我们爱科学》等报刊，积淀有关科学知识，拓宽知识视野，学会整合各种科技资料，实现跨越领域学习的飞跃，在科学中去大胆创新，精心打造出科学的美丽来。同学们可通过阅读查询、实地考察、上网搜索，将写作所需要的资料一网打尽。对于丰富多样的科学资料，我们先要进行分类整理，然后再根据自我写作的目的进一步整合资料，对于相同性质的资料进行合并，浓缩其精华；对于不需要的大胆删除，从而保留最有价值的资料。这样，在行文之时就能做到剪裁精当，重点突出。不仅如此，在发挥自己的奇思妙想进行大胆构思时，一定要注意想象的灵活性，切不可拘泥于某一点或某一方面，多角度思考，多发散思维，拓宽立意的天地。再则要注意想象的独创性，根据个人好恶，选择最佳角度，写人无我有、人有我新的个性科幻类想象作文。最后，我们一定要注意想象的现实性。想象要合乎情理，让人信服，要善于联系书本，联系自我，联系社会，贴近生活。

3. 假设类想象作文

小学生的心灵世界装着许许多多美好的愿望，"当他看到孙悟空变幻无穷的非凡本领时，就会想，假如我会七十二变该多好；当他学习感到疲倦时，就想，假如我是一片自由自在的云该多好；当他看到病魔夺去一个个生命时，又会想，假如我是一名神医该多好……"如此这般，"有的想成为科学家，有的想变成孙悟空，还有的想有一对会飞翔的翅膀……要实现这些美好的愿望，当然不可能，但是，教师引导学生通过想象和幻想,让学生美好的愿望在自己的作文中得以实现,这是完全可以的"。这就是假设类想象作文,它反映了儿童的理想、愿望、向往和追求。如果把这种大胆的假设写下来,给人以某种启迪,就能激起别人的创作欲,使人产生共鸣。这是一件十分有利于挖掘和发挥儿童创作潜能的事。

根据想象对象和内容的不同,假设作文又可分为许多情况:

(1)时间假设。对着时间坐标轴,我们的想象既可以退回到远古,也可以飞翔到充满迷幻的未来。如《在 2050 年……》《长大后干什么》《二十年后的母校》等。

(2)空间假设。天上地下、河里海中、太空宇宙、五岳珠峰,想象所至,皆可成为假设点。如《太空历险记》《火星一百天》。科幻大师凡尔纳的《海底二万里》,科幻大片《星球大战》《火星任务》便是这种想象的产物。

(3)功能假设。天地万物的机能是与生俱备的,人有五官四肢,猿会攀援跳跃,鸟可翱翔天空,都是天生的。但人类从不满足于这些,总想象着自己要有其他本领那该多好,儿童更是如此。因此就可让他们写《假如我能飞》《假如我有千里眼顺风耳》等。

给其他事物也增加一些功能,就让他们写《长翅膀的鞋》《神奇的飞毯》《万能手表》《隐身衣》《不老药》等。如果连自然规律也想给它变一变,甚至还可以写《假如一天有 30 小时》《假如一年有两个夏天》《要是天上有两个太阳》等。这类题目,更符合儿童的天性。从长远看,这类作文最能激发学生的创造欲,培养他们的创新意识。

(4)角色假设。假设自己变成了具有某种特殊身份的人,如《假如我当村长》《要是我来当老师》《假如我是联合国秘书长》。把自己想象成另一类事物,如《红领巾的诉说》《沙滩的诉说》《书包的话》等。

4. 情境类想象作文

创设情境是引发联想和想象的重要手段。情境的创设对表象的浮现起着重要作用。情境的创设要注意暗示表象之间的联系,使学生由此及彼地建立起表象之间的联系。创设情境常采用的方式有:

(1)实物创境。出示实物,引导观察,展开想象;如拿一支长的红铅笔和一支短的蓝铅笔,启发学生写《长与短》《红铅笔和蓝铅笔》等。还可堆放一些玩具、文具、道具、生活用品,像枪、笔、布娃娃、汽车模型等,引导学生想象它们之间可能发生的故事。

（2）图画创境。用挂图、手绘图、剪贴图等展现一定情境。如：出示一幅图，图上有一只火红的狐狸正在流口水……启发学生写《狐狸和小鸡》《狐狸上当了》等。也可用几何图形发挥想象，或用"○□△"等图形拼图，根据图意，写想象作文。

（3）表演创境。师生利用道具、服饰等，演绎一定角色，一定情节，渲染一定情境。如：两位同学慢慢走来，脸上的表情先是吃惊，接着微笑，突然大叫，而后奔跑……根据他们的表演可以写《森林历险记》《火星历险》《奇异的梦》等。

（4）声音创境。利用音响设备，以直观、生动的听觉形象作用于学生的听觉器官，模拟一定的情境。如将潺潺的流水声，多种鸟儿的叫声，悠扬的笛声，录制成一段声音素材，播放中让学生再现想象，创作一篇清新优美的故事；又如放一段敲门声或脚步声，学生可能会写出《邮递员叔叔来了》《爸爸回来了》等。

（5）语言创境。以故事、诗歌、词语，提供一定线索，在特定氛围中进行作文训练。如今天，我特别高兴地去上学，因为我穿了妈妈出差刚给我买的新衣服，可是……可是什么呢？可写《倒霉的一天》《失而复得》等；如出示一组词语"沙滩、贝壳、可乐罐"，可写成一篇以环保为主题的作文，呼吁人们保护好环境，保护地球。

（6）多媒体创境，运用电脑多媒体，集视、听效果于一体，尤其是做特殊效果处理或实现无法实际体验和观察的情境，有其他任何手段无可比拟的优越性。

三、想象作文的命题与写作

（一）想象作文的命题

命题是作文教学首要的一环，它是解决"写什么"的问题。有学者认为，命题的范围和依据是：（1）结合讲读教学的实际命题；（2）结合学生的生活、学习、思想和参加社会实践的实际命题；（3）结合当前的现实生活命题；（4）结合学生的课外阅读命题；（5）结合作文教学计划的总要求、总安排命题。该学者又认为命题的要求应做到以下几点：（1）要有鲜明的思想性;(2)要切合学生的实际水平,题目不要过大和偏难;(3)要鲜明、具体、简洁,不要含糊、笼统、冗长;(4)要新鲜活泼、灵活多样,不要死板、老套;(5)要有较大的伸缩性,不要限制太窄太死。① 我们认为命题时要注意的比较重要的一点就是:紧贴生活。

想象作文的命题,我们觉得可以从以下几个方面着手:

(1)文字命题。形形色色的文字充实了我们的生活,马路上,广告语、车站牌、环保标语、商店名等,都是以文字为载体闯进我们的眼帘的。文字给了我们广阔的想象空间,比如,教师给出几个词语:森林、雄鹰、生活,让学生展开想象;也可以提供一段话,让学生进行扩写,或者改写,或者续写;又如,当你看到"地球的最后一滴水,将是人类破坏环境后悔恨的泪"这样一句话时,你想象到的是怎样一个画面。在文字命题中,童话命题最为凸显,这类多采用拟人手法,使它们和人类一样有思想、会行动、能言语、有感情,通过孩子纯真美好的童心来表达愿望,对善良、勤劳、坚强和诚实等品质加以颂扬,对说谎、自私、贪得无厌等不良行为进行抨击。《白雪公主》是大家耳熟能详的童话故事,故事最后说"从此,王子和公主过上了幸福的生活",请同学们对"幸福的生活"展开想象。

(2)图形命题。各式各样的图形填满了生活,其实,生活本身就是一个巨大的图形——生活圈。学生在生活中接触最多的莫过于图形了。比如以八仙桌为例,让学生展开想象。想象一:八仙桌棱角分明,让我想到做人、做事要有自己的原则;想象二:八仙桌桌脚敦实厚重,让我想到为人处事要踏踏实实;想象三:八仙桌的四条板凳紧紧靠拢,让我想到团结就是力量,想到亲人相聚的欢乐,想到享受天伦之乐的温馨场面,等等。学生可以想自己所想,说自己想说,尽情展开丰富的想象。在各式各样的图形中以漫画最为典型。漫画给人的感觉都是很滑稽的,可是在这搞笑的面具下隐藏的却是你意想不到的含义。出示一幅代表性的漫画,让同学们猜想它所要表达的到底是什么,只要言之有理即可。如不久前,我看到过一幅有趣的漫画:一条章鱼和一只啄木鸟分别在电脑前打字。我想:科技真是发达了,你看连动物都用上高科技产品了。我又想:真不公平,章鱼有那么多"手"可以派上用场,而啄木鸟只有一张嘴。

---

① 洪威雷、柳有青:《写作技巧教程》,华中理工大学出版社 1995 年版,第 233 页。

后来,我又想:强者怎么可以欺负弱者呢。

(3)音响命题。音乐是人类表达情感的方式之一。在音乐的世界中,你可以插上想象的翅膀,尽情翱翔。记得我在见习时上过一堂课《音乐巨人贝多芬》,用的导入是让同学们听《命运交响曲》,感受这首曲子的情感(与命运抗争的不懈之情),并展开合理的想象。同学一:在波涛汹涌的大海上,与死神奋力抵抗。同学二:在广漠的沙漠里,与烈日较量。同学三:九八年的抗洪精神。同学四:汶川大地震中,被困人员,永不言弃,坚持到生命的最后一分钟。同学五:……小小的一个导入,就让学生们的想象一发不可收。

(4)影视命题。影视,让我们的生活不再枯燥乏味,让我们的眼界不再狭隘短浅,让我们的思想不再落后保守。有时候,看完一部电影或者一部电视剧,对它的结局不是很满意,就会另想一个结局来迎合自己。教师可以向学生推荐电影,让他们各自看,也可以组织一起看,结束后以"假如你是主人公"为话题,让学生展开想象。

(5)游戏命题。做游戏是学生最感兴趣的事情,同时也是学生表现想象力最重要的活动载体。游戏可以让学生凭借自己的想象,使自己的发散性思维得到最大限度的发挥。期刊网上有一篇文章《浅谈幼儿想象力的培养》,里面有一个案例,是作者在一本杂志上看到的。一位教师准备了仅有一个小孔的黑箱子,里面装满了各种各样的东西,有的毛茸茸的,有的是皮革做成的,有的又湿又滑,有的摸上去质地很硬,有的身子很长……而小朋友们从仅有的小孔里看不到任何东西。这时教师要求每个小朋友必须通过这个小孔把小手放进去,仔细地摸一件物体,然后猜猜它可能是什么? 小朋友们被这个游戏深深地吸引了,他们纷纷去尝试,发挥自己的想象,并且表演了生动而富有想象力的节目。的确,爱玩是每个儿童的天性,最高明的老师就是要利用儿童的这种天性去培养他们的想象力。

(6)情景命题。我们曾经在作文书中看到这样一个片段,你的一位很要好的朋友突然卧病在床,病情很严重。最近一段你工作特别忙抽不出时间去看她。星期日下午正好工作告一段落,你匆匆换了衣服,带着一束鲜花骑车到医院去看望她,当你一推门,假若:①她已经奇迹般地好了,正和几个小朋友拍着手在跳舞,她玩得很开心,她的脸笑得像一朵盛开的牡丹;②她正痛苦地躺着,用渴望的眼神看你,然后伤心地哭了,向你诉说着……③她已经死了,洁白的床单盖着她的脸,护士正要抬走她……假若是第一种情况,你想象一下会看到什么图景,你的心情怎样,见面后你们会说些什么。假若是第二种情况、第三种情况呢,你又会怎样。虚幻的情景,如梦境也是其中的一种。做梦是人脑的正常活动,是人脑处于睡眠状态下,一定时相一定部位的兴奋活动。梦具有离奇性和逼真性的特点。离奇性指梦中出现的事物常常是现实中不存在的,如有时梦见人会飞起来。逼真性是指人们在梦中常有一种身临其境之感,如有人梦见自己坠入悬崖,其情境犹如真的一般。[①] 比如说,让同学们以自己印象最深刻的梦来展开想象。有人梦见自己长出了翅膀,飞上了天空,有人梦见自己掉入了无底洞,有人梦见自己有了千里眼、顺风耳,有人梦见自己来到太空,化身为守护神,有人……

(二)想象作文的写作

有学者认为"想象作文"是以想象为主的作文,所以从大范围来说,可以包括写理想的、写假想的、写幻想的(科学幻想)、写梦想的(写梦)和写奇想的,等等。

写好一篇想象作文,首先要了解想象的特点:(1)想象是不安于已有的材料和既成的现实,而力求改进和创新的求异思维活动;(2)想象是能够离开直觉,产生没有感知过、甚至现实中尚未存在的事物形象的思维活动;(3)想象的过程是跳跃的、飞动的;(4)想象有自己的稳定式——想象的思维定式;(5)想象有美与丑、积极与消极之分;(6)想象的产生有赖于实践并接受实践检验。[②] 尽管想象有如此多的特点,但展开想象还是要注意以下几点:

第一,想象要合理。所谓合理,就是要有现实生活的依据,有一定的科学道理。尽管想象奇特,但读起来还是要让人觉得真实可信,而不是毫无根据、乱七八糟地胡思乱想。第二,想象要丰富。想象本身应当是色彩斑斓的,这就要求我们敢想,能真正自由地张开想象的翅膀,摆脱实

---

① 闻素霞:《心理学教程》,华东师范大学出版社 2007 年版,第 111 页。

② 常青:《扣开想象之门——想象思维训练》,教育科学出版社 1993 年版,第 8—14 页。

际生活的束缚,根据已有的生活经验和知识,去虚构奇特的生活情景。第三,写好想象作文的基础在于生活积累。因为所有的想象活动都应当是我们在现实生活中的真实体验。如果平时不注意观察,不注重积累,又哪里来奇妙动人的想象呢?

那如何写好想象作文呢?作为学生,可以从以下三个方面来着手:

第一步,创设情境,寻找感觉。在写想象作文之前,我们要为自己创设一个情境,让自己融入其中,展开丰富多彩的想象。创设情境的形式多种多样,可以用文字、图形、音响、影视,也可以用游戏、情景等。比如,一个被咬了一口的苹果,它遭遇了什么呢?

第二步,发散思维,尽情想象。一篇想象作文写得好与坏,关键看你的想象是否新颖、独特。一个被咬了一口的苹果,我们可以赋予它人的性格:要强的它被咬时,肯定誓死反抗;温柔的它被咬时,肯定默默忍受;可以想象它被咬时的表情、动作、语言和心理。我们也可以提出一些问题:为什么它只被咬了一口?它还会继续被咬吗?它被谁咬了呢?也许它被咬是为了成全什么?它的泪为啥而流,是欣喜,还是痛楚?

第三步,表达想象,由说到写。在下笔之前,我们要把自己那些千奇百怪的想法说出来,要大胆地说,要尽情地说,要具体地说。有些想法,也许你想的时候并不十分在意,可当你说出来之后,也许会取得意想不到的效果。说是为了能够更好地写,写是为了使说的内容更加具体,更加有条理,说完再写,让我们在动笔时胸有成竹。

四、想象作文的教学

(一)想象作文教学的现状

虽说想象是儿童的天性,儿童最富想象力,但实际上,不是任何情况下他们都能轻易打开想象的闸门。有人对自由习作使用了一个形象的比喻,叫作"你放手,他就飞"。全国著名语文专家吴立岗先生说:"的确,教师不放手,学生的习作是'飞不起来的',然而是不是教师一放手,学生的习作就一定能'飞'起来?我看不见得。要能真正'飞'起来,不仅要有'飞'的强烈愿望,还要具备'飞'起来的切实本领,即能具体明确、文从字顺地表达自己的意思。"针对想象作文而言,想象作文的课堂上,学生几乎都有想象,但很多学生却不能尽情想象。

1. 学生习作中出现的问题

曾遇到这样一个习作事例:

假如你有一天来到月球,请你发挥想象,将会发生什么事,你会怎么想怎么做,把它写下来。

要求学生写一篇有关月球上发生的故事的想象作文。每个学生都喜欢想象,天马行空,随便乱想一番,但是现在要把这想象的内容具体化,并且要想的跟别人不一样,对于小学生来说难度就大了。事实上,绝大多数学生只会写看到玉兔,遇见嫦娥,打声招呼,玩了一会儿很高兴,告别嫦娥回家,到结尾还加一句,哦,醒来原来是一场梦。在学生的脑海里,月球只跟玉兔、嫦娥挂钩,除了这,再想出些别的内容就不行了。从中可以折射出,他们平时的阅读面是多么狭窄,有关月球的情况和相关的一些报道了解不多。

至于,设想是在怎样的具体情境下看见玉兔的,看到的玉兔具体是长什么样的,他们都无法做出想象并进行具体描绘。可见在想象的具体性方面还很不够,这跟平时生活中不注意仔细观察也有很大的关系。

文章的结尾再来一个"哦,这是一场梦",更是折射出现在的学生很现实,知道这样的事根本不太可能发生在自己身上,这不知是教师的悲哀,还是学生的悲哀? 也反映出这想象不是发自于学生自己内心的愿望,是你们硬逼他去想,他才绞尽脑汁给你编一个雷同的与玉兔、嫦娥相遇的故事。

从学生写作活动过程来看,也缺少充分的作前准备这项工作。起码在写这篇有关月球方面的想象作文之前,应去多方收集一些跟月球有关的资料。如月球的基本情况,现在人类对月球的探索研究及做的实验等。胸中无万卷书,下笔如何会有神?

2. 教师教学中出现的问题

学生出现问题的原因,根源有时还是在我们教师身上,如我们教师自己对想象作文的认识,要求学生想象既要合理,又要新奇大胆。文中既要有具体情境的描写,又要有精致的细节刻画。这样的要求对小学生而言是不是提得过高了一点?

教师自己的教学行为也有待商榷。每次习作,帮助学生审一下题,明确习作的要求,就马上要学生开始写。巧妇难为无米之炊。分析其根源,是我们教师受应试教育的影响,急功近利。长期以来,我们的作文教学只落脚在"写"这最后一步,什么作前准备,引导学生从哪些方面搜索资料,创设情境带领学生想象,都没有。只提要求,你要怎样写才达到得高分的标准。作文是学生认识水平和文字表达能力的体现。小学生作文心中要有积累。正如叶老所说:"通常作文,胸中先有一腔积蓄,临到执笔,拿出来就是,是很自然的。"小学生作文也不能闭门造车。教师创设美妙情境,带领学生进入想象的空间,会使学生产生写作的动力和写作的热情。再在教学中实施针对性的指导,会使学生觉得这想象并不难。

（二）想象作文教学的目的

第一,想象作文培养学生的创造性品质、创造精神和创造能力。在知识经济所凸显的社会中,创新性是核心,培养具有创新品质、创新精神和创新能力的人才成为现代素质教育的趋势。想象作文独特的情景设计,以及本身具有的开放性和自由性,激发了学生的创造欲望,让学生在宽松的环境中进行创新思维的训练,提高创造能力。在不断的强化当中,培养学生创新的意识。创新体现在内容创新和表达创新两个方面。

第二,想象作文培养学生正确运用祖国语言文字的能力,反映客观事物、表达自己的思想、进行创造性表达的能力。尽管想象作文着重在创新能力和思维的培养上,它仍属于作文教学范畴,因而肩负着培养学生正确运用祖国语言文字的能力,反映客观事物、表达自己的思想的任务。在训练语言上,既要求学生能自由通畅地表达自己所见所闻所思所想,更要求学生在表达上具有独创性,给人一种清新的感觉。

第三,想象作文能有意识地创设有利的教学环境,科学地培养学生的创新能力。传统的作文观认为,只要教师不强求一律,不限制思维,不束缚学生的创造力,学生的习作就会具有创造性,这是片面的。这是典型的自然主义,忽视了教育的功能。我们应该有意识地创设情景,科学地引导学生发散思维,指导学生运用科学的方法去展开想象,让学生由感性的认识上升到理性的认识,掌握创新的技能,培养创新的意识。并在指导过程当中及时抓住创新的表现,加以引导,激励学生创新。

第四，想象作文应培养学生追求真善美，追求理想的生活的高尚情操。想象作文和写实作文都同样具有思想教育的作用。想象作文通过积极、乐观的想象，表达作者健康的思想，表达学生追求真、善、美的高尚情操。对此，要有意识地引导，对出现的问题要及时纠正，不能因为是创新就不加正确引导。①

（三）想象作文教学的模式

吉林省教育学院邓志安等人提出了"看、说、写、评"一条龙的写作教学模式。我个人认为，这一教学模式再加上一个环节"改"，即"看、说、写、评、改"就可以适用于想象作文的教学了。

看，即观察生活，积累素材。生活是作文的源泉。生活不仅为作文提供了事实材料，还提供了情感和认识。叶圣陶先生曾经说过："我们要记着，作文这件事离不开生活，生活充实到什么程度，才会做成什么文字。所以，论到根本，除了不间断地向着求充实的路走去，更没有可靠的预备方法。"他还以格言式的语言概括道："必须寻到源头，方有清甘的水喝。"因此，我们要细心观察生活，从中获取素材，还要体悟生活，这样写出来的作文不仅会有充实的内容，更会充溢着鲜活的灵性。离开了生活，作文就会成为无源之水、无木之本。

那我们如何去观察呢？第一，观察周围事物，捕捉典型材料。我们的视线往往局限于一个小圈子，觉得一些司空见惯的小事没什么可写的。其实，平常的小事也可写出新意来。第二，动用多种感官，丰富写作素材。心理学认为，观察是思维的知觉，没有思维的观察是肤浅的，不是真正的观察。观察不仅仅是看，还要动用耳、口、鼻、手、脑等感官去多方面地感知或判断，获得真实、全面、深刻的印象，为作文提供丰厚的材料。第三，填写观察记录，养成观察习惯。观察不应只是一次作文之前的例行公事，我们要养成留心观察的好习惯。生活中并不缺少美，缺少的只是发现美的眼睛。

说，即口头表述，阐述想法。说自己想说的话，说自己想象中的事物，说出自己对周围事物的认识和感想。虽然这时的语言表述还是简单

---

① 王婵：《想像作文教学课型初探》，东莞市小学语文教研网（课改探索），2009 年。

的、粗糙的,但它来源于学生的实践活动,因此是生动的、形象的,而且由于学生是按照文章写作来构思的,所以它在形态上也相对完整,同时其他学生还可以补充评论,这就为下一步的动笔写作打下了较好的基础。说的时候,我们也要注意两点:第一,说时要注意语法结构。这时候的"说"与我们平时和朋友交谈时的"说"又有所不同了。在日常生活中,一句话我们爱怎么表达就可以怎么表达,在很大程度上,不受语法中那些条条框框的限制,我们将它称之为"口语"。比如温州人,"拖鞋"一词,他们在生活中是说成"鞋拖"的,这在课堂里是不能出现的。课堂中的"说"是要注意语法结构的,尽管说得比较随意。第二,说时要有条有理。说前还是应在脑海中整理一遍,理清思路,这样当你说时,你才不会觉得混乱,老师和同学也不会听得糊涂。

写,即书面作文,下笔成文。学生说了千奇百怪的想法后,老师就要引导学生往教学要求上转。是编写童话的,就要学生想象童话发生的人物的外貌、动作、语言、背景、情节等;是想象一件事情的,就要让学生尽量说具体;是续写的,就要注意合理。总之,每一次的想象汇报都应该有一个侧重点,要从简单到复杂地说。说是为了能够更好地写,写是为了使说的内容更加具体,更加有条理,说完再写,让学生在动笔时胸有成竹。

在写的阶段,学生根据自己口头作文的轮廓,写成正式的文章。"写"是理性认识向写作实践的飞跃。这个阶段,包括写作中的各个环节,如确定组材方案,拟定写作提纲,选定表达方式,遣词造句、驾驭语言文字来表述思想等。这是一个复杂而又较有难度的阶段,要把思想认识见诸文字,这里有一个飞跃的过程。因为有了第一步和第二步作为基础,思想认识已作了充分的准备,剩下的主要是组材计划与语言运用。学生对"下笔成文"这一环节不再感到束手无策、搜索枯肠了,思路通畅了,构思成熟了,就可以集中力量去研究如何运用语言文字来准确表达思想了,就有可能来锤炼字句、增添文采,使文思通畅、落笔生花了。学生在写的时候,老师可以进行课堂巡视,或者发现问题,或者发现优点,为进一步评改做好准备。

评,即作文讲评,炼字炼句。作文写到一定的程度,可以让同学们读读自己的习作,先试着自己给自己讲评一下,然后请其他同学来讲评,最后由老师来补充说明。欧阳老师认为,作文讲评应遵循以下几条基本原则:第一,必须体现辩证唯物主义认识论的原则,引导学生在认识与实践的辩证关系中提高认识能力与表达能力;第二,作文讲评课的重点应放在思维能力训练上;第三,作文讲评课的教学方法,应着力于培养学生的自学能力,力争教会学生自己想、自己观察、自己动手收集材料、自己动笔写、自己改、自己评议;第四,作文讲评课应集中优势兵力打歼灭战。①

对于想象作文的讲评,我们觉得应围绕以下几点来展开:第一,语言要独特,内容要新颖;第二,想象要合理、丰富;第三,谋篇布局要与众不同。但我们要知道,"评"并不代表终结,而是"改"的开始。

改,即取人之长,补己之短。李沂在《八字诀》中指出:"能改则瑕可为瑜,瓦砾可为珠玉……作而不改,是食有刺栗与青皮胡桃也。"因此,"成篇之后,细检瑕疵"(许印芳《与李生论诗文跋》),"毫不惋惜地删去一切含糊、冗长、不恰当的地方"(列夫·托尔斯泰语)。修改是作文教学必不可少的一个环节。作文修改有三个循序渐进的基本步骤:一是错字、错词、病句;二是不恰当的内容;三是文章结构。

(四)想象作文教学的基本操作策略

1. 构建主体意识,让学生主动参与

情境的创设,主要是为了吸引学生的注意力、激发学生的兴趣。学生对一件事情产生了浓厚的兴趣,就会积极主动地参与,而积极主动地参与是创新的前提。如果学生没有积极性,还是习惯于让老师灌,那么想象作文就不能开展。只有充分调动学生的积极性,让他们参与其中,才能进行一系列的训练,才能谈创新思维、创新意识。因此,情境的设计,应该能最大限度地激发学生的参与激情和创造欲望。一幅有趣的漫画、一段动听的音乐、一个出乎意料的结果、一个激动人心的场面,都能成为成功的情境,从而调动学生参与的积极性,将学生带进广阔的想象空间。

2. 开展灵活实用的活动化训练

有学者认为有以下几种方法:

① 王鹏伟:《中学语文作文教学研究》,华东师范大学出版社 2000 年版,第 235—236 页。

（1）听听说说：可以让老师讲故事，学生听完后接着原来的故事情节说下去；或者学生说了自己的想法后，别的学生提出不同的看法或补充。学生在听听说说的过程中，思维发生了碰撞，很容易受到启发而涌现出不同的想法。同样，在听说过程中强化了语言表达能力的训练和理解能力的训练。

（2）画画说说：图画是直观的媒介。边画边说，能让学生将抽象的事物转化为直观的形象。一只插着刀叉的青蛙、一个被伤害得遍体鳞伤的地球，很容易激起学生的怜爱之情，要表达的意思也不言而喻了。

（3）读读说说：学生即席完成自己的文章后读自己的文章。读自己的文章，学生可以作二次修改。通过读，让听者进行语言的修正；通过读，让学生体会成功的喜悦；通过读，让听者吸收长处。

（4）演演说说：学生的想象是抽象而非具体的，可用语言将想象的东西表达出来，并用生动的表演形象直观地表现出来。这样的表演，能让学生直接观察体验到所想的东西，令情绪高涨。例如，在编童话时，童话情节的表演，可以深化对人物（动物）、场面、情节的理解，也活跃了课堂的气氛。

（5）谈天说地、异想天开：海阔天空地说，看起来好像漫无边际，但正是这种天马行空式的"吹牛"，让科技迈开了惊人的步伐。很多以前奇怪、荒诞的想法，在今天已成了现实；今天奇特的想法，以后也可能成为现实。最重要的是，学生意识到创新就是要与众不同，只有想象才能创造未来。①

3．进行形式多样化的写作训练

情境的设计非常重要，它是想象作文的核心内容，是学生想象的原动力。情境的设计可以围绕课内，也可以围绕课外；可以依据实物，也可以依据虚体；可以畅想未来，也可以虚拟事件，等等。我们觉得有以下几种方法：

（1）让学生续写故事，例如在《皇帝的新装》中，那个讲真话的小孩最后的结局会是怎样的。

（2）让学生改写故事，例如为故事《项链》改写一个完美的结局。

---

①　王婵：《想像作文教学课型初探》，东莞市小学语文教研网（课改探索），2009年。

（3）让学生将一首古诗写成一篇散文，例如李白的《静夜思》。

（4）欣赏一幅有趣的漫画，进行想象。

（5）让学生听音乐，自由想象，如让他们听《森林狂想曲》，幻想小动物的各种表现。

（6）鼓励学生创造童话故事，如以《假如我有一对翅膀》《我来孵小鸡》《我是一只猫头鹰》等为题，让学生进行想象作文。

（7）根据一个词语扩充，想象故事，如"老人"。

（8）给学生几个故事要素，让学生去编故事，如公园里的一条小狗。

（9）让学生畅想未来，进行想象，如《假如我是一名科学家》。

（10）根据一个动作，展开想象，例如"啪"一支粉笔掉到地上，断了。

4. 在作文批语上下功夫

每批改一次作文，就是教师和学生进行一次思想感情的交流。学生的想象作文是他们心灵的流露和对未来美好的畅想，教师批改则是对学生思想的启迪和畅想的肯定。若每篇想象作文的批语都是"句子通顺，想象合理"之类，不但教师觉得乏味，学生也会感到无关痛痒，以致熟视无睹。如果教师能在批语上花费一番精力，其效果则大不一样。我曾经在一本书中看到这样一段内容：

在一次想象作文中，一位学生写同学关系难处，人心叵测，自己很是苦恼，于是想象自己置身于桃花岛中，过着与世隔绝的生活。一位老师就在批语中写道："不必如此，事在人为，以善良宽容之心待人，你会收获很多。"这位学生感到有人理解他，他也试着去改变。过了一段时间，又一次想象作文，这位学生写到了："假如我有一座城堡，我要让我的同学都住那里，嬉戏着，玩耍着……"

如此看来，教师的批语直接影响着学生的学习、生活以及人生的态度，故不可等闲视之，更不可敷衍了事。

综上所述，想象是一种特殊的思维活动；想象力是由多种因素复合而成的智力结构；想象作文是以想象为主的作文。想象、想象力与想象作文三者之间的关系是辩证统一的关系。文字命题、图形命题、音响命题、影视命题、游戏命题和情景命题等是想象作文命题的主要形式。创设情境，尽情想象，构思成文是想象作文的基本过程。想象作文教学要构建主体意识，让学生主动参与；要开展灵活实用的活动化训练；要进行形式多样化的写作训练；要在作文批语上下功夫。

第九节　快乐作文教学模式

罗琳在《小学生快乐作文初探》一文指出，"快乐作文"是指作文教学的全过程渗透着"快乐教育"的作文形式。"快乐作文"的教学过程是运用直观、激励、艺术、操作、情感等刺激手段，创设和引导学生进入富有动态的、探究的、兴趣的、快乐的写作情境，在愉悦的心境中去学习写作、抒发表达，发挥学生的个性与兴趣特长，提高学生的语言表达能力，获得愉快写作体验的写作教学过程。[①]

快乐作文教学，就是语文教师在作文教学过程中实施的以学生快乐和作文写作水平迅速提高为目的的教学方法。在整个快乐作文教学过程中，教师通过控制各种影响因素，如搜集素材的方式，交流氛围、习作内容、师生关系、教学方法、训练方式及学生的学习过程等，指导学生在愉快的情绪中把自己看到的、听到的、想到的内容或亲身经历的事情，用恰当的语言文字表达出来，并感受到表达与交流的快乐和学习成功的快乐。

我们为什么要提出快乐作文和快乐作文教学呢？

一、快乐作文教学提出的背景

随着新课程改革的不断深入，针对传统作文教学模式的弊端，快乐作文教学理念应运而生。

传统的作文教学以教师为主体，注重的是教师写前指导、写后批改和讲评，而把学生放在从属、被动地位。大多数学生都认为写作文是不小的负担，部分学生甚至抄袭糊弄。教师批改时间一般拉得较长。作文本收上来（学生常利用周六、周日在家独立完成）一下子堆成一个小山。如果教师任教两个班的课，那将有百十本作文。细想起来，在授课之余，

---

① 罗琳：《"小学生快乐作文"初探》，《高等函授学报》（哲学社会科学版）2008年第4期，第76页。

教师批完、批好这些作文可不是一个小工程。而部分学生并不为教师着想，也无法体谅教师的辛苦甘劳。

讲评时，教师也很难对每个学生的优缺点都提到。作文写得很随便，评语再怎么精彩，效果也会大打折扣。教师仅指出班级学生普遍存在的问题，往往对写得好的学生大加赞赏一番，再范读、讨论、细评。他们认为讲评这样的文章，学生们就会受到充分的教育和熏陶，取得良好的效果。

结果是部分作文优秀的学生，常常受到正强化，作文能力越来越强，水平与写作积极性同样也越来越高，占多数的中等生与后进生总感觉写作文与自己关系不大，写作能力与水平总徘徊不前，写作热情普遍不高，部分学生甚至非常厌写作文。

一次作文讲评完，作文教学就理所当然地结束，教师似乎完成了一件重要任务。确实，他已没有多余的精力再为这次作文做些什么事。他们心中想着，好的学生我教出来了，其他的学生只好顺其自然。存在于教师和家长头脑中的这种落后思想已根深蒂固，而从小到大，学生们似乎接受和适应了这样的教法与落后思想。这也许就是作文教学走入误区成为文化课学习瓶颈的根源，这也是传统教学中的"填鸭式""满堂灌"模式在作文教学中应用的恶果。因为它只关注教师这一主体的感受，学生的主体地位远没有被重视，学生的主观感受更被忽视，致使多数学生在作文的学习与写作中没有什么乐趣。

可见，不改变传统作文教学的形式，就不能适应剧烈变革与日新月异时代的发展需要，也不能跟上新课程改革迅疾的步伐。

新《语文课程标准》提出："写作要写自己要说的话，要感情真挚，力求表达自己对自然、社会、人生的独特感受和真切体验。作文教学要为学生的自主写作提供有利条件和广阔空间，减少对学生写作的束缚，鼓励自由表达和有创意的表达。"[①]这些都是对传统作文教学模式的有力抨击，同时也对我们的写作教学提出了新的要求，那就是要构建学生喜欢的快乐作文教学模式，切实关注学生的生活感受和生命发展，切实把学

①　中华人民共和国教育部：《全日制义务教育语文课程标准》，北京师范大学出版社2011年版。

生放在作文教学的主体地位,让学生自由地、自主地、快乐地去写,用自己的心灵去写,让学生在通过作文这一书面形式展示他们的独特的生命活动的同时,感受到写作其实是一个快乐的过程。

二、快乐作文教学的理论依据

1. 主体间性理论是快乐作文教学的哲学基础

所谓"主体间性"是指两个或两个以上的主体之间的交互关系,它主要包括主体间的互识和达成的共识。主体间性体现在语文快乐作文教学领域就是从"单个的主体"走向"复数的主体",确认主体与主体之间是平等的关系。主体间性使得主体在交往中表现出更多的选择性、自主性、能动性和创造性。主体间的交往是从"我"的角度根据交往的需要和能力进行选择的,主体与主体在交往中拥有共同平等的支配权和控制权,主体间的交往应该是自觉的、积极的和主动的。在交往的过程中主体通过互识达成共识,并能超越共识创造出新颖、独特的交往方式及结果。确立"主体间性"意味着快乐作文教学交往中的教师、学生和文本主体都是作为平等的主体而存在的,而主体间的相互独立是其相互作用、相互统一的基础。在这种关系下,教师与学生谁都不是中心,任何一方都不能将对方作为客体看待,这就真正将学生提升到了主体的地位,从而为快乐作文教学提供了最为根本的条件。

2. 交往理论是快乐作文教学的教育学基础

教育交往理论是快乐作文教学的另一理论基础。德国思想家马丁·布伯在论述对话教学时指出:关系是对话教学的主体,关系先于实体,实体由关系而出。教学交往理论中的交往,不仅是一种与活动并列的手段,更是对传统师生关系的调整,交往强调师生的平等,强调对人的发展价值。

全新的语文快乐作文教学观也在这两个理论的支撑下建立起来。课堂快乐作文教学成为当今中小学语文教育的基本构成成分,是课程实施的基本途径。在传统的作文教学定义中,人们经常的认识是,作文教学是教师面对学生讲解知识技能,然后学生进行掌握与操练,从而达到记忆和运用。教师的"教"就是把教材中的既定知识单向传授给学生;学生的"学"也是单纯接受教师讲解的知识,成为被动接受知识的"容器"。

对教师而言,作文教学成为一个控制的过程,也是传授知识的工具,导致教师只关心"达标"手段的选择,割裂了语文教育宗旨与作文教学手段之间的关系。对学生而言,学生鲜活的语文经历和体验被置之不理,自主性和能动性得不到施展。因此,传统意义上的作文教学忽视了教师与学生在互动过程中对知识的建构,导致知识和技能的生成性在机械的"传递—接受"中被埋没了。

新的语文快乐作文教学观主要体现在师生关系的转变上,要确立新型师生关系,构建融洽和谐的学习气氛。教师和学生之间的相互沟通与交流是快乐作文的核心要素,为此,师生之间会形成平等的而不是对立的、合作的而不是孤立的、对话的而不是单向活动的双主体的关系。可见,交往理论是快乐作文教学的教育学基础。

3. 建构主义是快乐作文教学的心理学基础

20 世纪 80 年代至今,建构主义思潮在国际教育界影响巨大,带来了教育观念上的重大发展,也为语文快乐作文教学的构建提供了心理学学习论上的支持。建构主义心理学认为,知识不是被动吸收的,而是由认知主体主动建构的:"知识在一定程度上能被传播,但传播的知识只有在它被重新构建之后,即得到了解释并与学习者的已有知识联系起来,才在各种情况下变得可用。"[1]建构主义者都认为学习不是行为主义心理学所说的单向的"刺激—反应"过程,也并非认知主义信息加工论所认为的学习是信息的输入、存储和提取的过程。教学是一个学生主动建构知识的过程,"情境""协作""会话""意义构建"是学习环境中的四大要素。

知识是一个意义构建的过程,它应该是灵活主动的。知识是在学生与环境相互作用的过程中建构起来的,是变化的,而不是一成不变预定的结果;知识不是外在于人的纯粹的僵死的信息,而且是包含着人的实践与创造,求知者不仅是旁观者、观察者与接受者,而是带着各自的价值目的与信念及独特的方式与知识对话。意义建构的灵活性和主动性决定了教师不能把知识作为预先决定了的东西灌输给学生,不能用教师、课本的权威压服学生,学生对知识的"接受"只能依靠它自己的建构来完

---

① 　[德]鲍利克(Pawlik, K.)、[美]罗森茨维格(Rosenzweig, M. R.):《国际心理学手册》,张厚粲译,华东师范大学出版社 2000 年版,第 236 页。

成,也就是说,学生要实现由外部刺激的被动接受者和知识的被灌输者到意义主动建构者的转变,教师也要由知识的传授者、灌输者转变为学生建构活动的帮助者、促进者。因此,从这个意义上,依托建构主义理论的快乐作文教学是学生在课堂上自主学习、师生与生生平等对话交流从而对世界意义进行建构的过程。

建构主义是改革传统作文教学的一次大胆尝试,它重视作文学习过程中小学生的主动性和建构性,主张作文学习中师生之间和学生之间的"协作""交流",主张建立宽松民主的教学氛围等。这些观点都为中小学快乐作文教学提供了必要的心理学理论依据。

三、快乐作文教学的独特优势

快乐作文教学,就是语文教师在作文教学过程中实施的以学生快乐和作文写作水平迅速提高为目的的教学方法。快乐作文教学过程是以学生为主体、学生参与教学的全过程。从制订作文的各种写作规划与规则开始,就体现了学生的主体作用。班级总体的写作规划与个人的写作计划相一致,依托教科书制订切实可行的自我写作计划,各类规则也都在教师的启发诱导下,通过全班学生认真讨论表决而制定,修改时也得全班同学讨论认可。

写作时一般都在课堂上完成,一节课 45 分钟,学生自己支配,下课统一交卷。教师只是帮助创造出一个风气正、热情高、富有拼搏意识的空间,并不时观察调控,保障写作活动顺畅完成。这很像一个班级作文竞赛的场面,这节课上学生的主体地位体现最为明显,教师的主导作用也不容忽视,二者相得益彰。

作文评改、赏析和写升格文也是以学生为主。学生依据适当的评改标准互相批改,多写赞赏鼓励性的言辞,多提合理化建议。对优秀典型作文的示范讲解与欣赏也以学生为主来完成。其间大家尽情发表见解,热烈争论。写升格文更是学生自己的事。教师仅是课堂各个环节的设计者与组织调控者,把握时机进行点拨,使整个课堂和谐愉快。有时,学生们关心同龄人对自己作文的评改意见胜过老师的评语。在一个学习和写作风气非常好的班级里,师生作文评语激励作用都很大。在整个快乐作文教学过程中,是一群主人翁意识强烈的孩子,在干自己乐干并决心干好的事。

写作是快乐的,是一种乐趣。教师为主导是快乐作文教学的又一个特征,从巧妙的督促到智慧的诱导,整个过程无处不体现教师的匠心独运,但是教师在整个快乐作文的教学过程中是名副其实的配角,在讲台上的时间与以往相比大大减少。更多的时间里是深入学生当中,当面指导,点拨启发,这种平易近人的作风深受学生欢迎。从与老师的许多亲切对话中,学生常认为他们是可以随意交心的大朋友。这与新课程改革对教师的要求是相吻合的。虽然站在讲台上的时间少了,但教师负担也不轻。从接触学生开始,教师对学生情况进行详细调查,到组织学生订计划和规则,组织写作活动,每一个环节都得精心设计。教师把学生引导到自觉自主的快乐写作阶段非常不易,当然付出和回报也是以往"满堂灌"型教师无法比拟的。

四、快乐作文教学的原则

自主性原则。制订快乐作文写作计划要学生自己做主,每学期初在教师启发督促下独立完成。明确每一篇作文写作时间、地点,充分体现学生是作文写作的主人。一旦计划制定好,学生个人的主人翁意识与责任感就更增强了。明确自己该做的事儿,开始进行精心研究和准备活动,以备将来写作时的需要。

1. 快乐性原则

教师通过良性的暗示让学生们达成这样的共识,制订计划与完成计划都是显现自己文学智慧、语言能力的过程,整个过程和结果都会饱含成功的感受,会不断增强学生们的自信心和乐观向上的热情。

2. 需求性原则

需要是智力训练的启动力,并且是信息输入和输出起主要影响作用的情感。需要的意识越强烈,智力的发展潜力就越大;当需要的意识减弱时,智力活动就会随之减弱。作文是一项训练学生智力及其他能力的活动。一方面,它能够提高学生的人格素质;另一方面,它能够提高学生的观察、记忆、逻辑、想象、操作能力,并能最终诱导出人类最高的创造能力。因此,适当地把握住需要这一情感因素,就会引起学生的感情共鸣,从而完成作文的真正目的。

3. 参与性原则

计划的制订是在教师的指导下完成的,大家进行充分的讨论,充分交换意见,指出计划中的优点与不足,符合研究性学习的特点。全班同学人人参与,或分组讨论研究,能够使计划日渐成熟完善,便于操作执行,制订者可集思广益,博采众家之长。

4. 生活性原则

"生活是创作的源泉。"这句话既是文学家的座右铭,也是学生习作的重要原则之一。试想,如果没有生活的积累,没有现实的触发,学生能迸发出思维的火花吗?学生写作的源泉唯有在贴近自己生活的土壤中产生。因此,作文的广阔背景应是现实生活。快乐作文应当千方百计地鼓励和支持学生投身生活,开阔视野,发展兴趣爱好,关心不断涌现的新人新观点,从而沟通日新月异的社会生活。体现在具体的作文训练上,我们首先要让学生接触事物,激发他们的作文情绪,产生强烈的作文冲动,调动他们的信息贮存,唤起他们的有效记忆,然后开启写作的灵感之门。

5. 发展性原则

学生一个学期的写作计划,体现了学生整个学期的写作水平提高和对事物认识能力发展的过程。看到计划就能体悟到编辑教科书专家们的良苦用心。如以人教版八年级下 7 篇作文的写作计划为例。第一篇其一是为母亲写一篇小传,其二是以"妈妈您听我说"或"母亲"为题写一篇作文,二者选其一来写。第二篇是以"我心中的春"或"在这个不寻常的春天里"为题写一篇作文。第三篇是尝试写一篇科学小品或科学童话。第四篇是以"我的家乡节"为题,写一篇 600 字左右的文章。第五篇是选择你最喜欢的诗歌作品,为它写一篇三五百字的赏析文字。第六篇是写一篇游记,介绍家乡的风景名胜、人文景观。第七篇是自拟题目。"母亲""春天""小品""家乡的节日""古诗赏析""家乡游记"等文章从不同方面拓展学生的文学思维,体现了新颖的教学理念,遵循了发展性原则。

五、快乐作文教学的策略

快乐作文教学一经问世便引起了很大的反响,它对于传统作文教学产生了重要的冲击和影响,但是快乐作文教学在实践过程中也存在着一些问题,同样值得我们去反思。首先,尊重学生自我,通过深入生活、细心观察、创设情境,学生找到自己所需要表达的内容,然后有了一种强烈的要说出来的感觉,并且把这些内容写出来,从而产生快乐的心理体验。另外,再改变以往的批改作文的方法,使学生真正享受到作文带来的快乐。

1. 深入生活,乐于表达

"生活是创作的源泉。"没有生活的积累,没有现实的触发,学生怎能迸发出思维的火花? 学生写作的源泉唯有在贴近自己生活的土壤中产生。快乐作文就是千方百计地鼓励学生观察生活中的一草一木,开阔视野,发展兴趣爱好,关心不断涌现的新人、新事、新观点,并把这些记录下来成为自己写作的素材。

比如春季学期开学时,作文老师让学生去校园的花圃中寻找春的踪迹,孩子们和大自然特别容易接近,很快他们就发现了校园里的迎春花。在万物凋零、寒意料峭的初春时节,孩子们有的用手轻抚那嫩黄的花朵,有的俯身去嗅花的味道,还有的在细细观察花的叶和茎,每个学生脸上都洋溢着找到春的喜悦。作文很快交上来了,就连平时最怕作文的同学也写出了《迎春花儿开》这么美的题目,并把自己观察到的点点滴滴细细描绘出来,读来令人欣喜。更多学生能从"迎春花儿"不畏严寒、只把春来报的品质中领悟到现实生活中还有很多具有这种品质的人,由物到人进行联想,进行评价。

一次作文课过去了,留给学生们的却是美好的回忆,他们在教师创设的情境中充分放松自我,尽情放飞思绪,认真观察生活、体验生活,激发起情绪,有创作的欲望,从而写出有真情实感的作文来。

在作文教学中,教师的引导应该是适度、适时和得法的。讲得过多,面面俱到,会妨碍学生创造性思维的发挥;讲得过少,如蜻蜓点水,起不到多大作用。只有让学生深入生活,用心观察,投入讨论,变"一言堂"为"群言堂",让学生主动参与、广泛加入,才能增强兴趣、活跃思维,才能快乐地写出贴近生活的习作。

社会生活异彩纷呈、变幻莫测,但课堂时间有限;课本中反映现实生活的作品又少,只有带领学生涉猎课外,才能拓展视野、增强兴趣。生活中处处有美,只要用心就能发现,就能有所收获。

学校附近新建了体育广场,请来戏班子演戏。学生对此有些陌生也很感兴趣,于是作文老师组织学生来到广场。看到崭新的健身器材,载歌载舞的表演者,喜上眉梢的人们,同学们东一群、西一簇,边走边看。有的还在向群众询问,有的不时在笔记本上记录着什么。当一朵朵烟花在夜幕中开放时,每个同学的脸上都笑开了颜。回到教室,学生汇报了观察到的材料,老师帮助他们进行了分类。这样,学生的兴趣提高了,作文思路也畅通了,下笔自然有神了。这种先观察再讨论,说与写相结合的方法使学生明白了作文的目的,集思广益,获得了许多可写的材料,也受到"谋篇"方法的启发,作文变得不再是难事了,学生也由"怕写"变为"乐于写"了。

2. 创设情境,激发热情

快乐作文要求学生充分放松自我,充分投入到教师创设的情境中来,观察生活、体验生活、激起情绪,有创造的欲望,从而写出有真情实感的作文来。

在阅读教学中创设情境,适时进行作文指导与点拨,往往能起到事半功倍的作用。如学习朱自清的《背影》,通过声情并茂的朗读与细致的探讨,大家沉浸在浓浓的父子之情中。然而作为新时代的青少年,虽然被父母深深的爱包裹着,但大多数同学认为理所当然,很少真切地体验到父母的拳拳爱子之情。教师要让学生明白对"背影"的成功描写来自对父子情谊的细心观察和深刻体验。趁热打铁,布置问题:现实生活中,你的亲人为你所做的,有没有这样一个眼神、一个微笑或者一个特定的动作,让你一想起来就心潮起伏,难以忘怀呢?请你用恰当深情的话语讲给同学和老师听。

一石激起千层浪,一个同学很快站起来激动地说:"我的妈妈去世得早,是爸爸把我拉扯大,对我的生活学习关怀备至,总怕缺少什么。每天我放晚自习回家,他都在村口等我。可我总嫌他话太多,有时还埋怨他。现在想想自己真不应该这样。"

另一位女同学接着说,她有一次生病时,天黑路滑,她爸爸坚持背她上医院,几次差点摔倒。伏在爸爸的背上,她眼泪直流,爸爸还鼓励她,要她坚强些。讲着讲着,她的眼睛又红起来,同学们听了,个个都动了容。

学生很快进入到情境中来,并有了强烈的想要表达的欲望。至此,作文老师适时地说:"'可怜天下父母心',不管是父亲还是母亲,绝大多数对自己的子女都充满着爱,而且这种爱是无私的、真挚的、深沉的,完全是发自内心的一种无与伦比的爱。请大家用手中的笔记录下父母对你的一点一滴的爱,抒发你内心的感动与感激之情。"

这样的作文课让学生及时把他们内心所想写下来抒发人间亲情,学生能不兴趣盎然、全心投入、挥洒成文吗?

3. 体验成功,获得快乐

兴趣就是对某种事物积极的情绪。兴趣的产生,往往源于成功。因此,提高学生作文的兴趣,首先就是要让学生体验到成功的快乐,让学生拥有一种成就感。

如何让学生拥有成就感呢?

首先,教师要给学生一个锻炼写作的广阔空间。教师要努力更新作文教学观念,不能将写作局限于一种文体或特定的要求中,教师要尽可能运用一切手段来拓宽学生的选材范围。可以让学生写一些应用性强的文字,如每年春冬两次运动会是学校引人注目的大事情,"宣传组"需要大量即兴广播稿,以震声威。作为一名作文老师要抓住广大学生既从心里佩服运动员为班级、为学校争光的拼搏精神,又有写成文稿在广播里播送的欲望。教师应通过精心指导、及时鼓励,帮助他们踊跃撰稿,投递到"宣传组"播音处。大家你一篇他一段的文章诗歌纷纷被播出,为运动员鼓了劲、加了油,也为运动会添了彩。大部分同学都投了稿,有的同学甚至有几篇稿子被录用播出,那高兴劲儿真是溢于言表。这一举动既锻炼了学生的实地观察能力、分析判断能力,也培养了学生即兴写作的能力,让他们体验到成功的快乐,也突出了学生的主体地位。

其次,及时展示学生作文成果。学生每一次作文写完后,总有一种对成功的企盼。教师不仅要教学生学会作文学会表达,更要让学生体会到成功的喜悦,因此教师要善于发现学生作文中的亮点,及时展示其优点,让学生充分感受到成功作文的魅力。每一次作文后,由多种渠道评选出优秀作文。摘录下精彩片段,并及时评讲,在课堂上由学生本人或教师朗读,当众表扬。学生通过反复激励与比较,收获写作的喜悦,自然更乐于写作。

教师还应鼓励学生向各级各类文学社投稿，即使是校刊，但学生看到自己的作文由电脑打印并装订成册后还是特别欣喜的，从而能够极大地调动学生的写作热情，感受到写作的乐趣。

4. 同批互改，享受快乐

心理学家研究表明：新奇的事物比刻板的、多次重复的、千篇一律的刺激更容易引起人们的注意。传统作文的批改，往往只是教师单方面在努力，作文看一遍打个分数，写几句评语，发还给学生之后就没有了下文。教师累得无话可说，但学生对老师的"辛勤劳动"是丝毫不领情，师生之间没有了联系的纽带，也缺乏必要的沟通与交流。

我们认为要正确地对待每一篇学生习作，因为每一篇作文都是学生的心血，要学会欣赏学生的作文，因为欣赏更易于通达学生的心灵，让学生享受到尊重、理解与快乐。学生作文完成后，首先让他们自己边"读"边改，自己读起来比较满意了，这篇文章也就有点味道了。然后按学习小组轮流批改，一个人的作文在四人小组里有其他三个人批改，意见很多，修改也很多。有时候改得"面目全非"了，这篇作文也就臻于成功了。教师这时再参与评判，提出意见后让原作者修改，文章也就趋于完美了。这样改出来的文章，学生怎么还会忘记？以后碰到类似的文章，写起来也就相当容易了。

在学生互批同改的活动中，教师绝不能撒手不管，而是事先做好批改指导。要求学生拿到一篇作文，首先，综观全篇，整体评判，包括体裁、中心、选材、结构、书写，等等。其次，着眼局部，重在推敲词句，表达方式和修改方法的运用以及标点的选择，等等。这样具体指导使学生有步骤有目标地进行作文修改，减少了学生东一榔头西一棒的修改，也降低了学生修改的难度，让学生从修改中体会到作文课的趣味性，享受到作文教学的快乐。

快乐作文还给学生一方自由广阔的天地，给学生设置一种崭新的学习氛围，充分肯定学生的主体性作用，让他们感受到写作带来的发自内心深处的成功体验。从而调动他们的兴奋情绪，引起他们的写作冲动，写出一篇篇流露真情的文章，切实提高了学生的写作能力。当然，要做到以上几点，还必须做更多细化的工作，师生都必须付出更多的努力。为了获得作文教与学的成功，这些都是值得的。

六、快乐作文教学的价值与意义

1. 快乐作文教学,切合课改,引领方向

新课程改革主张教学中充分以学生为主体,充分发挥他们的主观能动性,学习上采用自主、合作、探究的形式,积极开展综合性学习。快乐作文教学符合《语文课程标准》中提出的"写作要感情真挚,力求表达自己对自然、社会、人生的独特感受和真切体验","多角度地观察生活,发现生活的丰富多彩,捕捉事物的特征,力求有创意地表达"。① 教师的主导作用尽量得到发挥。他们在教学中应扮演的角色是:设计者、指导者和信息源、促进者、组织者和管理者、伙伴、帮助者、反思者与研究者。整个教学与学习活动一改以往传统教学中的以教师为主体,学生是从属地位的局面。变学生是主体,教师是配角。快乐作文教学的整个过程中无不体现着学生是主体,教师为主导的特征。在充分发挥学生的独立性与主动性的同时,科学地引导他们合作探究式学习,使研究性学习的思想落到实处,这与新课程改革理念相一致。它所体现的特色正是当代作文教学发展的方向。

2. 快乐作文教学,操作性强,易于推广

快乐作文教学自始至终都有固定的套路,却并非僵化不变的,是一种可操作性强的作文教学形式。接纳采用快乐作文教学模式,合乎当前作文教学前进的步伐。并且教师和学生容易理解,做起来简便轻巧,见效很快。实际应用过程中也深受学生和教师的喜爱。从效果明显上看,可以推断它充分地化解了当前作文教学走入误区的症结,解决了作文教学质量普遍不高这一瓶颈问题。又由于它与新课程改革的精神相契合,体现先进性,确实值得借鉴与推广。教师们需解放思想,勇于适应改革,使作文教学能够更加科学地向前发展,真正建立起民主、和谐、平等的师生关系。对这种可操作性强,易借鉴又易于推广的作文教学形式认真采纳与实施,可适应未来严峻的作文教学形势。国家改革开放力度加大和经济的迅猛发展将更促进人们思想观念的深刻转变,促使教育教学方式

① 中华人民共和国教育部:《全日制义务教育语文课程标准》,北京师范大学出版社2011年版。

的深刻变革。语文教师更应迎头赶上,不能墨守成规、止步不前。因为,徘徊彷徨日久,机会就会擦肩而过。

3. 快乐作文教学,学生快乐,教师轻松

快乐作文教学模式解决了传统作文教学所难以解决的一线语文教师总处于学术高原期这一令人痛心的难题。长期以来,由于学生课业负担重,教师的负担也重,致使师生均身心疲惫。学生的学业成绩普遍不够高,得不到家长与社会的广泛认可。更可惜的是,虽然教师长年与学生为伴,与知识相随,却不常愿意拿起手中的笔,写出自己的经验与心得。校园生活中涌现出来的各种鲜活有益素材,教师也往往熟视无睹。最终,并没有如人们期望那样创造出丰硕的研究成果。这些都是传统作文教学体制下出现的"怪事"。而快乐作文教学改变了这一切:它解放了学生,让他们尽可能释放以前难以释放出的创造激情,作文水平普遍提高,能力迅速增强;它又解放了教师,使教师不用再搬那总也搬不尽的"作文大山",自己作为反思者、研究者的身份更为明确,更有精力与热情撰写出一篇篇有价值的学术文章来,真正收获丰硕的研究成果。这是每位教师都梦寐以求的事。是的,一旦快乐作文教学实现自动化,教师就会从繁多而漫无边际的教育教学事件中跳出身子,以一个研究者的目光科学地审视这些现象,逐渐归纳总结出规律性的东西,形成自己的学术见解。

这些经验与思想是从实践中总结出来的,具有借鉴价值,更容易被采用和推广。语文老师会庆幸自己持久地开展快乐作文教学,因为走出个人学术上的高原期已不再是难事。快乐作文教学能激发出师生双方各自巨大的潜能,实现真正意义上的教学相长和真正的互利双赢,是广大语文教育工作者、党和政府、社会各界共同期望看到的结果。

快乐作文教学模式的建构给处于高原状态的作文教学研究开辟了一块崭新的天地,尽管其仍有诸多有待深入研究的方面,相信随着新课程改革以及作文教学改革的进一步深入,随着广大语文教育工作者对快乐作文教学模式的日益探索和应用,快乐作文教学模式的研究必将给作文教学研究和作文教学实践增添蓬勃的希望和活力。

第十节　文化作文教学模式

《普通高中语文课程标准》指出：“工具性与人文性的统一，是语文课程的基本特点。”①新课标要求语文课程应致力于学生语文素养的形成与发展。谭蘅君老师提出了文化教学理念，即以培养学生的文化人格为根本，以直击“最短教学”为核心，以素质教育与应试教育结合为重点，在立体的教学环境中，用文化熏陶学生的灵魂，营造校园的文化气场。在写作领域，他是文化作文理论的创建者、探索者和实践者。他发起并申报的“文化作文与文化教学研究”课题已被中国教育学会立项为国家“十一五”科研规划课题。奋斗在创作或教学第一线的莫怀戚老师、侯识河老师和余风老师也纷纷提倡和支持文化作文的教学与普及。文化作文的研究还处在一个新生的阶段，对其深入的定位和教学模式建构的研究略显不够。因此，本文拟在前辈研究的基础上，结合学生作文，尝试为文化作文定位，并且建构一个比较清晰的具体的文化作文教学模式。

一、文化作文教学提出的背景

中华民族源远流长，在历史的长河中，我们的文化星光璀璨。但是，在我们的文化教育领域，特别是作文教学方面，我们面临着学生作文假大空盛行、形式重于内容、人文精神严重缺失的尴尬局面。基于这一现象，我们在深刻反思的基础上，提出了文化作文教学模式的建构。

（一）传统作文教学的弊端

《普通高中语文新课程标准》指出：语文是最重要的交际工具，是人类文化的重要组成部分。工具性与人文性的统一，是语文课程的基本特点。反思我们的传统作文教学，我们过于注重作文教学的工具性，而忽视了作文教学的人文性，从而使对学生的写作要求与其写作能力背道

---

①　中华人民共和国教育部：《普通高中语文课程标准（实验稿）》，人民教育出版社2003年版，第1页。

而驰。

1. 作文数量泛滥成灾，人文精神缺失

我国的高考语文试卷(以全国卷为例)总分为 150 分，其中作文的分值占到 40%。中考试卷因不同地区分值比重有所不同。以浙江省为例，2009 年杭州地区中考语文试卷总分为 120 分，作文为 40 分；宁波地区中考语文试卷总分为 120 分，作文为 50 分；温州地区中考语文试卷总分为 150 分，作文为 60 分；绍兴地区中考语文试卷总分 150 分，作文为 70 分。通过以上数据，我们明显了解作文教学在我们中学语文教学中的重要性。但是，在实际的教学中，学生对写作不感兴趣，教师对写作教学无从下手，为了提高作文分数，不得不使用"勤学苦练"的方法。宋代陈师道在《后山诗话》中说："永叔谓文有三多：看多，做多，商量多。"传统语文教学提倡作文要多做，是符合从写作实践中培养写作能力的规律的。① 然而，每周一练，到每天一练，我们片面地以写作次数，甚至是写作字数为基础，妄想由量变促成质变。这种做法使学生疲于应付，形成讨厌写作的恶性循环。于是学生从作文书中去"借"片段，甚至"借文章"来完成老师布置任务的现象层出不穷。长此以往便滋长了他们说假话、说空话并盲目依赖作文书的不良习气，而作文的人文精神严重缺失。

2. 教学流程枯燥乏味，文化氛围单薄

著名语言教育家张志公先生说过："语文教学在普通教育工作中恐怕算得上是一个'老大难'，而作文教学恐怕又是语文教学中的一个'老大难'。换言之，作文教学是'老大难'的'老大难'。"② 众所周知作文教学难上加难，我们的教师苦苦寻觅仍然找不到一条作文教学的康庄大道，唯有遵循着几千年以来的教学流程。上课时将问题直接抛给学生，用陈年旧例"帮助"学生打开思路，草草讲解以后立即让学生动笔。改作文时花两三分钟扫视豹头凤尾与过程。讲评时拿出两三篇学生佳作，学生集体读和个别读后完成整个教学流程。这样的作文教学流程，一方面枯燥乏味，引不起学生的习作兴趣，甚至会致使其厌恶情绪；另一方面教师的作文评价会给学生不良暗示，作文只重视开头结尾而忽视过程，重视形

---

① 许令周、张佳佳：《对传统作文教学的审视》，《语文教学与研究》2006 年第 35 期。

② 张志公：《作文教学·序言》，新蕾出版社 1984 年版。

式而忽视内容,从而使学生的作文缺乏人文关怀,千篇一面,个性缺失,内容单调。

3. 作文范围狭窄单一,人文底蕴不厚

我们学生的生活单调,三点一线间他们失去了了解更新、更深层次外界事物的机会,而缺少名著的阅读,使他们的人文素养得不到更好的提高。于是,他们在写作文时,遇到师生感恩题材,无非就是夜半窗前的烛光、生病坚持讲课的苍白脸色、课后循循善诱的促膝长谈等;遇到同学难忘题材,无非就是难以说清的误会、搬家转学后的遗憾、生日收到的珍贵礼物等;遇到理想议论题材,无非就是就用张海迪、陈景润等的旧例……甚至一些教师,在教学备课时也将各种题材进行分类归纳,规定什么样的文章一般用哪些材料以及如何将这些材料串联起来。这种机械的训练模式,培养出的学生写作能力就可想而知了。而在这种模式下产生的作文更是缺少文化的滋养,内容俗套,文化底蕴尽失。

4. 作文质量滥竽充数,文化涵养不足

我手写我心,作文是我们表达自己思想的一种方式。我们教师在作文教学上常常教学生背诵大量的美文佳句化用到自己的文章中。这种方法本身并没有错,甚至可以说是提高学生作文内涵的一条捷径。但是,在实际习作过程中,由于过分注重作文词句的华美而忽视了整篇作文的核心——思想。缺少了思想的作文,就如灵魂游离了身体,空洞单薄,同时给人人云亦云的感觉。这就是钱林波先生极力反对的"伪文化作文"。他认为这是一种人文分离,主体缺席,对当下生活的集体漠视与失语。[①] 很多学生根据市面上的优秀作文、满分作文等书籍进行仿写,产生了很多笑话。一位学生模仿一篇佳作描写果树,写出了《我爱故乡的杨梅树》:"春天开出了美丽的花,夏天结出青青的果,秋天果子成熟了,冬天杨梅树落光了叶……"违背客观事实的描述,让我们啼笑皆非的同时,不得不静心思考学生视野的狭窄。在传统作文教学的模式下,我们学生一味地被动地模仿,从而失去了挖掘灿烂文化内涵的能力和动力。作文内容不实,语句无序,段落杂乱。作文教学走向尴尬的境地。

---

① 钱林波:《审视"伪文化"——关于中学写作教学的又一种异化》,《语文教学通讯·高中刊》2006年第4期,第41页。

(二)新课标写作教学的理念

2001 年和 2003 年教育部分别颁布了《全日制义务教育语文课程标准》和《普通高中语文课程标准》,两者对中学写作教学提出了新的理念。

1. 写作前提:写作主体回归

学生作文假大空盛行的深层次原因是写作主体的缺失。新课标实现了写作主体的回归,并且将这种理念贯穿于写作教学的全过程。它提出"为学生的自主写作提供有利条件和广阔空间",提倡自主拟题、实践写作、自改互改作文等写作方式。最有代表性的是小学低年级"写话"作文观念的提出:"对写话有兴趣,写自己想说的话,写想象中的事物,写出自己对周围事物的认识和感想。"这个要求重在培养学生的写作兴趣和自信心,让学生不拘形式,自由表达而文化作文的前提正是积极呼唤写作主体的回归。

2. 写作基础:大量阅读积累

新课标明确提出:培养学生广泛的阅读兴趣,扩大阅读面,增加阅读量,提倡少做题,多读书,好读书,读好书,读整本书。通过大量地阅读积累丰富的写作素材和题材,为学生的写作创新打下扎实的基础。新课标在阅读要求上以具体的数字和书目强调了大量阅读的重要性。《全日制义务教育语文课程标准》规定九年课外阅读总量应在 400 万字以上。《普通高中语文课程标准》以附录的形式对古今中外的优秀作品做了一个推荐。文化作文在写作上需要通过大量的阅读来支撑文化底蕴。从另一角度来说新课标所倡导的阅读理念也是一种文化教学理念,反映在写作教学上呈现的便是作文文化教学。

3. 写作源泉:丰富生活实践

叶圣陶先生曾经说过:"写作材料来源于整个生活,整个生活时时向上发展,写作材料会滔滔汩汩流注出来,而且是澄清的。"[①]创作来源于生活,并高于生活。新课标在写作实践理念上提出了:"学会多角度地观察生活,丰富生活经历和情感体验,对自然、社会和人生有自己的感受和思

---

① 中央教育科学研究所:《叶圣陶语文教育论集》,教育科学出版社 1980 年版,第 225 页。

考。"文化作文素材不仅来自于书本经典读物,而且来自于生活实践。新课标的实践理念为文化作文的提出奠定了基础。

4. 写作主导:提倡个性创新

新课标颁布与实施中最大的一个特色就是对创新的不断追求。写作教学更应以展现个性、创造性为主导。这是改变学生作文假大空现象的重大举措,更是新世纪培养创新性人才的急切需求。新课标"力求有个性、有创意的表达,根据个人特长和兴趣自主写作"强调了写作中张扬个性的意识,主张根据个人特长和兴趣自主写作,创新写作的要求。个性写作、创新写作是文化作文的高要求体现。

5. 写作根本:彰显文化素养

"语文是最重要的交际工具,是人类文化的重要组成部分。"新课标第一次明确地将"工具性"和"人文性"列为语文的两大属性。同时对语文教育的文化熏陶提出了更高的要求。在写作教学上,更是提倡文化作文。

在"前言"部分,新课标提出了:语文教育应该而且能够为造就现代化社会所需的一代新人,即具备良好的人文素养和科学素养,发挥重要作用。

在"课程性质"中,强调语文课程是工具性与人文性的统一,并致力于学生语文素养的形成与发展,为终身学习和有个性的发展奠定基础。

在"课程理念"中,新课标特别强调了"情感态度与价值观"和课程的育人功能:"关注学生情感的发展,让学生受到美的熏陶,培养自觉的审美意识和高尚的审美情趣,培养审美感知和审美创造的能力。"审美感知和审美创造的能力的起点和终点应该充满人文要素,它也是培养高尚审美情趣的基础。

在"课程目标"中,要求通过语文实践,各要素融汇整合,提高语文素养;通过阅读和鉴赏,体会中华文化的博大精深,追求高尚情趣;选读经典名著,与文本展开对话,探讨人生价值和时代精神,并吸取其养分,树立积极向上的人生理想;增强文化意识,重视人类文化遗产的传承,尊重和理解多元文化,关注当代文化生活,学习对文化现象的剖析,积极参与先进文化的传播和交流。

在"必修课程"中,新课标要求学生不断充实精神生活,完善自我人格,提升人生境界;陶冶性情,涵养心灵,努力探索作品中蕴涵的民族心理和时代精神,了解人类丰富的社会生活和情感世界。在"选修课程"中,要求学生丰富自己的情感世界,养成健康高尚的审美情趣;从优秀的小说、戏剧作品中吸取思想、感情和艺术的营养。

在"实施建议"中,要求教学活动应该重视语文的熏陶渐染作用和教学内容的价值取向。

从以上细化归纳中,我们可以看出语文课程对文化的传承和人文素养的培养始终作为一条主线,贯穿整个语文新课标的始终。这条主线折射出我们的写作教学必将走上文化写作之路。

二、文化作文的写作

1. 文化作文的定义

对于文化作文的定义,学术界和教育界还没有达成一个明确的概念。一些学者和一线教师工作者对文化作文提出了自己的看法。

创建文化教学与文化作文新理念的谭蘅君老师对文化作文做出以下定义:"文化作文,教会学生用文化的眼光审视话题,用文化的材料表现话题,用文化的意蕴丰美话题,用文化的笔法写作话题,用文化的思辨挖掘话题,用文化的品位提升话题。文化作文,追求深厚的文化底蕴,深刻的文化认知,丰沛的文化精神,较高的文化品位,鲜活的文化生态,时尚的文化前瞻,灵性的文化体验,独特的文化风情,生动的文化特质,丰美的文化语言。学生在写作过程中,积淀与传承中华文化,内化为文化精神,并从文字的表述中呈现出来。"[1]

重庆胥克平老师认为"文化作文"一般指充满文化内涵,富有人文精神的文章。[2]

沈永生老师认为把文化积累有机地渗透于作文之中,把能反映不同国家、民族、地区、行业等的元素写进作文,有文化底蕴的作文就是文化

---

① 《文化作文与文化教学研究》课题组,中国教育学会国家"十一五"规划课题《文化作文与文化教学研究》课题组课题邀请函,http://www. wenhuazuowenwang. com/Article/ShowArticle. asp? ArticleID=9。

② 胥克平:《教师文学修养研究·浅论"文化作文"中的文化突围》,见王世龙、张彦龙主编:《教师文学修养研究》,中国文联出版社 2008 年版,第 147 页。

作文。①

百度词条对文化作文也做了具体解释："文化作文"一般指充满文化内涵的文章,是把作文的根扎进文化的土壤,让作文在几千年文化长河中汲取营养,让作文的鲜花散发出文化的芬芳。这是厚重的文化向作文强势渗透,并在实践中使作文逐渐文化化后结出的硕果。莫怀戚教授说这是"中学生写作的文化化",我们就把这种富有文化色彩与深厚的文化底蕴的作文称为"文化作文"。这并不是说其他作文就没有文化,而是因为这类作文有强烈的传统文化气息。

概括以上学者和教师的观点,我们可以将文化作文做以下定义:文化作文是实现新课标真、情、实、新、人、文理念的科学写作之路,它是将外在的抽象的古今中外的优秀文化要素通过写作主体的主观能动性内化为写作者内在的具体的独特的人生感悟与哲思,并通过艺术的笔法呈现出的灵魂交流。

2. 文化作文的特点

文化作文深深扎根于肥沃的文化土壤,汲取千年的文化要素,散发出浓郁的文化芬芳,文化性和文化味是其最大的特色。

在构思上,文化作文将话题放到无比广阔深厚的文化背景上去审视、对比和碰撞。它用文化的眼光打量大千世界,用文化的心态叙述或议论自然社会的哲理,用文化的理性批判时代的虚假和丑恶,用文化的智慧表现真善美的价值观,用历史文化名人的言论或事迹,显示作者的文化积淀。

在内容上,文化作文承载着博大精深的中国传统文化和璀璨光辉的西方先进文化。中国传统文化以"周易"文化为中心发展成儒、道、阴、阳、法、名、墨、杂等诸子百家文化。以皇权至上为核心的文化下又产生了地方文化、饮食文化、教育文化、艺术文化、姓氏文化、养生文化等。西方文化由神学文化向哲学文化发展,进而飞跃到科学文化。在其曲折而快速的发展进程中为后世留下了不计其数的文化遗产。文化作文正是将这些文明内化生成新的文化。

在语言上,文化作文充盈着浓郁的文化气息和生动的文化特质。文

---

① 沈永生:《写"文化作文"要注意什么》,《中学生》2009 年第 8 期,第 18 页。

化作文用形象而浓厚的文化笔触去融汇各国各时期各地区的文化事迹。它"让作文穿上文化的彩衣",用文化的笔法去挖掘文化话题,表现文化素材,提升文化内涵。在具体实践中,文化作文将传统的修辞手法与个性手法结合,进行形式与文体的创新运用。

在思想上,文化作文蕴含着深刻的文化认知和灵性的文化交流。文化作文不仅仅停留在诗文、名句和历史时间的上面,它更是将文化要素联系实际、结合自身,从文化的主体意识和文化的主体精神出发来进行创作。文化作文除了展示深厚的文化积淀外,最重要表现的是其所折射出的文化内涵与人文光芒。

3. 文化作文的类型

(1)研究型文化作文

研究型文化作文是指用历史文化的眼光对某一事物或事件做出评点或溯源追究。该类文化作文对写作主体的文化积累要求非常高,需要通览古今,以学术的态度去刻画事物。例如:

> 古希腊神话里的普罗米修斯,付出沉重代价为人类盗取天火。在刀耕火种的时代,火曾经帮助人类建立了辉煌的功勋。当人类历史进入 19 世纪 60 年代的文明社会,圆明园的一场大火却暴露了人性的弱点,造成无法弥补的损失——这是历史车轮的倒退。或许,火本身是无辜的,纵火者才是有罪的。最初的盗火者是光荣的,后来的纵火者却是可耻的。神话是轻松的,人类的历史却是沉重的。我徘徊在圆明园的废墟上,回顾着那场早已熄灭的大火,觉得周围的空气仍然是发热的,脚下残破的基石,余温尚存。这块悲伤的焦土时刻灼痛着中国人的记忆。一代又一代中国人,都将面对废墟接受残酷的教育:美是需要建造的,又是需要保卫的,有时候保护美比建造美更难;但是,保护自己民族美丽的事物就等于捍卫尊严……①

洪烛的《圆明园》用历史文化的眼光追溯火对于古希腊和圆明园不同的意义,核心直指民族尊严。研究型文化作文对于中学生来说很有难度,短期内也很难有所突破,但这类文化作文应是每一个中学生努力的目标。

---

① 洪烛:《北京的前世今生·圆明园》,中国文联出版社 2002 年版。

（2）创作型文化作文

创作型文化作文包括诗文引用、情景再现、文言仿写和故事新编等具体的方式，目的是使作文语言充满张力，散发出文浓浓的文化底蕴。

诗文引用是指直接引用或化用古典或现代诗词佳作佳句于自己作文之中，给人以浓重的诗香氛围，使作文在考场上鹤立鸡群。如2005年陕西高考满分作文《四季，镌刻心灵的石碑》：

> 如果忘记是春天里消逝的冰层，那么铭记就是灼灼其华的桃花；如果忘记是夏季里落英缤纷的花瓣，那么铭记就是映日别样红的荷花；如果忘记是秋季里已无擎雨盖的荷花，那么铭记就是犹有傲霜枝的金菊。如果忘记是冬季里比西风更瘦的残菊，那么铭记就是傲雪独立、犹有暗香的雪梅！忘记和铭记本是同根生，相煎何太急？尽管有人说，"忘记意味着背叛"，但我却说为了忘记的铭记，为了铭记的忘记。

这位考生将古典诗词融入比喻和排比的修辞手法中，强调了忘记与铭记的辩证关系。在诗文的海洋中，议论不再枯燥、艰涩，经过时间洗涤而流传后世的名言警句将这对反义词汇和谐地融于一处。

情景再现是指通过诗化的语言将历史情景如怀旧画册一般再现于纸上，定格于人们的脑海之中。情景包括历史情景和诗词情景，其中历史情景又包括重大历史事件的情景、典型历史人物的情景、著名文学形象的情景等。如陶渊明的隐逸生活是很多考生学生喜欢描写的对象。运用情景再现法，有考生是这样描述的（2005年湖北高考优秀作文）：

> 一簇簇幽幽香菊在院子里静放，娇美的蝴蝶在花丛中翩翩起舞，山涧清泉一直流过家院门口；早上，雾色渐渐散去，透过微薄的阳光，一位老人拿着锄头，提着竹篮，向院中走去。"山气日夕佳，飞鸟相与还……"他吟唱诗句，步履悠闲地跨进了院子……他便是陶渊明。幽幽香菊与他为伴，下地耕耘自给自足。闲暇时，便以清泉沏上菊花茶，细细品味；农忙时，便与菊花枕相依，乐在其中。

通过香菊、山涧、早雾、清泉等象征隐逸的意象的刻画，一位洋溢着清闲与旷达，享受着农家生活的老者跃然纸上。

文言仿写对于写作主体的文言功底有一定的要求。它将现代的思想熔铸于古典的句式中,用时间和历史将文字加工成更为细腻、深刻、醇厚的艺术。2003年香港地区的满分作文《儒兵辩》是其中最具代表性的文章:

> 儒者,为人之道也。《礼记》曰"礼",《大学》曰"德"、曰"善",《孟子》曰"仁"。兵者,战伐之术也。《兵法》云"将""卒""攻""军",司马法曰"杀"。然儒者未尝不论兵也,《论语》载子贡问政于孔子,子曰"足食,足兵,民之信矣";《诗》曰"王赫斯怒,爰整其旅"。且兵者亦尝论儒之道也,《六韬》曰"仁之所在,天下归之"。然此二者见事异哉? 同哉? 吾试辩之。

《儒兵辩》全文气势开阔、议论纵横、底蕴丰厚,开篇提出儒道、兵道的不同特点及其联系,随后引出"是辩之"总起全文,同时表明写作目的。全文在仿写古言的基础上,时时呈现出作者自己的创新见解。

故事新编来源于鲁迅先生的第一本短篇小说集名,在这里是指写作主体将历史故事用现代的眼光和手法进行改编,并赋予其新的历史意义。2004年江苏高考考生对《孔雀东南飞》进行了改编:

> 当刘兰芝第五次回首的时候,泪还是忍不住落了下来,黑漆漆的门紧闭着,一如仲卿般冷漠,左邻右舍还在对她指指点点,议论着这个因不守妇道而被休的女子。可是,谁能知道她的苦衷? 当她还未出嫁的时候,不知有多少的好小伙儿到她家提亲:模样儿俊的,有钱的,有势的,为何选了焦仲卿? 他又黑又瘦,又没钱又没势,他凭什么娶到美丽贤淑的兰芝? 兰芝一遍遍地问自己。泪水渐渐模糊了兰芝的视线,曚眬中焦仲卿那老实敦厚的脸又出现在她的眼前。是因为看中他山一般的朴实沉稳吧!

这位考生通过一段兰芝的心理独白,向我们展示兰芝嫁给焦仲卿的原因:看中他山一般的朴实沉稳。这段独白用一个现代人的眼光来阐述兰芝的婚恋观,充实了原文对兰芝形象的刻画。

(3)活动型文化作文

活动型文化作文侧重写作主体对实际生活的亲历体验,通过细致生动的写作赋予社会实践活动民族和地方独特的文化气息。如在描写端午节时,2003年江苏考生费滢滢《人情与季节》给予我们的是这样一次文化洗礼：

> 前几天是端午，当我把去年的艾和菖蒲从门上拿下来，换上新的时，我听到干枯草木细微的碎裂声，闻到灰尘中混有的一种特别的香气，这是艾的味道。艾和菖蒲是两种具有特殊意义的植物，艾因为有浓烈的香气，被认为是辟邪之物，而叶子细长的菖蒲被当作神仙手里的宝剑，有青绿色的剑锋，可以用来斩妖除魔。记得小时候，每到端午，就看见每个回家的人自行车篓里都会放着束好的菖蒲和艾。而现在，我下楼时看见每个门口都空荡荡的，难道人们都忘了它们的含义？或者，只是觉得在每扇紧闭的门边摆放它们是件可笑的事情？

民俗文化是民族文化的根基。作者从端午挂艾和菖蒲的角度表现出国人对于民族节日的淡忘，结尾的两个问号像一口警钟在人们心中敲响。同时从作者简短的文字中，我们也读出了中华民族灿烂的文化遗产。

4. 文化作文写作过程

20世纪80年代初刘锡庆最早提出了写作行为的本质规律"双重转化"的观点。他认为写作首先是现实生活、客观事物向认识主体即作者头脑的转化，形成观念、情感，然后是作者观念、情感向文字表述的转化，即"物—意—文"的写作过程论模型。① 按照这个模型，我们将文化作文的写作过程分成三个阶段进行。

第一阶段是"物"的阶段，即积累时期。在这一阶段中我们要做好文化素材的收集积累工作，这也是我们写好文化作文的大前提。文化素材主要来自三个方面。其一来自经典书籍。先辈用不同的文字记载了人类的发展变迁，我们在书的海洋中要用智慧的双眼祛除糟粕，取其精华。其二来自生活实践。生活是作文材料的大仓库，用我们善于发现的眼睛去探索生活的奥秘。其三来自地方文化。不同地区有着不同的风土人情、民俗习惯，用探究的心态去发掘地域文化，终将收获满篮的文化芳香。

第二阶段是"意"的阶段，即内化时期。在这一时期我们要积极发挥

---

① 马正平：《高等写作学引论》，中国人民大学出版社2002年版，第31页。

主观能动性将前期积累的文化素材内化成我们自身的文化要素。这是实现文化作文的关键。我们主要通过两条途径来实现文化素材的内化——阅读与背诵。新课标强调了阅读在中学语文学习中的重要性，它明确了中学生阅读的字数和具体书目。"用阅读的广度展示你的文化底蕴，用阅读的深度展示你的文化底蕴。"①背诵是在阅读的基础上，选择优秀的篇目和段落，通过识记将素材根植于记忆深处，充实自身的知识体系。

　　第三阶段是"文"的阶段，即呈现时期。"文"的实现可以通过多种方式，下文将做详细的介绍。

三、文化作文教学模式的建构

　　文化作文教学模式的建构需要发挥教师、学生的主观能动性，有效利用社会、学校多种资源。

（一）文化作文的教学方法

　　1. 文献追溯法

　　文献追溯法是文化作文教学中最基本的一种方法。当写作主题确定之后，教师指导学生有效利用课程课本资源和课外资源、传统书籍资源和现代电子资源进行文化素材的收集。如以"莲文化的魅力"为主题，教师在课堂上以提醒的方式帮助学生回忆曾经学过的有关莲的诗文：周敦颐的《爱莲说》、杨万里的《晓出净慈寺送林子方》等。课后，教师提供多种渠道，如图书馆文献查阅、网上电子查询等，进一步扩充学生的素材库。学生经过浏览文献，整理出有效信息：南朝乐府民歌《西洲曲》、古诗十九首（涉江采芙蓉）、李白的《书怀赠江夏韦太守良宰》等诗词；莲的名称类别、品种分类、时空分布、个体特征、生理特征、园林用途、使用价值、繁殖培育方法等植物学知识；莲与佛教的故事；莲的歇后语，等等。

　　2. 综合活动法

　　综合活动法是学生在亲力亲为中向生活要文化素养，主要从三方面展开。其一，亲近自然，采撷乡土文化资源。通过文化考察的形式，亲近

---

　　①　周远喜：《让你的作文注入文化的厚重》，《高中》2006 年第 5 期，第 7 页。

大自然,使浓郁的乡土文化扎根于学生的生活之中,成为他们生长的元素、心灵的依托。其二,深入社会,了解社区人文资源。通过调查采访的方式,参与社区活动,寻找作文新的灵感点、情感点。其三,观察生活,捕捉动态文化资源。用眼睛去定格动态的生活,用文字去记载开放的情境。

3. 探究研究法

探究研究法的主体是学生,教师在其中起着"创设探究情境,激发探究欲望;抓住引导机会,解决探究疑难;创设交流平台,共享交流平台的作用"。该方法可以分成四个阶段来进行。问题阶段可以由教师根据具体的教学内容设置一个情景,激发学生的问题意识,自发提出问题,也可以由学生自主提出问题,自主思考。计划阶段,教师与学生共同进行人员分工,每个小组根据本小组的兴趣与特长选定探究方向,指定探究方案。探究阶段教师指导和帮助学生通过多种渠道收集相关信息,并进行信息的筛选、统计、分析。总结阶段,要求学生用文字或口头表达的方式表达自己在探究过程中形成的见解,教师做适当修改和指导。

(二)文化作文的教学过程

文化作文教学过程是建立在长期的文化教育基础上的,其教学流程不同于传统作文教学的课时安排,而是突破时间和空间的束缚,以生活化教育代替课时教育。

1. 文化意识培养

写文化作文必须具备文化意识,要时刻铭记用文化的眼光审视话题,用文化的笔墨提升话题。文化意识的培养是一项长期教育。教师在平时的讲课过程中就要有意识地对学生进行文化熏陶,使其养成文化要素积累的习惯。看到一个客体,要学会将其提升到意象的高度。意象是中国传统文化的母根之一,追求意象之美是骚人墨客的审美情结。恰当自如地运用意象,就是帮助写作主体用文化的眼光看待大千世界。如《雕琢心中的中国龙》一文中,作者以龙为中心展开一些联想。在龙的身躯上,我们看到气势雄伟的布达拉宫、金碧辉煌的天坛故宫、逶迤盘桓的万里长城、奔流到海不复回的长江黄河,这些意象代表着中国标志性建筑和景物;从龙的声音中,我们听到了《高山流水》《二泉映月》《十面埋伏》等传统经典音乐;在龙的思想中,我们树立了老子无为、孔子入世、荀子唯物、庄子唯心的思想体系;从龙的品质中,我们又看到了炎黄子孙孝、忠、廉、正的光辉形象。[①]

2. 文化思维训练

文化思维的训练,能够更有效地将文化素材转化成文化成果。我手写我口,我口说我心,通过创设一定的情境,激发学生的说话欲望,在多次练习中逐步提高学生的口头表达能力,同时培养学生的逻辑思维能力。强化说话训练,体现其在作文教学中的"磨刀"功能。再者,多写随笔式作文,发挥其在作文教学中"轻骑兵"的优势。教师要合理利用学生日记、周记和札记,指导学生尝试以文化的角度去诠释生活中碰到的凡人小事。

3. 文化作品评写

作文教学过程不仅仅是指写作过程,还应包括学生作品评赏过程。作品评赏是作文教学的重要环节,它是学生再创作的加油站。文化作文评赏改变传统作文讲评课教师唱主角的习惯,而是由写作主体和作品阅读者共同对作品进行修改、补充和再欣赏。在评价时,给予作者和阅读者相应的话语权,前者阐释自己的写作理念、写作灵感和写作方式,后者对作品的亮点给予肯定、赞赏,同时提出自己的质疑。在这一环节中,教师既可以作为一名普通的阅读者,也可以在争议问题上起一个引导、疏解作用。在大家共同再创作之后,对作品进行再赏析。

(三)文化作文的教学意义

在构建和谐社会,倡导学习型社会的大环境下,文化作文的提出有着重要意义。

对写作学科而言,写作是思想的外化,文章是思想的物化、固化和对象化。写作所赖以表达的媒介工具也就是文字符号系统,能更直接、更明确地将主观认知力和客观对象物联结起来。因此,写作和文化是密不可分的。文化作文的提出弥补传统写作理论对于写作教学实践的不足,

---

① 谭蘅君:《文化作文·意象运用技法》,重庆出版集团、重庆出版社 2009 年版,第27 页。

更新和提升写作教学的指导思想,同时它丰富并完善了中国写作学体系。[1]

对学生个人而言,文化作文能够帮助他们养成积累文化知识的习惯,树立崇尚人类文化遗产的信念,激发他们的写作欲望,在快乐作文中提升个体的人文素养。

对教师个体而言,文化作文的提出对教师的个体素养提出了更高的要求,教师不仅要加强充实自身的文化知识体系,而且要与时俱进,不断完善学科教学理念,在与学生的交往中,教学相长。

对整个社会而言,文化作文的提出,使全社会形成一种创新的氛围。在继承发扬传统文化的同时,以更加开放的姿态迎接西方文明。中西文明的交流融汇,终将形成一股更加强大的文化力量,促进人类社会的和谐发展。

文化作文教学模式的建构对于我们认识文化与写作的关系,明确文化作文定位,提高文化作文写作技能,掌握文化作文教学模式都有所帮助。

第十一节　乡土作文教学模式

乡土作文教学是以乡土资源、乡土文化为依托的一种作文教学模式。乡土作文教学拉近了新生代与乡土厚重历史文化的距离,把二者紧密结合在一起。长期以来存在对乡土认识的偏颇,对乡土作文主题理解的思维固化。乡土不仅是农村的,城市也有它的乡土;乡土作文也不是单一的歌颂褒扬家乡美,更多的是引导学生以及教师去思考关于乡土的方方面面问题,这其中有糟粕也有精华。我们要做的就是不断地思考,继承发扬乡土文化中的精华。

一、乡土作文提出的背景

得作文者得天下,作文在语文教学中的地位不言而喻。传统作文教

---

[1]　陶嘉炜:《写作与文化》,上海外语教育出版社 1998 年版,第 5 页。

学一味地注重作文精神反映的崇高,忽视了当地的既有的课程资源(写作资源)。而乡土资源就是被忽视的一笔巨大的财富资源。无论是教师还是学生对乡土资源都存在着或多或少的忽视。有些教师已经意识到乡土资源对作文写作的价值和意义,但是只停留在意识的阶段,并没有形成一种行动落实到对学生的作文教学中,或者不知道怎么去引导学生在作文写作中充分地运用乡土资源。没有专业的教师队伍组织实践乡土教材的编写,乡土资源没有得到充分的挖掘和重视。学生对乡土资源的理解也都是停留在最肤浅的表面。带来的直接问题就是写作教学的乡土特色难以体现,更难教出层次,教出体系,满足不同程度学生的需要。

大多数学者认为乡土作文只是针对农村学生作文没有东西可写的现状,农村孩子见识面窄,作文素材贫乏,没有什么事情可写,即使有,也是半真半假,为了写而写,写不出新意,按套路写。而广阔的农村蕴藏着多姿多彩的乡土文化资源,千百年的乡土文化、乡土风情,有它独特的风格,富有强劲的生命力,这对于土生土长的农村孩子来说,是享之不尽的资源,是得天独厚的条件。乡土并不是农村孩子特有的,每座城市都有它独有的乡土资源,这是本乡本土的范围,而不仅仅局限于农村。城市也有它的过去,有它的乡土情意,也有很多本土性的知识可歌可颂,不能忽视城市的本土文化。

根据《全日制义务教育语文课程标准》(2011版)提出的理念:"写作是运用语言文字进行表达和交流的重要方式,是认识世界、认识自我、创造性表述的过程。写作能力是语文素养的综合体现。写作教学贴近学生实际,让学生易于动笔,乐于表达,应引导学生关注现实,热爱生活,积极向上,表达真情实感。为学生的自主写作提供有利条件和广阔空间,减少对学生写作的束缚,鼓励自由表达和有创意的表达,鼓励写想象中的事物。加强平时练笔指导,改进作文命题方式,提倡学生自主选题。"这就要求写作的取材必须源于学生的生活,而每个学生生活的地方,是生活的源泉,每个人的家乡就是这种有利条件和广阔空间,为学生的写作提供无限的素材,也能使学生产生主体使命感,在作文的写作过程中做到有话可说,有话要说,有情可表,有情要表。乡土取材,更能贴近学生的实际生活,能提升学生对自我价值以及自己家乡的认同感。课程总体目标与内容中提出："认识中华文化的丰厚博大,汲取民族文化智慧。关心当代文化生活,尊重多样文化,吸收人类优秀文化的营养,提高文化品位。"乡土作文无论是从取材还是中华文化传承的大角度来说,都是人类优秀文化的重要组成部分。

二、乡土作文的阐释与写作

(一)乡土作文的含义

根据《现代汉语词典》解释,"乡土"就是本乡本土。本乡本土是指主体生存地域的本土性,但是这并不排斥城市的本乡本土性,并不是只有农村才有本乡本土的,城市也是有它的"乡土"。每个人生存的地域都有它的特殊性所在。无论是城市还是农村都有它特有的本土的东西,可以是风土人情,可以自然景观,可以是标志性的建筑物,可以是特定的节日,也可以是某位文化名人,只要是具有代表性的展现地域的特征的就是乡土的。乡土,就是具有典型性的地域特征;乡土,不是乡村和农村的代名词,它是地域独一无二的象征,城市也有它本土性的东西,专属于它的独特标志,所以乡土并不排斥现代化的城市,乡土是包括城市的乡土。

有学者认为:"乡土作文教学以乡土文化为源泉,以发掘和表现生活的真善美为主旋律,它使学生在特定的地域内,占有丰富的作文养料,获得真切的情感体验,因而能写出一篇篇鲜活感人的佳作。"也有学者认为:"乡土写作应该是作家在真实地介入到乡土生活之后,在对乡土生活有一个真诚的思考基础上,创作出的带有自己独特的思考痕迹的作品。"

我们认为,乡土作文就是以乡土资源为依托为基础,以观察、发现、体验为方式手段,以乡土资源作为作文的取材,让学生在作文的过程中获得对赖以生存的这片热土的敬畏和热爱,引导学生更多地关注家乡的发展,深入地了解家乡的古今文化,并在此基础上,致力于提高学生的语言文字表达能力,同时提高学生的人文素养为目标的实践性体验性作文形式。

(二)乡土作文的内容

1. 抒写家乡的自然风景

很多人的家乡都有许多令人沉醉的如画般的风景名胜,使他们魂牵梦萦、流连忘返,比如各种奇峰峻岭,它们可能是令世界瞩目的焦点,比如黄山,林涛云海,层峦叠嶂。黄山在 1985 年入选全国十大风景名胜,1990 年 12 月被联合国教科文组织列入《世界文化与自然遗产名录》,是中国第二个同时作为文化、自然双重遗产列入名录的。黄山生态保护完好,是中国的标志。黄山就是一个乡土写作资源的典型。可以写游记类的散文,可以写黄山的一个景点,可以以任何片段作为作文的切入点,但是文章必须体现主体的情感,也必须是有感而发,这是由写作的本质决定的。

2. 记录独特的风土民俗

特级教师于漪老师曾说:"民族文化是民族的根。乡土文化负载着民族文化,是根之根。"而乡土民俗是根的精髓是核心,它蕴藏着中华民族独特的灵魂,是一方人民在历史发展过程中创造出来的精神文明的结晶,它是物质财富和精神财富的象征。各地都有独特的风俗乡情,随着历史的变迁这些风俗民情都在慢慢打上时代的烙印,孕育着强大的生命力。

春节贴对联、放爆竹;元宵节观灯猜灯谜吃汤圆,全家人要吃团圆饭;清明节扫墓踏青;端午包粽子吃绿豆糕;中秋赏月尝月饼……这些农家传统节日各具特色、丰富多彩,但是并不会有农村还是城市的差异,大多数民俗风情无论是生活在城市中的人还是生活在农村中的人,都传承得很完整。

风土民俗也是满载智慧的,我国劳动人民在生产劳动中积累下来一系列的关于气象、物候、农事的谚语,至今仍为指导农事活动的生动教材,它是农民在生产实践中总结出来的农事经验。比如一些农业谚语:"今冬麦盖三层被,来年枕着馒头睡","庄稼一枝花,全靠肥当家"。这些农谚是劳动人民在长期的劳动实践中总结出来的。它仍旧是一笔宝贵的精神财富。

学生可以留心搜集这些农谚,许多民间俗语充满着智慧,满贮着真理,为我们的作文写作提供了宝贵的写作素材,用心体会这些农谚,问问家中的长者关于这些农谚的真伪,产生感情共鸣,让自己在其中成长,长此以往语言思维也会变得更加活跃,写作就如鱼得水、水到渠成了。

3. 赞颂家乡的古今文化名人

每个人的家乡总有那么几个名人,学生可以从探讨历史名人入手,写这些历史名人对家乡人民的影响、对家乡精神的影响;也可以写现代都市生活淡化了历史名人的历史氛围,人们对历史文化感悟的缺失、对家乡文化的漠视;也可以以史为鉴,多角度地谈论。这样乡土写作的内容既有料也不乏深刻度。如果家乡没有这样的历史名人,那就关注你身边的家乡人民。他们每天都在用双手创造、改变家乡,他们勤劳淳朴、奋发向上,他们就是当代的名人、伟人。一辈子以劳动为生,每到农忙时节,寂静了一阵子的农田顿时又热闹起来,家家户户都扛耙提锹、牵牛拉犁……春夏秋冬不停更迭,望着乡亲父辈们辛勤耕耘在这片家乡热土上,挥洒着汗水,就知道他们播种的不是一粒种子,而是希望,来年会收获希望的硕果。

学生参观访问,最好是亲身体验,让学生进入角色,用心体会生活的希望和劳动的艰辛,懂得珍惜今天的幸福生活,懂得感恩,真诚地赞美家乡的美丽和家乡人民的智慧。

4. 推介家乡的特色物产

家乡总会有那么点特色的物产,如天津的狗不理包子、北京的全聚德烤鸭、温州的鸭舌、黄山毛峰、六安瓜片,这些东西都是全国驰名的。但是也有一些只有本地人才知道的特产,合肥宿州路上的詹记蛋糕店,卖的小蛋糕和酥饼都是合肥人最爱的东西,你无论什么时候去,排队买蛋糕的人都让你望而生畏;合肥鼓楼桥下的芙蓉蛋卷滋味还是和十年前一样;安庆有名的炒米,金灿灿的米粒泡上鸡汤,这种吃法也只有当地人才懂得其中的滋味。还有的家乡总有那么点让人羡慕的野味。引导学生充分运用感官,观察、品尝家乡的特产,体验家乡特产的制作工艺,感受家乡物产的特色与丰富,引发对家乡的热爱之情。

5. 展现家乡的发展和变化

家乡总是在不断地变化着,在成长的过程中,如果留心观察身边不难发现:村里的那条路变得越来越平整和宽阔了;进出村里的车不再是拖拉机了,有各种小轿车和商务车;昔日杂草丛生的荒野如今成了一片片整齐宽敞的厂房;低矮的瓦房草棚如今变成了一幢幢高楼别墅;村里的父老乡亲不再闭塞得只知道种地干活了,他们也会在一起谈论两会的惠农政策;孩子们也知道上网了,透过互联网看世界的繁华。面对家乡的发展和变化,生活在其中的一员有没有作为一个思想者去思考这种变化?教师应该引导学生去关注、思考家乡的变化。思考是写作的前提,没有深度的思考就不会有优秀的写作素材，更谈不上写作的深度。以家乡变化为内容，激发学生用眼去观察，用心去体会，用笔去描绘，培养乡土情感。

（三）乡土作文的理念

1. 乡土写作"生活化"理念

乡土作文从取材到写作完成都是在践行生活式的教育理念，而这种生活教学教育理念源于陶行知先生的"生活教育"理论。陶行知认为："生活教育是给生活以教育，用生活来教育，为生活向前向上的需要而教育。从生活与教育的关系上说，是生活决定教育。从效力上说，教育要通过生活才能发出力量而成为真正的教育。教育的根本意义是生活之变化，生活无时不变，即生活无时不含有教育的意义。"陶行知提出乡村教育的内容应涉及生产教育、科技教育、健康教育、艺术教育、思想教育等方面，实施乡村教育要教学做合一，理论与实践结合，主张通过创办乡村师范学校培养能改造乡村生活的教师，活的乡村教育要用活的环境；不用死的书本，他要运用生活环境里的活势力，去发展学生的活本领——认识自然、了解自然、改造社会的活本领。乡土作文教学就是一种生活教育的具体化形式，也是一种乡村教育的细致化。学生在了解家乡的过程中，通过观察、体验等方式，就是一种参与到生活中的教育方式，在生活中所得到的东西会更加深入人心，把所学到的东西作为文章的写作素材，这样的教育方式就实现了双赢的局面。

2. 乡土写作"本土化"理念

石中英先生将本土知识定义为：由本土人民在自己长期的生活和发展过程中所自主生产、享用和传递的知识体系，与本土人民的生存和发展环境及其历史密不可分，是本土人民的共同精神财富，是一度被忽略或压制的本土人民实现独立自主和可持续发展的智力基础和力量源泉。而作为乡土写作的乡土资源就是所谓的本土知识。乡土知识和本土知识的产生都一样，是由生活在一定文化时空中的本土人民根据自己所处的独特自然和社会环境的要求所创造的。而这种本土性的知识或者说乡土知识也只是停留在小范围内传播，也只有在这种特定的文化时空中才能获得人们的认可。乡土资源就是这样一种本土性的知识，要充分挖掘隐藏其中的特殊的知识行为，写外人不知道的东西，取材就自然会有其独特性和新颖性,这也正是乡土写作的意义所在,让本土性的知识展现在更多人的眼前,让本土性知识在不同的时空留下痕迹。

3. 乡土作文的"文化化"理念

乡土作文是一种文学化、传统化、充满中华民族文化的写作,乡土作文是一种文化性作文的具体形态。那么什么叫文化呢? 在中国古代"文治教化"即礼乐和典章制度等。什么叫传统文化呢? 是指在长期的历史发展过程中形成的,保留在每个民族中具有稳定形态的文化。中国传统文化分为物质文化(自然、人文风景、历史典籍等)与精神文化(社会心理、风俗习惯、乡土民情等)。什么叫文化作文呢? "文化作文"是指充满文化内涵的文章,是把作文的根扎进文化的土壤,使厚重的文化向作文强势渗透,并在实践中使作文逐渐文化化后结出的硕果,莫怀戚教授说这是"中学生写作的文化化",我们把这种富有文化色彩与浑厚的文化底蕴的作文称为"文化作文",乡土作文就是以乡土作为写作的对象,取材于乡土的方方面面,这就是文化作文文化性的体现。这并不是说其他作文就没有文化,而是因为这类作文有强烈的传统文化气息。"文化作文"的实质是用文化的眼光审视作文的话题,用文化的意蕴使话题丰满,用文化的材料表现话题的深度,用文化的笔法写作话题,用文化的思辨挖掘话题,用文化的品位提升话题。乡土作文是符合文化作文实质的作文之一。

三、乡土作文教学模式的建构

为保证乡土作文教学的顺利进行,我们要明确几个问题,乡土作文教学究竟要遵循什么样的原则? 教师在教学过程中又要运用到什么样的教学策略呢? 乡土作文教学又有什么样的意义?

(一)乡土作文教学原则

1. 开放性原则

开放性原则是乡土作文教学的根本原则,开放性不仅仅是教师和学生思想上的开放,主要体现在两方面:一是对乡土资源内容的探究上,不能仅仅只局限某一方面,可能是农村的劳动,也可能是民俗风情,也可能是自然景观人文景观,也可能是乡土小吃;二是关于实践活动体验的对象、范围的开放性,体验的对象可以是任何乡土的东西,可以是简单地参与到农活中,可以是一次集体旅行,可以是参加一次集会游行,体验的范围不限于学校、教室、课堂上,家庭、社区、其他生活场所,无论是农村还是城市。

2. 体验性原则

乡土实践活动的体验方式具有多样性。学生的实践活动体验方式表现为自主选择、主动探究、自主实践等;教师的活动方式表现为创设情境、参与合作、指导帮助等。具体的活动形式包括组织学生参观、访问、调查、动手体验以及搜集信息,等等。

3. 自主性原则

在民主、和谐的教学氛围中,在良好的合作伙伴式的师生关系的前提下,鼓励学生主动参与、主动思考、主动实践,指导学生自主学习,自主探索,充分发挥其主体作用,使学生学会学习,学会创新。在乡土作文教学过程中,学生是主角,教师只是为学生做好铺垫,使学生充分发挥主观能动性,自主地投身于乡土作文的学习中。不论是从对乡土材料的占有上,还是后期对材料的处理中,都要充分运用自主性原则。

(二)乡土作文教学的策略

作文不是一门课,而是一个复杂的过程。加拿大《语文课程标准》阐述:写作过程,或者说是一篇优美流畅的作品诞生的过程,包含了一系列的步骤和艰辛的工作。而教师在其中付出的艰辛劳动是否得当就要取决于运用的教学策略。教学策略的运用直接影响着乡土作文写作水平的高低。

1. 转变乡土作文写作的观念

开展乡土作文写作关键是要转变教师的僵化的思维模式,要对乡土作文有正确的理解。乡土作文的写作很长一段时间都被局限在歌颂、赞扬家乡的大好河山和淳朴、勤劳的民俗风情上。大多数教师在关于乡土作文的问题上容易出现两个错误:一是对乡土的理解狭义化,以为乡土就是农村的,忽视城市的乡土性;二是对乡土作文主题的单一化理解,以为乡土作文是歌颂家乡的作品,是寄托思乡之情的作品。教师要转变以上两种错误的观念,才能正确指导乡土写作教学。正确引导学生理解乡土的概念,也启发学生去思考乡土的种种现象,乡土值得歌颂、赞扬的地方固然很多,但是也不能忽视乡土中不好的一面,例如封建性等,教师在教学过程中要进行积极的引导,引导学生关注乡土的各个方面,多角度的思考,要学会客观地思考看待身边的事物。

2. 激发学生的乡土写作的兴趣

伟大的科学家爱因斯坦说过:"兴趣是最好的老师。"这就是说一个人一旦对某事物有了浓厚的兴趣,就会主动去求知、去探索、去实践,并在求知、探索、实践中产生愉快的情绪和体验,所以古今中外的教育家无不重视兴趣在智力开发中的作用。在乡土作文教学中激发学生的兴趣也是必不可少的一步,教师要经常引导学生去关注乡土资源,关注乡土的人和事,启发学生透过现象看本质,深度思考。点燃学生对乡土文化的探究热情,挖掘学生感兴趣的点,把乡土写作幻化成学生的一种自发的行动,在实践中挖掘乡土作文的题材。

3. 全方位了解本地的乡土资源

教师要对乡土知识有一个系统的了解,一是通过搜集的资料和查看本乡本土历史典籍了解一些风俗民情形成的原因以及意义,客观分析这些风俗民情是否都是合理的,又有哪些已经不合时宜,分辨出哪些是糟粕哪些是精华。教师首先对乡土资源要有感性认识,然后还要跳出感性认识上升到理性认识,客观地对待乡土文化的方方面面。二是新生代的教师对乡土文化的了解比较肤浅,因此我们建议教师要寻访本土的老人,向他们打听乡土的一些并没有以书面形式记载下来的习俗和知识,并加以记载,再对已经搜集到的东西加以整理,形成一定的体系,形成简单的乡土文化的教材。三是对已有的材料加以选择和辨别。教师在占有丰富材料的情况下要鉴别收集到的材料的真伪,多方位地考证已有材料,再加上主客观的条件,加以判断。

4. 组织学生进行实践活动体验

实践活动体验是写好作文的重要一步。实践活动体验的作用不仅仅体现在写作前对素材的搜集和占有,对情感的体验和积蓄,最重要的是为学生的写作训练创设了一个真实的情境,这是一个学生全身心参与的情境。实践活动体验为学生提供了一个求知的平台,而写作贯穿活动的始末,好的作品才是最终目的。引导学生有意识地走出家门,走出教室,改变课堂的教学方式,让学生参与到农活中去劳动,在实践活动过程中体验不一样的生活,体验参与活动的真实感受。组织集体活动探寻家乡的风俗民情;参与到乡土的传统节日中;亲近大自然,了解家乡的丰富物产和特点。

5. 反思活动指导作文选材

在实践活动体验中,学生通过各种方式收集到大量的资料。所得的资料中有物质性的书面所得,也有精神层面的所得。我们要做的就是引导学生把物质和精神所得结合起来,这就具备了作文的最基本两点,情感和内容。学生的生活阅历还是知识体系都是不同的,这就决定了每个人在活动中得到的深层次的东西是不一样的,故而在文章的写作中内容和表现手法也会不同,这样的乡土作文才有生命力。我们认为这正是检验实践活动体验成功与否的标准。

6. 施行作文评选的鼓励机制

施行作文评选的鼓励机制是对学生的劳动成果的一种肯定方式,得到他人的认可是一种自我内化的需要,同时也会调动学生主体的积极性,激发学生对作文写作的热情。成果展示是激励机制的一种,成果展示不仅仅是一个学生相互学习的过程,更是一个扩大影响,带动、激发更多学生参与活动的过程。鼓励机制让学生认识到自己的不足之处,强化了竞争机制,激发学生积极向上的热情;鼓励机制也是一种平台,教师可以透过作文了解学生,便于因材施技,也帮助教师检查每次实践体验活动的不足。

(三)乡土作文教学意义

乡土作文教学的意义就在于把被现代生活的快节奏所忽视的乡土美景和风俗唤醒,不要让我们的根遗弃在这个时代。在未来人才的素质结构中,学校应该在重视培养青少年国际意识或全球意识的同时,注重培养他们的本土意识或乡土意识;在培养他们作为现代人所应该具有的个性与自觉性的同时,注重培养他们作为本土社会成员所应该具有的对本土社会的认同、接纳和归属感。

乡土作文教学是捍卫乡土文化和精神家园的一块坚定的阵地,它把乡土资源和作文写作紧密结合,用家乡丰富的乡土资源和乡土文化作为写作对象,拉近生活与写作的距离,让学生去发现、领悟、认识其中深厚的地理文化和历史文化,去关注生之养之的这片热土,关注辛勤耕耘在这块土地上的父老乡亲,从中领悟人的生命意义和价值,抓住生命的根,不让乡土文化和乡土精神被遗弃,为学生人生观和价值观的形成提供一个坚实的丰厚的精神文化的基础。热爱这片故土,对故乡有着感恩的心。在实践活动体验中,开展的诸如参观、访问、调查、搜集等形式的活动,旨在引导学生去关注生活、感受生活,激发学生写作兴趣,为写作寻找到更多的新鲜的题材,把生活实践体验所得、乡土的丰富资源与写作知识紧密结合,在提高学生的作文水平的同时,也使其对乡土有更多的关注,提升学生的人文素养。

第十二节　网络作文教学模式

现代信息技术的发展给人类生活的各个方面都带来了巨大的影响,对于写作的影响也十分明显。新旧世纪交替之际,国内产生了一种新的文学形式,这种新的文学形式从产生之日起,便以星火燎原之势迅速传播开来,这一文学形式便是网络文学。新的文学形态的产生不仅给写作带来了新的元素,也给语文教学、作文教学带来了相应的启示。

一、网络作文提出的背景

21 世纪是一个全新的信息时代,全球化日益加深,我们已经突破了传统的时空界限,物流、信息流、知识流实现了全球的流通,时空在压缩,我们生活的地球已经成为小小的村落,这对教育提出了很多新的挑战。

全球化是世界发展的客观进程和必然趋势,它深刻影响着人们生活观念的方方面面,同时信息化日益加快,颠覆了传统的思维模式,改变了人们生活和学习的方式。这是一个属于知识经济的时代,创新成为崭新动力,知识更新的速度不断加快,个人通过课堂传授的知识非常有限。处在这样的激烈竞争中,中国需要实施创新教育,培养大批开拓性、创新性、进取性强的人才,才能应对全球的挑战。在这个全球化、信息化的时代,传统的教育模式也发生了转变。以现代通信技术和网络技术为依托,美国许多名校正在实施开放知识教育,目标是建立一个网络环境为基础的资源开发系统,以便建立教育资源共享和教育系统的管理。比较而言,我国教育信息化水平还有待进一步提高。我们要加快教育信息化,充分发挥现代信息技术的功效,促进教学方法和教学手段的变革和创新。

教育信息化是指在教育领域全面深入地运用现代信息技术来促进教育改革与发展的过程。其技术特点是数字化、网络化、智能化和多媒体化,基本特征是开放、共享、交互、协作。以教育信息化促进教育现代化,用信息技术改变传统模式。教育信息化的发展,带来了教育形式和学习方式的重大变革,促进了教育改革,对传统的教育思想、观念、模式、内容和方法产生了巨大冲击。教育信息化是国家信息化的重要组成部分,对于转变教育思想和观念,深化教育改革,提高教育质量和效益,培养创新人才等都具有深远意义,是实现教育跨越式发展的必然选择。

为了促进我国教育信息化的发展,不少教育教学工作者着手研究信息技术与课程的整合。而写作能力是新世纪的人类必不可少的一项基本能力,我们在各个教育阶段都十分关注学生写作能力的培养。于是,教育教学工作者和教育教学研究者对信息技术与语文课程的整合、信息技术与写作教学的整合进行着越来越深入的研究。

二、网络作文的阐释与写作

随着现代信息技术和网络技术的发展,随着对信息技术与语文课程整合、信息技术与写作教学整合的研究的不断深入,"网络作文"一词进入了人们的视野。但是"网络作文"至今并没有一个明确的完整的公认的学术定义,我们只能从现实状况出发做一点考量。

(一)网络作文的定义

"网络"原指用一个巨大的虚拟画面,把所有东西连接起来,也可以作为动词使用。在计算机领域中,网络就是用物理链路将各个孤立的工作站或主机相连在一起,组成数据链路,从而达到资源共享和通信的目的。凡将地理位置不同,并具有独立功能的多个计算机系统通过通信设备和线路而连接起来,且以功能完善的网络软件(网络协议、信息交换方式及网络操作系统等)实现网络资源共享的系统,都可称为计算机网络。计算机网络是用通信线路和通信设备将分布在不同地点的多台自治计算机系统互相连接起来,按照共同的网络协议,共享硬件、软件和数据资源的系统。

网络作文写作过程一般包括四个基本环节:灵感触发的环节、整理素材的环节、创作环节和发表环节。凡是写作过程中任何一个或多个或全部环节是依托网络完成的,最后形成的作文都可以称为"网络作文",凡是依托网络完成写作的过程,都可以称为"网络写作"。

(二)网络作文的分类

网络作文按照不同的分类标准有不同的分类方式,下面按照作文形式进行分类。

1. 短信。短信是用户通过手机或其他电信终端直接发送或接收的文字或数字信息,用户每次能接收和发送短信的字符数,是 160 个英文或数字字符,或者 70 个中文字符。短信的特点是随时编辑,随时发送,信息瞬间到达,时效性强,但信息容量小,只能用文字编辑,且有字数限制。

2. 博客。博客,又译为网络日志、部落格或部落阁等,是一种通常由个人管理、不定期张贴新的文章的网站。博客上的文章通常根据张贴时间,以倒序方式由新到旧排列。许多博客专注在特定的课题上提供评论或新闻,其他则被作为比较个人的日记。一个典型的博客结合了文字、图像、其他博客或网站的链接,以及其他与主题相关的媒体。能够让读者以互动的方式留下意见,是许多博客的要素。大部分的博客内容以文字为主,也有一些博客专注在艺术、摄影、视频、音乐、播客等其他主题。博客是社会媒体网络的一部分。

3. 微博。微博即微博客(MicroBlog)的简称,是一个基于用户关系的信息分享、传播以及获取平台,用户可以通过 WEB、WAP 以及各种客户端组建个人社区,以 140 字左右的文字更新信息,并实现即时分享。知名新媒体领域研究学者陈永东在国内率先给出了微博的定义:微博是一种通过关注机制分享简短实时信息的广播式的社交网络平台。其中有五方面的理解:关注机制,可单向可双向;简短内容,通常为 140 字;实时信息,最新实时信息;广播式,公开的信息,谁都可以浏览;社交网络平台,把微博归为社交网络。

4. 网络论坛。网络论坛又称 BBS,全称为 Bulletin Board System(电子公告板)或者 Bulletin Board Service(公告板服务),是网络上的一种电子信息服务系统。它提供一块公共电子白板,每个用户都可以在上面书写,可发布信息或提出看法。它是一种交互性强,内容丰富而及时的 Internet 电子信息服务系统。用户在 BBS 站点上可以获得各种信息服务,发布信息,进行讨论,聊天等。

5. 电子邮件。电子邮件,又称 E-mail,它是一种用电子手段提供信息交换的通信方式,是 Internet 应用最广的服务。通过网络的电子邮件系统,用户可以用非常低廉的价格(不管发送到哪里,都只需负担电话费和网费即可),以非常快速的方式(几秒钟之内可以发送到世界上任何你指定的目的地),与世界上任何一个角落的网络用户联系,这些电子邮件可以是文字、图像、声音等各种方式。同时,用户可以得到大量免费的新闻、专题邮件,并实现轻松的信息搜索。

(三)网络写作的特点

网络写作不同于传统写作,它具有传统写作所没有的特点。

1. 写作的自由性

网络是多维的立体连接,但它又是虚拟的,是一个虚拟空间、虚拟社区。网上的电子函件、电子公告板和网上文件的传输等,都不具备现实的物理空间的实在性,都不具备现实社会的可触摸性和可感知性。它只存在于网络空间中,只存在于虚拟的社会中,然而它又是真实的,即确实发出了电子文件、传递了电子信息,只不过它是以数字化的形式使信息存在于网络之中。正因为网络是虚拟的物理空间,人们在网络上常常以匿名形式出现,写作者在网络上感到从未有过的解放,可以自由表达内心的感受和想法,不必顾忌争斗复杂、人际关系微妙的现实生活的影响,能够去掉等级、权力的心理压力,去掉面子、得失的顾虑,言自己想言之言,剖析自己隐藏的内心想法,更能真实地抒发内在心灵感受。

2. 思维的非线性

一支笔、一张纸的写作方式正在逐渐被淘汰,而电脑键盘的文字输入和屏幕显示已成为一种新的信息表达和传递方式。在传统写作中,文本的结构总是受到三维物理空间的制约,并按照时空的线性流程来展示文字,表达作者的思想和情感。写作者视点的切换,完全受自己所处空间范围和时间向度的限制,这是一种有限的自由思维空间。而电脑写作,尤其是包括图像、声音、视频等的超文本多媒体电子写作,完全超越了三维物理空间的局限。它可以使作者的思维处于一种超时空、跨媒体的自由境界,悠游于广度概述和深度细节之间,整个写作过程就像在建构一个全息分子模型。这样的电脑写作给人们提供了一种信息时代的新思维和新意识。

3. 传播的快捷性

按照传统写作,一篇文章、作品或者一本书写出来以后,如果不发表或者出版问世,那么阅读者数量是十分有限的,而发表或者出版往往十分困难,即使能够得到发表和出版的机会,也要由编辑和出版部门决定何时见报、出版。教育教学中的网络作文更是如此,如果没有被老师评为范文全班共同欣赏,那么作文的阅读者往往只有作者本人和老师两个人而已。网络写作则与之完全不同,只要你已经写成并存为文件,就可以上网发送到接收稿件的有关网站,或者上传到自己管理的网站,也可以在线写作,随写随发,而读者范围自然也就扩大了。

4. 读写的互动性

网络作文的读者,不同于一般的文章读者,在阅读网络作文时,读者也处于主动地位,主动点击想看的博客,主动参与论坛的演讲或提问质疑。由于网络在线写作交流是全球同时、同步的,网络交际传播是双向的和互动的,读者可以及时进行阅读反馈,掌握一定主动权。同时,这种网络写作主体与受体的互动可以是一对一的,也可以是一对多的。对上传到网络中的作文,读者可以即时在线写文章发表评论,提出批评、意见、建议,其用语可以文质彬彬,也可以怒发冲冠,可能为作者喝彩、欢呼,或者给作者一个惊喜的点子,也可以把作者骂得狗血喷头,气得作者咬牙切齿、口吐鲜血。但是,作为中小学生的作文教学,首先应该培养学生起码的伦理道德规范、尊重作者。当然,作者也有权对评论表示诚心接受,或者商榷,进行说明,乃至反驳。

5. 资料的丰富性

网络共享性与开放性使得人人都可以在互联网上索取和存放信息,

使网络成为一个庞大的信息库、资源库,这是网络作文获得青睐的重要原因之一。因为它兴许可以缓解"巧妇难为无米之炊"的窘境。在信息技术与写作教学整合中,已经涌现出一些资源库,或者接近于资源库建设的资源分类合集。主要有写作软件、写作平台系统、相关网站导航、写作网站或语文网站上开放的写作素材库等。但是由于没有质量控制和管理机制,这些信息没有经过严格编辑和整理,良莠不齐,各种不良和无用的信息大量充斥在网络上,形成了一个纷繁复杂的信息世界,给用户选择、利用网络信息带来了障碍。因此,在进行网络写作时需要对网络信息进行筛选和过滤。

6. 网络作文的多媒体特性

媒体就是人与人之间实现信息交流的中介,简单地说,就是信息的载体,也称为媒介。多媒体就是多重媒体的意思,可以理解为直接作用于人感官的文字、图形、图像、动画、声音和视频等各种媒体的统称,即多种信息载体的表现形式和传递方式。在计算机系统中,可以将两种或两种以上媒体组合成一种人机交互式信息交流和传播媒体。可供使用的媒体包括文字、图片、照片、声音(包含音乐、语音旁白、特殊音效)、动画和影片,以及程式所提供的互动功能等。网络作文区别于传统作文的最大特点就在于除了纯文本作文以外,可以将表情符号、图像、声音、视频等多种表现形式整合到作文中,呈现出一篇内容丰富、精彩纷呈的作文。但应该注意的是,这样的写作中也要警惕文字以外的媒体喧宾夺主、本末倒置,改变了作文作为一种文字载体的主要特质。

(四)网络作文的写作策略

正因为网络写作有如此多的特性,在进行网络作文的写作时可以运用一些特别的策略。

1. 利用网络搜集写作素材

网络是一个拥有海量信息的资源库,网络本身就是一个信息流通渠道,网络上蕴含着无数的写作素材。与写作有直接关系的网站不计其数,包括文学类网站,新闻类网站,各类知识性网站等。并且网络搜索引擎的功能十分强大,比如百度、谷歌等,可以通过关键词来帮助写作者搜索、筛选所需要的信息和素材。当写作者感到灵感枯竭时,不妨利用网络来搜集素材,激活思维。

2. 进行非线性的文字编辑

网络写作具有思维上的非线性。在传统写作中,文本的结构总是受到三维物理空间的制约,并按照时空的线性流程来展示文字,表达作者的思想和情感。而电脑写作,尤其是包括图像、声音、视频等的超文本多媒体电子写作,完全超越了三维物理空间的局限。写作者可以想到哪里写到哪里,进行跳跃性思考。这样,会在电子文本中呈现出一些文字片段。电脑写作有很强的灵活性,大块文字可以被随意重新组合,句子可以随意扩张,信息的剪切、复制、粘贴,以及文本的调用,都极为方便。利用电脑写作的这种灵活性,我们可以对文字片段进行编辑、梳理、逻辑组合,最后形成一篇完整的文章。

3. 与读者互动完成写作

网络写作具有读写互动性,在线写作交流是全球同时的、同步的,网络交际传播是双向的和互动的,读者可以及时进行阅读反馈。写作者不仅可以在完成写作后将作品进行发布,在写作过程中也可以将半成品发布到网络上,读者可以即时将感受、评论、建议反馈到写作者这里,写作者通过这种互动,可以说是和读者一起完成了写作过程。

三、网络作文教学模式的建构

网络作文教学是通过网络进行的学生作文学与教的活动,它以计算机网络为作文活动的平台和环境,利用网上丰富的写作资源进行学习,实现作文在计算机网络上的无纸化递交、无纸化表现以及在网上交流、评改和反馈;并利用网络对作文教学进行档案化(电子作品集)管理,对学习成绩实行开放性、过程性、多元化的评价,从而促使学生在网络情境下充分发挥其资源优势,通过协作和交流,实现作文的意义建构。①

(一)网络作文教学原则

1. 培养信息素养与作文教学结合

"信息素养"的本质是全球信息化要求人们具备的一种基本能力。

---

① 李得贤:《网络作文的十大优势》,《电化教育研究》2003年第7期,第43—48页。

信息素养指一个人能够判断什么时候需要信息，并且懂得如何去获取信息，如何去评价和有效利用所需的信息。网络共享性与开放性使得人人都可以在互联网上索取和存放信息，使网络成为一个庞大的信息库、资源库，但是由于没有质量控制和管理机制，这些信息没有经过严格编辑和整理，良莠不齐，各种不良和无用的信息大量充斥在网络上，形成了一个纷繁复杂的信息世界，给用户选择、利用网络信息带来了障碍。因此，在进行网络作文教学时教师需要引导学生学会搜集网络资源，冷静地处理网络信息，对网络信息进行筛选和过滤，并注意网络信息的安全性，养成良好的信息素养。

2. 强调学生的写作主体地位

在网络作文教学中，学生是学习的主体和写作的主体。教师要把学生的想象力、好奇心、主动性放在比知识更重要的位置。学生的头脑不是一个用来填充知识的容器，而是一个待点燃的火种，教师的职责就是帮助学生把这个火种点燃。网络作文教学就是要充分运用现代信息技术，建立以学生为中心的作文教学模式，开拓学生的思维、激发学生的写作动机，给学生一个自由写作的空间，让学生读自己想读，写自己想写，强调学生的自我评价和学生之间的互相评价。让学生爱上写作、学会写作，同时学会表达、学会沟通。

3. 教师是虚拟社区的搭建者和参与者

在网络作文教学中，教师不再是教学的主体，而是虚拟社区的搭建者和参与者。网络虽然有强大的实时的同步的传播能力，但是在这个虚拟社会中依然需要组织者来搭建一个网络平台、一个虚拟社区，将学生和资源连接起来，将学生和老师连接起来，也将学生和学生连接起来。教师就充当这个组织者的角色。同时，教师作为虚拟社区的成员之一，与社区内其他成员（主要是学生）应该是平等的，教师不再是命题者和评价者，而是写作活动的参与者，和学生一起完成写作过程和作文评价。

(二)网络作文教学策略

网络作文教学利用网络的特点和优势，有很多教学方法和策略，下面主要介绍其中比较典型的三种。

1. 利用网络汇总教学资源

信息技术的优势之一是可以承载海量信息，这是作文教学青睐信息技术的重要理由之一。在信息技术与写作教学的整合中,已经涌现出一些资源库,或者类似于资源库建设的资源分类合集。其中很大一部分是针对"写什么"问题的写作素材库。但是网络中可供作文教学利用的资源远不止写作素材资源这一类,还包括写作知识资源、范文类资源、写作软件工具类资源等。教师和学生可以共同利用网络建立一个属于自己这个群体的作文资源库,将网络中关于写作的有用信息拣选出来放入网上的作文资源库中,实现群体内的共享。

2. 利用网络构筑写作情境

现在的作文教学中普遍存在的问题就是学生写作动机不强,但我们希望能够引领学生体验本真的写作需要:自然而投入地表达自己想表达的东西。传统作文教学环境中,进入、构筑生活情境以激发写作的理念在现实中常常碰壁,而在网络作文教学环境中,现代信息技术的介入,使得虚拟环境的建构成为可能。学生不可能人人都能够亲自仰观天都奇景,俯瞰九寨秀色,不可能亲历工农兵学各行各业的生产生活,而教师言语所描述的"情境",也显得十分苍白。网络作文教学中,多媒体网络技术的有效应用,可以使我们摆脱这个困境。

3. 利用网络进行作文评价

非网络环境下,教师基本上无法在第一时间看到学生的作品(得收齐了一起交),教师基本无法做到每一次都认真评阅每一个学生的习作(时间不允许),学生基本无法及时看到教师对自己作文的评价(通常要到作文讲评课前才能看到批阅后的习作),学生基本无法品评他人的作品(除了被老师拿到课堂上念的个别同学的好作文),于是,很多写好的作文常常被束之高阁。网络作文教学的出现,使这种情况得到改善,作文品评的途径变得四通八达起来,作文品评不再是教师单方面的专利。品评的渠道和参与评价的人都丰富起来。在网络环境下,主流的评价载体或形式就是"跟帖":在发布的作文下面的"帖子"中写上评语,发表自己对作品的看法。由于网络可以超越时空局限,教师、学生、相关方面的专家、学生家长乃至一般网民都可以通过"跟帖"来参与作文教学的评价,并且在网络环境中享有同等的话语权。这种及时、广泛、多元、自由、开放性的评价方式突出了教学评价的反馈功能,可以激发学生更愿意写作,并写得越来越好。

(三)网络作文教学过程

网络作文教学一共有六个基本环节。

1. 利用网络组建虚拟社区

网络虽然提供了多种沟通与联系渠道,但是要构成一种教学情境,还需要教师为学生和教师、学生和学生在网络上建立起点对点的连接,形成一个虚拟社区。虚拟社区是指一群主要藉由计算机网络彼此沟通的人们,他们彼此有某种程度的认识、分享某种程度的知识和信息、在很大程度上如同对待朋友般彼此关怀,从而形成的团体。围绕网络作文教学这个主题建立起的虚拟社区中,成员主要就是教师和学生。虚拟社区也构成了网络作文的教学情境。教师可以通过多种网络工具构建虚拟社区,比如 QQ 聊天工具,网络论坛工具,电子邮件的小组会话工具等。

2. 在虚拟社区中发起话题

在虚拟社区中发起话题,类似于传统作文教学的命题环节,但是网络作文教学中话题的发起者既可以是教师也可以是学生。网络作文教学的命题除了要根据教师的教学计划、教学安排、教学设计以外,更提倡学生自己发起话题,由学生自己发起的话题会更贴近学生的生活,更能引起学生的兴趣。

3. 学生搜集相关资料

在虚拟社区中,一个话题发布以后,教师和学生围绕这个话题搜集资料。搜集资料的方式并不局限于网络,也可以运用各种传统的方式。教师和学生将搜集到的资料在虚拟社区中与成员共享,拓宽对这个话题的认识,增加认识的角度。这个过程中,教师要对学生进行适当引导,有意识地提高学生的信息素养。

4. 师生展开共同讨论

有很多网络工具可以提供实时交流的功能,教师和学生可以利用这些功能展开在线讨论。这个环节可以和第三个环节同时进行,一边搜集资料一边展开讨论。在这个环节中,教师应该引导学生多方面、多角度地展开讨论,并对那些不太积极参与讨论的学生多给予鼓励。

5. 学生完成并发布作文

在第三和第四环节展开的同时,教师应该找到适当时机,根据话题的特点、学生讨论的情况提出作文的要求并设置一个时间期限,要求学生在这个时间期限前完成作文。学生完成作文后,将作品发布在虚拟社区中。

6. 网上评价作文

学生将作文发布到虚拟社区后,教师和学生就可以在虚拟社区中进行作文的自评和互评,甚至可以邀请相关专家和家长加入虚拟社区,加入到作文品评的行列中来。

网络作文教学以现代信息技术和网络技术为依托,改变了传统作文教学模式,将培养学生的信息素养与作文教学相结合,构建以学生为中心的作文教学,教师不再是权威,而是成为教学活动的指导者和参与者。这有助于培养学生的开拓性、创新性、进取性,有助于培养学生应对全球化和信息化时代各种挑战的能力。网络作文教学凭借现代信息技术和网络的强大功能,凭借创作资源的丰富性、作文修改的便捷性、教学过程的开放性和作文评价的高效性,实现了学生写作动机的自主化、作文内容的个性化、创作活动的情境化、教学评价的多元化、作文交流的广泛化和作文活动的成果化。因此,网络作文教学是一种符合并实践《语文新课程标准》教学理念的作文教学模式。

第十三节　开放性作文教学模式

写作教学一直是语文教学的"半壁江山",历来为人们所重视,但也一直是制约语文教学效果的"瓶颈",是困扰师生的一个难解的结。传统作文教学有不容回避的弊端,并且这些弊端也在日益显露,越来越多的语文老师都在寻求新的作文教学方式,开放性作文就是其中的一种新尝试。

较早提出开放性作文教学的是谢荣福老师,他早在 2000 年《开放——作文教改的出路》一文中就指出当前的作文教学程式化、成人化、政治化。作文教学亟须摆脱这种现状,摆脱人为的束缚,于是他提出应在作文教学中推崇并实行全方位、全过程的开放与创新,并提出了一系列的教学策略。① 接着越来越多的人开始进一步研究开放作文教学。《全日制义务教育语文课程标准(实验稿)》指出:"减少对学生写作的束缚,鼓励自由表达和有创意的表达,少写命题作文。"还要求"能不拘于形式地写下见闻、感受和想象","珍视个人的独特感受"等。② 《普通高中语文课程标准(实验稿)》指出:"力求有个性、有创意的表达,根据个人特长和兴趣自主写作","并努力学习运用多种表达方式","在表达实践中发展形象思维和逻辑思维,发展创造性思维"。还指出:"教师应鼓励学生积极参与生活,体验人生,关注社会热点,激发写作欲望","指导学生根据写作需要搜集素材,可以采用走访、考察、座谈、问卷等方式进行社会调查,通过图书、报刊、文件、网络、音像等途径获得有用信息"。③ 由此可见,新课标的基本理念和要求都是提倡一种能够指导学生进行开放的、自由的表达的写作教学方法和模式。我们的传统作文教学已经不符合新课标的要求,也很难让学生达到新课标中所期望的学生的写作水平。因此必须改革当前的作文教学,探索出新的作文教学方法。开放性作文教学的理念与新课标的要求不谋而合,但还不完善,有待我们去进一步研究和实践。

一、开放性作文的涵义

杜庆鸿在《开放作文——让作文活起来》中指出:开放就是根据改革开放的时代特征,从培养人才素质的需要出发,使作文从封闭的旧模式里跳出来,沿着开放的轨道伸展,从课内延伸到课外,发挥改革开放的社会环境优势,反映创新的时代精神。它是作文教学改革的一项重要内容。④ 张云鹰在《开放式习作教学》一书中指出:开放习作是在开放学生生活,尊重学生主体,遵循语文说写规律,重视学生心理机能,如感知、情感、兴趣、动机、形象思维、联想和想象、有意注意和无意注意等的基础

---

① 谢荣福:《开放——作文教改的出路》,《小学语文教学研究》2000 年第 10 期。

② 中华人民共和国教育部:《全日制义务教育语文课程标准》,北京师范大学出版社 2001 年版。

③ 中华人民共和国教育部:《普通高中语文课程标准(实验稿)》,人民教育出版社 2003 年版。

④ 杜庆鸿:《开放作文——让作文活起来》,《中学语文教与学》2001 年第 7 期。

上,引导和帮助学生书写最能体现学生个体的兴趣、爱好、需要和愿望,最能反映学生独特的性格特征和气质特点的文章的一种最有效的形式。① 基于以上认识,笔者认为开放作文就是不对文章做太多要求,让学生充分发散自己的思维,源于生活、阅读的感受和内心真实的想法,完成富有个人特色的创新性、个性化的作文模式。

二、开放性作文的分类

开放性作文按照开放的类型不同可以分为以下几种类型。

1. 文体开放类作文

文体类开放作文就是引导学生根据同一题材写出不同文体的作文。例如以"路"为题的作文,就可以写成说明文,介绍其功能、分类、建造以及维护等;也可以写成一篇记叙文,写关于"路"的故事或者特殊意义;还可以写成以物喻人的散文、诗歌等。总之,学生可以根据自己擅长的文体或者自己的喜好,从多个角度来写这篇文章。教师不必一味拘泥于记叙文或者教材规定的几种实用性文体的写作,而是要有意识地启发学生写出有创造性的习作。

2. 命题开放类作文

命题开放类作文是指教师不提前命题,而让学生自拟题目的作文。传统作文教学中一般都是以教师命题为主,在考试时,作文部分的题目也已经给出,这样就像给学生下了"紧箍咒",还没有开始写,就已经受到束缚。我们应该改革命题方式,让学生从生活中、阅读中产生命题,把作文命题权放给学生,并给予自由的空间。学生完全有能力拟出新颖恰当并且相当富有个性的题目。教师与其绞尽脑汁地给学生"拟题",不如轻轻松松"征题",反而会达到意想不到的效果。

3. 题材开放类作文

题材开放类作文就是指教师定好范围或话题,鼓励学生自主地选择题材,给学生更多的自由创作空间的作文形式。现在学生作文的题材基本都是教材给定的,不少题材的选材空间、思维空间的确比较大也比较宽,但事实上不管多好的题材,它所指向的作文对象都不可能是全部。

---

① 张云鹰:《开放式习作教学》,教育科学出版社 2008 年版,第 14 页。

因此,教师应该树立一种开放题材的观念,增加随时捕捉到的素材,让学生自由选材,自由抒写,写出个人的独特感受,只有这样,学生的作文才可以符合学生内心的需求,真正达到"我笔写我口""我笔写我心"的效果。

4. 主题开放类作文

所谓主题开放类作文就是指学生在作文的题旨方面能够发散思维,不受条条框框的限制,写出能够反映自己的思想、情感和自己个性的作文。比如话题作文、想象作文、新概念作文等都能培养学生的创新思维,学生也比较喜欢这类作文,因为他们可以充分发挥想象力,结合自己的生活,写出绚丽多彩的文章,抒发自己内心的想法和愿望。

三、开放性作文的特点

开放性作文有以下几个特点。

1. 思维发散化

传统作文教学是一种封闭式的教学,在没写之前教师就会对学生提出各种要求,一定要老师所要求的去写,使学生已经形成思维定势。而开放性作文由于要求学生思想开放,不局限于课本以及其他要求,就使学生思维解除了禁锢和定势,可以不拘于某一种形式范围和主题,让学生的思维始终处于活跃的状态,使其能在新知识与已有的知识、经验之间直接进行自由变通,并不断产生新的思维火花,在写作时往往能够构思出新颖的东西。

2. 内容个性化

虽然写作都是来源于生活,但是传统作文让学生们形成了一种"闭门造车"的状态,学生是在一种相对封闭的空间里写作,即使在社会、家庭之中有很多值得书写的东西,也很少能将其真正融入写作中,导致写作成了无源之水、无米之炊,所以写出的文章会"千篇一律"。但是开放性作文鼓励学生自主地选择写作内容,可以不用教材中指定的题材、不用教师指定的内容,这样学生的写作空间就打开了,他们可以写生活中任何感兴趣的内容,当然就具有个人的个性特性了。

3. 表达自由化

开放性作文将表达的自由完全交给学生,让学生自由表达。开放性作文重视学生的个体体验,承认个体差异。因为即便是同一件事,不同的学生也会有不同的体验与感悟,有不同的兴趣点。因此他们写作的时候就会选择不同的角度、不同的侧面入手,用自己的语言,来表达自己想说的话,并通过自己擅长的手法或者文体表达出来,写出的文章自然也就很特别,就不会出现以前"千人一面"的现象了。

4.时空开放化

开放性作文打破传统规定的作文时间和地点,不一定要在固定的一两节课或者在教室里写出一篇文章,学生可以在生活的大课堂里学作文写作文,可以在学校里、家里、社会中体验观察,找到自己感兴趣的人和事,搜索积累素材,不分时间,不分地点,只要时时留意,处处观察,就可以天天写出新作文。这样学生就可以在自己特别有感慨又有抒发欲望的时候写作文,这个时候学生写出的文章,其水平才是最高的。

四、开放性作文的写作策略

1.重视阅读积累

古人云:读书破万卷,下笔如有神。可见阅读对于写作的重要性是很不容忽视的。重视大量阅读可以积淀语感和修养。首先,阅读经典可以获得人格、修养、精神方面的积淀、陶冶,就可以使写出的文章具有生命化的审美境界,使文章具有道德感;其次,大量的阅读还可以积累文章材料和语言词汇,以供写作时调配,使文章材料和词汇丰富多彩;再次,大量的阅读会积累写作技能、技法,让自己的文章不至于陷入老套。多阅读并注重积累,就可以使文章从内容到技巧都丰富起来,自然也就不会像传统作文那样封闭。

2.重视生活体验

"生活是写作的唯一源泉",没有源头活水来,当然就无米下锅了。因此,走出原来的生活小圈子,积极地参与社会生活,体验人生,关注社会热点就显得非常必要。只有生活圈子开放了,生活内容丰富了,并认真感受,才有可能从生活中发现取之不尽的写作素材,文章内容才会丰富,不会是千篇一律的素材,既显得老套又没有新意。扩大生活圈,还要仔细观察、真切感受,深刻思考,写出的文章才真正具有真情实感,不是"无病呻吟"。

3. 重视发散思维

发散思维又称辐射思维、扩散思维,是对同一问题从不同层次、不同角度、不同方面进行思索,从而得到多种甚至奇异的答案的思维方式。它能开阔思路,冲破思维定势的束缚。运用发散思维,从某一个中心出发进行自由自在大胆的畅想,就可以推出新的想法,对于写作主题、内容、形式以及语言的创新都具有至关重要的作用。如此,写出的文章自然也就新颖别致了。

五、开放性作文教学

开放性作文教学是作文教学的一种新发展,这种作文的教学模式也是在教师们的积极实践下逐步建构的。虽然已经具备较完整的雏形,但仍然处于探索阶段,还有待广大师生的进一步实践和研究。

1. 开放性作文教学原则

(1)开放性原则。开放性作文教学要求作文教学要开放教学的各个环节,包括教学目标、教学内容、教学过程、作文评价等,教师要按照学生兴趣广泛、好奇心强、求知欲旺盛的特点设计出多种灵活的教学方法,例如写说明文,就让学生自己多动手实践,多观察实物;作文教学时间要不仅仅局限于课堂,教学环境也不要总是在教室内,要在时间上和空间上共同开放;教学评价也要多元化、灵活化,制定不同的评价标准。

(2)自主性原则。学生是学习的主体,所以开放性作文教学中应该以学生为中心,给学生自由,充分发扬学生的独立自主精神,注重发展学生的个性、潜能、创新精神和创新能力。因而对于文章的文体、材料选择、表达手法运用、表达技巧的借鉴等方面,教师不要搞统一要求,也不提统一标准,要允许学生根据自身实际情况进行自由的选择,使他们真正成为学习、写作的主人。

(3)灵活性原则。开放性作文教学要求教师教学要灵活,能够为学生的自主写作提供有利条件和广阔空间。可以用各种不同的方法激发学生的写作欲望,培养其兴趣。如教师可以摆脱课堂时间和空间的限制,从过去的"闭门造车"变为投向大自然的怀抱,寻找灵感,感受生活,教师可以在这个过程中启发学生,那么学生完成的作文将是一个崭新的面貌。

（4）生成性原则。因为开放作文教学，教师要先对学生进行启发，激活学生的思维，课堂上一定要与学生有更多的交流。而教师又要引导学生的回答围绕着作文进行，因此教师在作文教学中要注意生成性，根据课堂中的互动状态及时地调整教学思路和教学行为，既要让学生充分感受到心灵的自由，又要潜移默化地渗透写作新理念。

2. 开放性作文教学方法

（1）头脑风暴法。开放性作文教学就是要打破传统作文对学生的思维束缚，培养学生的想象力和创造力。所以头脑风暴法是一种很好的教学方法。教师可以先预设一个情境或者一个主题，不设置任何限制，然后让学生对其进行自由大胆的想象，畅所欲言，不用顾忌想象后果带来不好的影响。教师在此过程中注意发现异样的思维火花，最后对学生进行指导。

（2）讨论辩论法。教师可以让学生对于课本中的某个问题或者社会中的某种现象进行辩论讨论，让学生去搜集各种资料然后进行整理并组织具有说服力的语言。讨论辩论整个过程对于学生写作都是很有帮助的，不仅可以锻炼口才，还可以培养和提高学生的辩证思维以及创造性思维能力，同时还在辩论中丰富了写作的素材，可谓是一举多得的方法。

（3）实践活动法。只有动手实践、切身体验，才会有真正而又特别的感触，写出的作文也才具有特色，这就要求教师要有计划、有组织地引导学生观察、实践、体会，开阔视野，积累大量丰富的写作材料，让学生在生活中认识体验，在平凡中发现不平凡，在平淡中寻求新奇。

（4）现代信息技术辅助教学法。多媒体以及互联网在课堂上的运用，可以将教学内容生动形象地展现出来，学生也非常感兴趣。开放性作文课同样也可以用此种教学方法。教师可以先通过网上设置情境，激发学生的兴趣。还可以在网上进行面批面改，及时反馈信息。学生可以在网上查阅搜集资料，汲取养分。总之运用现代信息技术进行开放性作文教学，对于教师和学生都有很大的好处。

3. 开放性作文教学过程

（1）创设情景，提供建议。写作的主题既可以让学生从观察眼前景、身边事中提出；也可以是教师根据教学需要提出范围后，让学生根据个人情况确定主题。写作主题确定之后，教师再根据写作主题向学生提出一些切实可行的建议。或建议学生去仔细观察有关事物,或建议学生去阅读相关的书报杂志,或建议学生通过调查、访问、参观等去搜集相关的资料。

(2)开放命题,自主选材。主题确定后,教师要开放命题,让学生自拟题目,然后教师要引导学生对于主题进行研究思考,自主选择搜集写作材料。学生可以根据教师的建议,通过调查访谈、阅读书报、上网搜寻等多种途径,收集与写作主题有关的资料。可以单独收集资料,也可以通过小组分工协作去收集资料。在这一过程中,教师不仅要教给学生获得资料的途径,还要做好了解、引导工作,并随时提供必要的帮助。

(3)对话讨论,自由表达。面对所收集的大量资料,教师要通过与学生对话讨论的互动让学生学会整理和筛选材料。学生在围绕写作话题分析、处理、利用信息的过程中,接触了丰富的资料,阅读了大量的文章,他们的表达欲望在这一过程中也变得越来越强烈,以至于到了不吐不快的境界,并最终写成文章。

(4)展示作品,相互交流。传统的作文教学是学生写,教师改,这种单向交流反馈方式对学生起不到促进作用,有些学生不会听老师点评,更不会按照老师的要求去改,这样作文评改就没有意义。应该让学生把自己的作文先和同班同学交换,由同学先评价,说出好的地方以及不足之处,老师在旁边只是给予指导性的建议,然后再让同学们去修改自己的作文。

4.开放性作文教学评价

(1)学校评价。学校评价课包括学生互评、师生共评和班级内集体评价。学生互评就是让学生之间不固定地互评,它不仅能培养客观评价的品质、批判性的思维,促进相互了解合作,而且能通过读他人作品打开自己的思路,取长补短。师生共评是指师生一起评价学生的文章,共同探讨学生作文中出现的优点与缺点。班内集体评价是指在班级内建立"学生习作园地",把学生认为自己写得比较好的文章,在学习园地中张贴,在班级中传阅,在家长会上展示,接受全校同学、老师、家长的评价。

(2)社会评价。教师在指导学生作文的同时也应该鼓励学生积极投稿,如《语文报》《中学生》《中学生园地》等报刊,这样学生的作文就可以得到社会大众的评价。如果能发表,则不仅可以进一步提高学生的写作水平,也可以大大增强学生的自信心,因为学生自己也成为一名小作者了,在写作方面就有一定的成就感和自豪感,写作的兴趣和欲望同样也会越来越强。

(3)网络评价。如今网络已成为一种重要的写作媒介,如 QQ 空间、博客等都可以自由抒发自己的情感,激扬文字。重要的是还可以得到众多网友的点评,而且网友可以从不同的角度对他们的习作做点评,学生的思路能得到拓宽。并且网友大都是以宽容的态度对学生的作品做点评,充满友好、鼓励的言语能激发学生的写作欲望,学生会觉得越写越有趣,越写越开心,写作的能力和欲望同时都得到了提高。

六、开放性作文教学的意义

1. 改革写作教学需要开放性作文。封闭式的作文教学和无端地设置各种条条框框的作文训练,严重挫伤了学生的写作兴趣,制约了作文水平的提高。《全日制义务教育语文课程标准》明确指出:"要为学生的自主写作提供有利条件和广阔空间,减少对学生写作的束缚,鼓励自由表达和有创意的表达。"开放式作文教学就是要遵循《语文课程标准》所提出的课程基本理念,倡导的是结合学生的学习、生活实际,既注重写作内容的开放、写作形式的开放,又注重探索学习时空的开放。这就是"新课程"写作教学所呼唤的作文教学。

2. 提高写作水平需要开放性作文。传统作文教学的古板、不科学导致了学生作文程式化、成人化现象相当普遍,学生的作文水平长期停滞不前。因此作文教学必须要改变这种现状,走出一片新天地来。开放作文就是从开放思维方式、开放作文内容、开放文章体裁、开放评价方式等出发,引导学生写出发自内心具有个性化的创新的文章。学生充满了对于写作的兴趣,其思维就会得到解放,写出的作文自然也就新颖独特,写作的水平自然也会逐渐提高。

3. 发展学生个性需要开放性作文。作为发展阶段的儿童有着独特的个性和巨大的潜能。我国教育家蔡元培先生说:"知教育者,与其守成法,毋宁尚自然;与其求划一,毋宁展个性。"应该而且必须重视儿童个性的存在,根据个体之间的差异实施教育,不断挖掘学生的智力和潜能,唯有如此,教育才能促进个性的发展。作文教学的最佳境界,就是充分发展学生个性,写出最富有个性色彩的佳作。而开放性作文就能解放学生思想,激发学生的写作欲望,促使其写出个性张扬的文章。

第十四节　创新性作文教学模式

素质教育的推进,使整个教育理念发生了巨大的变化,创新教育的思想向全方位渗透,新的《语文课程标准》也赋予作文教学以新的要求、新的思想和新的方法,它指出:"加强写作与生活的联系,学会多角度地观察生活,丰富生活和情感体验,对自然、社会和人生有自己的感受和思考,力求有个性、有创意地表达,根据个人特长和兴趣自主写作,在生活和学习中多方面地积累素材,多想多写,做到有感而发。"①在这样的背景下,创新性作文拨开云雾,冲天而出。

一、创新性作文提出的背景

(一)传统作文教学的现状

当前中小学作文教学的现状很令人担忧。"童话大王"郑渊洁曾毫不含糊地指出:传统作文教学"挺摧残孩子们的"。新生代作家葛红兵教授做客新浪畅谈传统教育问题时曾说:"我们总是强调'一律',就是所有的孩子要遵守一个纪律,做同样的一种习题,达到同一个目标,做一类孩子,我们给孩子的目标太统一了⋯⋯我们整个社会都给所有的孩子设计了一个5%的孩子才能达到的标准,使100%的孩子沿着5%的路走,这样扼杀了孩子多样发展的可能。"而著名作家王蒙参与了上海"新概念作文大赛"的阅卷,在大赛落下帷幕时则表现出忧虑:这两年我亲眼看见了"新概念"蒸蒸日上,但我还是禁不住害怕,在"新概念"的命题和作文里头呈现出这么一种趋势——过于求新、求怪、求另类。大赛评委曹文轩先生也忧心忡忡地说:这些年看了太多的少年文字,十有八九是一副看

---

① 中华人民共和国教育部:《全日制义务教育课程标准(实验稿)》,北京师范大学出版社 2001 年版。

破红尘要自绝于世界的"清冷模样",不再纯真、温馨、崇高、美感、庄重、雅致、真诚、阳光,剩下的就只有一片阴霾与心灰意冷。

真可谓字字含忧。是啊,为了迎合考试作文评估的基本标准,在作文教学时,教师一方面习惯灌输给学生种种写作套路,学生为应试而作文,为作文而矫情,言不由衷,胡编乱造,敷衍凑数,导致学生作文思维狭窄、题材雷同、语言乏味、千文一面,缺失了个性与真情;另一方面为了在众多的试卷中让阅卷老师眼前为之一亮,又指导学生大走特走"求新""求异""求怪"之路。致使作文教学陷入令学生人格分裂、思维萎缩、语言贫乏、费时低效、恶性循环的尴尬境地。

具体说来传统学生作文呈现以下几种弊端:

1．"应试化"倾向严重。许多教师疲于"围绕考试指挥棒押宝猜题,一味训练符合'应考'模式的作文"(于永正语)。

2．"文学化"倾向严重。过于注重写作技巧的传授,将习作要求人为拔高,甚至将习作异化为文学创作。习作教学脱离了生活的需要,社会生活中不需要的,大练特练,而人人生活、工作所必需的,却练得很少,甚至不练。

3．"命题化"倾向严重。以命题作文为主,违反了作文产生的自然程序。

4．"三话化"倾向严重。学生的习作中"三话"(即假话、空话、套话)盛行,几乎看不到"绿色作文"。

……

这样一种缺少感染熏陶怡情的作文教学偏离了学生是作文主体的轨道,使得我国知识经济初露端倪的时代要求与束缚了生命灵性的作文教学之间形成了巨大的落差。时代呼唤真正的作文创新!

(二)"新课标"写作教学的理念

教育部已发布了落实新课程标准的纲领性文件。新课程标准既是国人对我国半个世纪来教育的总结和反思,也是对国外一些先进理念的借鉴。《全日制义务教育语文课程标准》认为:写作是"进行创造性表达的过程"。对写作教学明确要求:"能具体明确、文从字顺的表达自己的意思。"这就要求学生在学习、生活中将自己所看、所听、所思、所想的内容说出来,写出来。说真话、吐真情、写真事,能充分地表达自己的意思。现行《语文课程标准》还给作文教学明确地提出了新的指导精神:"为学生的自主写作提供有利条件和广阔空间,减少对学生写作的束缚,鼓励自由表达和有创意的表达。提倡学生自主拟题,少写命题作文。"

(三)创新性作文的理论依据

1. 教育学依据

"教育是知识创新、传播和应用的主要基地,也是培育创新精神和创新人才的摇篮。"(江泽民语)北京师范大学顾明远进一步指出,创新教育的目的在于培养创新人才或创造性人才。而著名教育家陶行知则指出:"处处是创造之地,天天是创造之时,人人是创造之人。"①

2. 心理学依据

心理学家奥托指出:"我们所有的人,都有惊人的创造力。"②而中小学生"创造想象日益占优势地位","思维能跳出旧框框"。创造力"不再带有虚幻的、超脱现实的色彩,而更多地带有现实性,更多地是由现实中遇到的问题和困难情境激发的",也"带有更大的主动性和有意性,能够运用自己的创造力去解决新的问题",且"思路开阔、敏捷、灵活",加上"中学生热情、奔放,充满对新世界、新事物的好奇,不畏艰难,勇于探索"。心理学家林崇德教授强调:"人人都有创造性,人人都可以通过创造性的教育获得创造性的发展。"研究表明,写作本身就是一种创造性表述过程,运用创造心理学的理论进行创新作文教学研究和实践,能提高研究和实验的科学水平。

3. 写作学依据

人本主义教育理念认为,"教育"不仅是让人获得知识的过程,也是内化人的生命价值和促进人的"社会化"发展的过程,其核心是为人的生命健康存在和持续发展打下良好的基础。因此,作为基础教育的中学作文教育,首先也应该考虑如何为学生生命的健康生存和能够持续发展奠基。而且,作文是最富有个性化的思维活动和情感表达。可见,随着

---

① http://www.79cha.com/mingren/? id=UVVmfw==。
② 韦铁:《知识经济时代学生创造性的培养》,http://www.rcjd.sdu.edu.cn/szjyfiles/szmw0004.htm。

作文教学理论研究的深入和作文教学改革实验的深化,人本主义教育对写作教学产生了巨大的影响。它特别强调作文教学要体现语文工具性与人文性的统一,要促进学生自我认识的发展和健康人格的形成,使学生个性发展与作文个性发展相辅相成。由于写作本身是创造性的学习活动,作文要由入格逐步向破格螺旋上升。在作文教学中实施创新教育,以教师作文的创意教学促进学生的有创意的表达,促进作文教学的个性化发展。新课标也指出:写作时运用语言文字进行表达和交流的重要方式,是认识世界,认识自我,进行创造性表达的过程。

二、创新性作文及其写作

1. 创新性作文的定义

什么是创新?简单地说就是利用已存在的自然资源或社会要素创造新的矛盾共同体的人类行为,或者可以认为是对旧有的一切所进行的替代、覆盖。

创新性作文是一种运用多种思维方式,激发学生想象,抒发感情,表明观点态度的一种作文形式。通俗地讲,视角独特、立意新颖、情感真挚、思想深刻、语言含蓄等,都可以列入"创新"的范畴。相对于传统作文而言,它含有与时俱进的因素,能跟上时代的步伐。

2. 创新性作文的特点

(1)真。真即真实。真实是指文章中所刻画的人物、记叙的事件在生活中的确存在或发生,但并非一定要发生在自己身上或不能虚构。即所谓的"来源于生活,而又高于生活"。是艺术的再现生活,生活的艺术再现。有些同学以为"真实"就是"不能虚构",这种理解是错误的,片面的。其实,作文并不反对虚构,虚构恰恰是写好作文的一种妙不可言的手段。毕竟一个人的经历是有限的,哪能事事都亲身经历呢?但是,虚构绝不等于胡编乱造,那些为了夺人眼球、拼命浮夸的虚构只会让人啼笑皆非,甚至心生厌恶。

(2)新。鲁迅说:第一个把美女比做鲜花的是天才,第二个算是人才,第三个就是蠢才了。第一个吟出"人比黄花瘦"令人拍案叫绝;第一个将纷飞的大雪比作"未若柳絮因风起"也让人称奇叫好。无论李清照还是谢道韫,都因为这第一个创新而给后人留下千古佳话,成为真真正正的才女。一篇真正的好文章是让读者读有所获，读有所感，老套古板的东西显然不及新鲜活泼的吸引读者。对于作文内容而言，写他人未曾写过的就是新的。

（3）活。活是针对文章语言而言，意思是指语言要畅达生动，富有表现力，如淙淙溪水，灵动而有活力。高尔基说："语言把我的一切印象、感情和思维固定下来，它是文学的基本材料。""言之无文，行而不远"，词语丰美，文才飞扬，语言灵动，似行云流水，无疑给文章增添无穷的魅力。与"活"相对的是"涩""干涩""干瘪""滞涩"，读起来语言干巴巴，没有文采，味同嚼蜡，又不流畅连贯，像生锈的链条，费力滞重。

（4）特。黄庭坚曾说："文章最忌随人后。"讲的就是文章要有个性。千人一面，众口一词，一个模式，一个套路，缺乏创作个性的作文是思维和表达的复制，就像一杯白开水，淡而无味。有个性色彩的文章，才是有生命力的。可以说，个性是创新作文的生命属性。创新作文就是要彰显个性。

3. 创新性作文的方法

（1）命题创新

古人云："题者，额也；目者，眼也。"文章的标题如同人的眼睛。"眼睛是心灵的窗户"，一双明亮聪慧的眼睛能够眉目传神、惹人眼球；标题是文章的眼睛，一个具有开拓性和创新性的标题可以让读者眼前一亮，对文章一见钟情，进而有了进一步阅读的欲望，更别说在中考时能给阅卷老师留下深刻印象，从而为争取更好的分数打下基础了。一个好的题目，不但能准确而生动地概括全文，体现文章总体内容，还可以透过它洞悉文章的灵魂，并起到很好的宣传作用。"额宽目明文半成。"一篇文章不管你写得如何尽善尽美，如果标上一个平淡无味的标题，那就如同红花折了绿叶。相反，一篇佳作，如果能配上一个精彩贴切的标题，往往能一下子打动读者的芳心，令人过目不忘，产生巨大影响。那么怎样才能让文章题目达到新颖有特色呢？我认为最为关键的是帮助学生摆脱消极思维定势的束缚，引导他们的思维向四面八方、上下左右辐射，鼓励他们另辟蹊径、独树一帜、推陈出新，从不同角度获得拟题的途径和方法。如：

①巧用歌名。其实，很多流行歌曲本身就是一首诗，有些歌曲的名字和歌词都有深刻的内涵，将其为我所用，岂不妙哉！例如，以"享受"为话题写作，有学生就用了五月天的一首歌《你不是真正的快乐》为题，写

出了无限制的享乐给自己带来了内心的空虚。又如,以"成长"为话题的文章,要使题目富有诗意与新意,就可用陈绮贞的《华丽的冒险》《失败者的飞翔》等。

②巧用广告语。只要留心生活中无处不在的广告语,就会发现其中有许多创意可以用于写作。例如,写与"青春""个性"有关话题的文章,可以用中国移动通信的广告语——我的地盘听我的,麦当劳的广告语——我就喜欢……让文章既具有时代气息,又趣味十足。

③巧用修辞。有的文章命题善于用修辞来增添亮点,如以"路"为话题,有学生取题为《向前看与向钱看》《忙、茫、盲》,写出了人生道路中人们的选择与生存状态,巧妙地运用了双关的修辞手法。又如《阳光下的罪恶》《铁汉柔情》等,巧用对比,生动传神。

④巧用文言。用文言词汇来拟标题,也会别有一番新意,如《忙兮忙兮奈若何》《独乐乐不如众乐乐》等。

(2)体裁创新

一篇好的作文不仅仅要求具备好的内容,同时也要考虑形式的美观,即内容与形式要完美统一。新颖的构思,独特的文体,颇具个性的创新色彩和个性特征,都使读者眼睛一亮,令人耳目一新。教师在平时训练中就应该鼓励学生解放思想,放开手脚,张扬个性,大胆尝试,锐意创新,运用各种文体去作文。在千万篇作文中,一篇体裁与众不同、独具风采的作文定然会让阅卷老师眼前一亮,心情一爽。在中、高考的考场作文中,涌现出大批敢于突破议论、记叙等常见文体限制的文章,除了采用日记、书信、新闻等常见应用文的格式之外,还出现了一些特殊的应用文格式,如产品说明书、独幕剧、访谈录、实验报告、招生简章、诊断书、辩论稿、悼词、寻人启事等。

例如:

患者吴诚信的就诊报告

姓名:吴诚信

性别:男亦可,女亦可

年龄:生于20世纪60年代或70年代

职业:待定

确诊方法:中西结合

一、望诊

脸色：无甚大碍，就是不会脸红。即使是"落井下石"后，也是脸不变色。眼睛：眼珠缺乏灵活性，只能侧视或者向"钱"看，目光狡黠。鼻子：鼻头上翘，鼻孔变大，嗅觉间歇性失灵，只能闻官气、贵气，而不能闻民气、贫气。舌头：发生变质、发音不准，舌间形状有变为弹簧的趋势，说"撒谎"发音清晰，说"真话"则发音含糊，吐字不清。

二、把脉

脉搏沉、快、促、紧、滑、涩……典型的吹牛皮后心悸、早搏导致心脏衰竭的先兆。

三、透视

1. 肝肺呈现出暗色，甚至发黑。

2. 脊椎有弯曲迹象，病情表现为直不起腰。

四、血样采集

患者血色呈暗红色。血色分子结构多种多样，有"才"有"貌"有"钱"有"恩"，其中前三者居多，唯独缺"信""诚"，血小板几乎没有。

五、基因鉴定

经过精密仪器测试，患者的基因已经发生变异。已不能显示系何族子孙，"信、义、忠"结构已被破坏。虽然基因测试不出系何族，但其行动都具有封建小农意识，表现为见了五斗米就折腰（当然脊椎已查明有问题），钩心斗角，尔虞我诈，挖人墙脚，落井下石。

六、治疗方法

1. 换血：注入大量"人文"氧气，替换体内有害健康的"拜金主义"二氧化碳。2. 每天早晚一次扪心自问，摸摸自己的良心在否。3. 阅读大量杂文，唤醒其诚信意识。

七、医生建议

此病例不是首次发现，十分具有代表性，望患者注意，切莫相互传染。

医生（签章）

这是2001年全国高考满分作文。面对"诚信"这一传统话题，作者独辟蹊径，着眼于文体的创新，娴熟地运用"就诊报告"这种医务人员专用文体,针砭时弊,解剖社会,借助不同的"诊断手法"由表及里地刻画出丧失诚信者的特点,幽默讽刺,入木三分,针针见血。

(3)语言创新

语言是思维的物质外壳,是文章的载体。文章要有新意,所运用的语言也必须新鲜活泼富有个性。清代李渔说:"人惟求旧,物惟求新;新也者,天下事物之美称也。而文章一道,较之他物,尤加信(确实)。"①(《闲情偶记》)。唯有浓烈的充满自我个性色彩的语言,才能使文章有风格,有特色。"言之无文,行而不远",语言鲜活,独具个性,写出文章才有品位。怎样才能语言创新? 韩愈说"词必己出""务去陈言",即不能人云亦云。具体说可从词语、句式、修辞、意蕴四个方面去锤炼。

词语锤炼指用词要准确、生动、奇巧、灵活多变,避免重复,搭配要灵活,敢打破常规,大胆想象,把静态的事物写活,把动态的事物写得逼真,把平常的事写得形象动人。如"那时,'同志'是推翻反动王朝,建立人民政权的高度凝合剂。一声'同志们,冲啊!'召唤起千万个志同道合的优秀儿女,打出一个崭新的中国。后来,'文革'搞窝里斗,整得人见人怕,跟刺猬窝似的,躲还来不及,还同什么志呀? 所以有一阵子全国流行师傅,无论老幼男女,连同军人带干部都享受到车间待遇。但好赖算是尊称。"(林鸣《称谓变迁再变迁》)例中把"同志"称作政治上的"凝合剂",用"窝里斗""跟刺猬窝似的"来比喻"文革"期间的残酷斗争,"算是尊称"之前,还特意加上一个苦涩的修饰语"好赖",显得词句不拘一格,信笔挥洒,活泼风趣,用语新奇,无陈腐之气,使人耳目一新,体现出作者驾驭语言的熟练技巧。

句式锤炼指表现为长句短句交错、整句散句结合、语序变换等多种形式的灵活安排。如"皎月当空,清辉满地,或倚窗,或伏几,或辗转床褥,常常会涌起一股或浓或淡的乡思……"字数相近,结构相似,内容互相补充、互相映衬;整中有散,使语气有舒缓之处,又显得文章摇曳多姿、舒卷自如;散中有整,整句成了文眼,起到突出、强调作用。

恰当运用修辞一方面可以增添文章的语言色彩,调动读者的想象和联想,在心中形成某种影像;另一方面更有助于表达文章的深刻内涵。

---

① 李渔:《闲情偶记》。

运用比喻的手法对事物的特征进行描绘或渲染,可以使事物生动具体可感,给人以鲜明深刻的印象;说理则可以让深奥的道理浅显易懂。应用时要准确、贴切、新颖,并注意思想感情。善用排比可以扩大表达的容量,能够增强语势,提高表达效果。用排比说理,可以把论点阐述得更严密、更透彻;用排比抒情,可以把情感抒发得淋漓尽致。引用名人名言、格言警句,则可以展示自己的积累,增强文章辞采。运用夸张能深刻地表现作者对事物鲜明的情感和态度,从而引起读者的强烈共鸣;通过对事物形象的渲染,可以引起人们丰富的想象,有利于突出事物的本质和特征,等等。

如 2000 年高考优秀作文《冷香飞上语文》:

"大江东去,浪淘尽,千古风流人物。"语文从那古人口中娓娓道出;语文被当阳桥头的张飞一声吼出;语文从忧国忧民的范仲淹的笔端流出;语文在浔阳江头的琵琶女琴弦上回荡。语文带我们到天姥山的仙人洞里体验神奇,到景阳冈的青石上感受惊险;它让我们深味"逝者如斯"的感慨,"才下眉头,却上心头"的忧愁,"对酒当歌,人生几何"的无奈,"秋阴不散霜飞晚,留得残荷听雨声"的萧瑟……

作者运用引用、比喻、排比等修辞赋予抽象的语文以灵动的生命、深刻的内涵,生动而又巧妙地回答了"什么是语文"这个问题,让读者不禁为之拍案叫绝。

意蕴是指写出来的句子要有内涵,有厚度,读后给人以思考启发,注重警策性、哲理性与形象性的有机结合。要写出句子的意蕴,要注意平时的积累,看到富有哲理的句子要做好摘记诵读,揣摩如何去表达,对生活事理进行深入的思考,同时优化自己的语言习惯。只要坚持,长此以往,会发现我们也可以写出诸如此类的哲语佳句:"如果不读书,行万里路也不过是个邮差。""马在松软的土地上易失蹄,人在甜言蜜语中易摔跤。""积极的人是太阳,照到哪里哪里亮;消极的人是月亮,初一十五不一样。""只有知道如何停止的人才知道如何加快速度。""忙碌是一种幸福,让我们没时间体会痛苦;奔波是一种快乐,让我们真实地感受生活;疲惫是一种享受,让我们无暇空虚。""许多时候,我们不是跌倒在自己的缺陷上,而是跌倒在自己的优势上,因为缺陷常常给我们以提醒,而优势却常常使我们忘乎所以。"

（4）思维创新

思维能开出最美的创作之花。乌申斯基曾说："语言乃是思维的有机的创造，它扎根于思想之中，并且从思想中不断地发展起来；所以，谁要想发展学生的语言能力，首先应该发展他的思维能力，离开了思维单独地发展语言是不可能的。"因此，要进行创新写作，就必须善于运用多种思维方式开拓思路。

创新思维有三种形式：逆向思维，发散思维，聚合思维。

①逆向思维。逆向思维又叫"反弹琵琶"，即同一话题，避开一般惯性思维，"人褒我贬，人贬我褒"，巧妙地从相反或相对立的角度去立意，给人新的启迪和感受。逆向思维法具有挑战性，常能出奇制胜，获得突破性解决问题的方法。

逆向思考有两种。一种是以逆向开拓来否定原有的固定观念，在立新的过程中破旧，从而使新的见解进一步地得以阐发。比如写一篇以《雪》为题的作文，大家很容易联想起雪是纯洁的象征，也往往对此进行赞美，这是人们的惯有思维，没有错但没有新意。若是进行逆向开拓思考的引导，也有人会认为洁白的大雪掩盖了世上丑陋的东西，这种对传统的颠覆，对惯有的反叛，无疑要比原先的要新颖，富有创意。又比如古语"各人自扫门前雪，莫管他人瓦上霜"，本意指比喻只顾自己、不关心别人，是自私的行为，有贬义的成分在内。若是琵琶反弹就可以得出"若是每个人都能做到自扫门前雪，不是能营造一个良好的环境吗？分内的事情都没有完成，却自作多情管人咸淡，岂不增人笑饵？只有各人完成分内事务，才能出色地完成总任务。再比如：班门弄斧——弄斧必到班门；杞人忧天——忧患意识不可无，防患于未然；这山望着那山高——就是要不断进取；书山有路勤为径，学海无涯苦作舟——书山有路巧为径，学海无涯乐作舟，等等。可见，逆向思考往往可以得出意想不到的效果。

另一种则是以逆向开拓来补充某些原有的单一观念，使之更臻完善。比如出自晋朝傅玄，被中国古代奉为经典的一句家喻户晓的话，"近朱者赤，近墨者黑"。通常用来比喻经常与优秀人才一起交往，自己也会向好的方向发展，反之亦然。这是一般人的观念，但也有人从周敦颐的"出淤泥而不染，濯清涟而不妖"受启发，逆向大胆提出"近朱者未必赤，近墨者亦未必黑"。这种逆向开拓，没有否定"近墨者黑"，而是从反面进行补充,使之完善。逆向开拓法是作者思维的催化剂,它往往能引导作者步入新境,写出创新文章,给读者以出乎意料而又耐人寻味的启迪。

②发散思维。发散思维又称"辐射思维""求异思维",是指面对同一个事物,我们有目的地从不同角度、不同方向去思考问题,进行生发,向四周扩散,通过想象和联想,从多方面寻找众多解决问题方法或答案的思维方式。吉尔福特指出这种思维方式能发散出众多新颖独特的信息,并导致新的理解、假设和结论。把发散思维运用于作文的构思立意中,能开拓思路、扩展视野,写出新颖、深刻、高远的好文章。

"横看成岭侧成峰,远近高低各不同。"就是对发散思维的最好诠释。同一景物,从不同角度看,会有着不同的形态。同一个题目、同一个题材,从不同的角度构思立意,往往能翻出迥异的新意。

③聚合思维。聚合思维又称求同思维、集中思维、辐合思维法等,指从诸多事物中寻求其共性或共同指向的一种思维方式。它是一种有方向、有范围、有条理的收敛性思维方式,与发散思维相对应。席勒说:"就创造性思维而言,我们应敞开智能的大门,让那些杂乱无章的设想涌进我们的脑海,然后再作总体上的分析和验证。"这就是要求我们先用发散思维求异,从多角度、多侧面进行考虑,然后用聚合思维求同,选取本质的东西来写。举个例子,写话题作文时,是以话题的中心词、关键词为圆心,从词语内容的相关、相连、相反等方面,组成关键词语的同义词、近义词、反义词或词组、短语、短句。由此进一步打开思路,展开联想。如"诚信",可组词"信风""信物""信使""信用""失信""言而无信""信誓旦旦""背信弃义""信言不美,美言不信""一诺千金""一言既出驷马难追""尾生抱柱""城门立木",等等,所有的都指向"诚信"内涵。

实践表明,创新作文是最富有创造性的一项学习,它真正体现了学生的人文主体精神,凸现生命的人文主体性。正是因此,创新作文教学成为个体生命思维深化、情感升华、个性发展的心灵流程。

三、创新性作文的教学

(一)创新性作文教学内容的确定

一直以来,作文教学成为语文教学中较弱的环节,究其原因,不是教师不重视,而是教师不知如何开展作文教学。提高学生的写作能力是一项漫长而艰巨的工作,它不是凭一两节课就能见效的,需要的是教师的激情、信念与学生的兴趣、坚持。研究创新性作文的教学模式,首先要弄清楚创新作文的教学内容,即教什么的问题。通过对创新作文的定义、特点、方法等方面的研究,笔者认为创新作文的教学内容主要有以下几点。

1. 阅读能力训练

古人云:"读书破万卷,下笔如有神。"阅读与写作是学习语文的左右手,两者密切相关。掌握一定的阅读技巧,不仅能提高阅读水平,更重要的是可以锤炼良好的思维品质,在"读"的过程中领悟"写"的诀窍。

2. 创新思维训练

指导学生进行一定的创新思维训练,有助于激活学生思维,养成多思多想的习惯,为创新写作做准备。创新思维训练可以从培养学生的发散思维、逆向思维、辩证思维、形象思维、逻辑思维等方面着手。

3. 创新写法训练

创新写作的技巧指导也不容忽视,教师可进行专题性教学,分为命题创新、构思创新、体裁创新、语言创新等小板块,通过指导学生进行仿写、改写等多种方式,针对性地逐一击破学生的弱点。

(二)创新性作文教学方法的选择

著名语文教育家吕叔湘说过:"如果说一种教学法是一把钥匙,那么在各种教学法之上,还有一把总钥匙,它的名字就叫作'活'。"创新作文教学似有法,又似无法,关键在"活",教师要"活"教,学生要"活"学。创新作文的教法很多,仁者见仁,智见者智,笔者在此主要列四种。

1. 拓展迁移法

所谓拓展迁移法,即教师指导学生在已有知识经验的基础上,展开想象的翅膀,从不同方向延伸出更广阔的思维空间,拓展写作思路,提高创新写作能力。

(1)教材延伸。中小学生生活阅历浅,其写作素材多来源于阅读积累,语文教材就提供了许多素材。教师应指导学生挖掘教材,发现其中值得延伸的亮点,开发创作新思路。可对课文进行续写,如学完《皇帝的新装》,学生可展开想象,续写故事;可补写课文空白点,如学完《孔乙己》,可让学生写孔乙己离开酒店之后发生的事;可仿写课文,如学完《陋室铭》,有学生就创作了《学生铭》;还可颠覆课文,如学完《马说》,可以写《千里马不可一味等待伯乐》……

(2)一题多作。教师指导学生根据不同写作要求,进行一题多作的作文训练,有助于培养学生的发散思维,有针对性地提高写作能力。

第一,变换文体,一题多作。例如,学完《五柳先生传》,可以写以下几篇文章:①诗歌《我心中的陶渊明》;②查阅与陶渊明生平及其作品有关的资料,写一篇相关的简介文字;③发挥想象,用陶渊明邻人的身份写一篇记叙文《我的邻人——陶渊明》;④读一篇陶渊明的作品,写一篇读后感。

第二,转变角度,一题多作。如写人,可以有不同的角度,可侧重人物肖像、人物语言、人物动作、人物心理等其中的一两项来详尽地勾画人物形象。写景也是如此,即使是同一景色,也可从不同角度描绘。教师指导学生作文训练时,还可利用教材,如人教版语文八年级下册第一单元都是写人的作品,每篇文章都有不同的侧重点,可以让学生模仿其中两篇的写法来作文,进行人物写作专题训练。

第三,反复修改,一题多作。"文字频改,工夫自出"(宋·吕本中),学生的每一次写作实践都值得重视,不是写好了就结束了,优秀的文章往往经过反反复复的修改、润色。教师应指导学生对自己的文章从主题思想、材料内容、语言表达、行文构思等多方面进行反思,通过师改、自改、生生互改等多种修改形式帮助学生找到自己作文的缺陷,增强创作个性和创新表达。

(3)学科交融。不同学科都有各自的特色,将各科中的精彩为作文所用,既丰富了写作素材,又极具创新,何乐而不为? 学了数学,何不利用数学解题的方式:已知—求证—解答来写一篇语文试题《快乐是什么》;学了化学,何不用化学实验报告的形式来作一篇《记忆移植的实验报告》;学了历史,何不用历史上的人物、事件来证明《英雄不论成败》;学了美术,何不用各种色彩表示你《一天的心情》呢……

2. 情感体验法

情感是文章的灵魂,文章无情,就如丢了灵魂的行尸走肉,没有丝毫灵气,呆板凝滞。陆机以为"诗缘情而绮靡";刘勰以为"夫缀文者情动而辞发,观文者披文以入情""吐纳英华,莫非性灵"。他们都认为文章因情而作,"情动于中而形于言",只有心中怀有美好的情感,才能触动语言机制,写出的文章才能打动人。情感体验法,就是让学生带着一颗善于发现的心重新走进生活,体验生活,捕捉生活中每次细腻的情感变化,创作出充溢着情感的文章。

(1)享受课堂,丰富情感。语文课堂本身就该是充满情感体验的地方,读到的是各种饱含人间真情的文学作品,听到的是教师和学生充满感情的朗读声。写出打动人的文字的人,必须先是一个懂得情感,懂得发现、欣赏文学作品中细腻情感的人。教师应充分利用阅读教学,丰富学生的情感体验,培养学生的审美情趣,提高其审美能力,使学生通过有感情的"读",学会有感情的"写"。

(2)走出课堂,体验生活。生活中处处有语文,处处有值得被发现的精彩,生活就是写作的最佳素材。教师应引导学生观察生活中易被人忽视的细节,引导学生领会、思考不同的人、事、物,即使是平凡枯燥的,也有值得被挖掘的品格、情趣、哲理。一件普通的事物,就会因看待它的眼光不同,而散发出不同凡响的魅力。在写作教学中,教师可带学生走出课堂,体验生活中细微的美好。如写"春雨",大可让学生走出教室,在校园里感受每个角落的春雨,虽然这是极平常的现象,但是此刻学生的感受会被放大,他们会全心全意地投入到观察与感受中,这对写出情感真挚的文章有很大帮助。走出课堂,最重要的是提高学生捕捉生活中材料的自觉性及将其融入作文的能力,让学生真诚地拥抱生活,用文字抒发心灵深处的情感。

3. 问题讨论法

创新写作完成的一个重要前提是要有勤于思考、善于发现、敢于质疑的思维品质。在教学中,教师应创设问题情境,优化问题设计,激发学生写作兴趣和创新思维,引导学生勤于思考,培养学生的想象力和创造力。

写作问题的提出和讨论,可以是阅读课的延伸。课堂中充满了很多不可预知的发现与疑问,这些都是师生讨论交流时意外的收获,此时,教师可顺势引导学生对这些课堂中激起的浪花大做文章,从而一浪接一浪,激起学生创作的新思维。如在学陶渊明的《桃花源记》时,有学生提问"如果渔人后来又找到桃花源了,桃花源会变得怎样呢",这是一个值得学生发挥想象的问题,教师可让学生课后查找相关资料,借题发挥,写一篇想象作文。

写作问题的提出与讨论,还可以从修改作文的环节进行。教师批改作文时,可针对学生的作文,提出相关问题,帮助学生充实内容,发现弱点。如一位学生写《我的母亲》,全文泛泛而谈,内容空洞,教师就在其作文后提出了以下三个问题:(1)你的母亲有什么特点? 她有特别的爱好吗? (2)你的母亲曾对你做过什么让你印象深刻的事,使你感受到了她对你的爱? (3)这篇文章,你最想突出母亲的哪一点? 这些问题有助于学生抓住写作重点和细节描写,丰富文章内容。学生之间相互修改作文时,也可互相质疑、讨论。最后,学生自己修改时,要对他人提出的问题进行归纳、分析,找到问题的出口,有针对性地进行修改。

除此之外,写作问题的提出还可来源于课外生活,从每天的生活经历中来,从课外阅读中来,从电视网络新闻媒体中来,等等。问题提出的关键在于你是否拥有一颗乐于探索、发现与思考的心。

4. 创新展示法

苏霍姆林斯基说过:"所有智力方面的工作,都要依赖兴趣。"促使学生提高写作能力的一个关键因素就是兴趣,只有唤醒学生内心深处表达的欲望,创作才会如雨后春笋,势不可挡。教师应抓住每次能激发学生表达欲望的机会,让学生体会到写作的快乐,这样,创新写作才可能在学生心中生根发芽。笔者认为,在学生摸索写作这条路时,必定会遇到很多挫折,会失望,会泄气,这就需要教师真诚、积极的鼓励,其中一种最有效的鼓励方法就是让学生展示自己努力换来的成果,让学生享受创作的快乐。展示成果的方式有:

(1)向各类报刊投稿。教师应鼓励学生创作,并将优秀的文章向各类报刊投稿,及时表扬这些学生,让他们成为班级文学创作的领军人物,引领学生创作之风。

(2)自办班刊。可每两个月举行一次班级作文评比活动,通过学生、教师多轮评比后选出若干优秀作文编入班刊。班刊的名字、版面等设计都由学生着手,班刊编辑由热衷于创作的同学担任。班刊办得好可向全校适量发放,当然也可用博客的方式开展,便于多方互相交流。

(3)布置"创意园地"。在教室一角布置一块可让学生写简短的个性语或小创意的空间,让学生在充满创新的环境中学习、生活。

(4)节日贺卡。利用节日,让学生自制贺卡,发挥想象与创意,写出别具一格的祝福语……

总之,不放过任何一次可以让学生"动手写我心"的机会,让学生在各种创新作文展示中,找到写作带来的乐趣和成就感。

(三)创新性作文教学过程的安排

马正平先生在《走向过程,走向主体,走向价值》一文中把当前中学作文教学概括为八种主要体系:(1)文体训练体系,主要训练学生按各种文体的特征写作,影响较大的有陆继椿的"双分"(分阶段分文体)体系,人民教育出版社编写的《作文训练教程》也是文体训练模式;(2)"摹仿—创造"训练模式,以钱梦龙为代表;(3)"分格训练"体系,是常青提出的化整为零、各个击破的作文教学模式;(4)"三级"训练体系,即"观察—分析—表达"训练;(5)"语言——思维"体系,代表人物为章熊;(6)思维训练体系,如蒋洪波在《作文思维训练》中提出了"形象思维、形式思维、辩证思维"三个阶梯的作文训练;(7)"文体"为纬,"过程"为经的训练体系,又称文体全程训练体系,代表是于漪和北京景山学校,他们开始注意到了写作过程的重要,但仍未把它作为作文目的来训练;(8)"文体—过程双轨训练"体系,此时,作文教学更注重写作过程的训练。①

以上八种体系,信仰的都是"文体中心主义",然而过分强调文体会使学生的作文程式化、机械化,失去特色。马正平也认为文体中心主义是当前中小学写作教学中最大的危害,他在《中学写作教学新思维》中强调"动力学、操作化、成功感"(即 DCC)作文教学的理论和训练体系。② 这种作文教学理念强调思维活动的自组织非构思行为过程,强调学生的成功感所带来的心理动力,强调学习系统的循环、生生不息。

通过对传统以及近年来各种写作教学模式的研究比较,笔者认为,

---

① 翟启明:《中学作文教学大全》,四川大学出版社 2002 年版,第 12 页。
② 马正平:《中学写作教学新思维》,中国人民大学出版社 2003 年版。

如今很多课堂作文教学看似有头有尾、热闹非凡,学生课后却仍感到无从落笔的很大原因是教师的作文教学理念仍停滞不前,仍过分强调文体,将阅读教学与写作教学混为一谈。学生的课外准备和写作是促成有效课堂的关键,这却往往被教师忽视。要促成作文课的有效教学,就必须将激发学生写作动力(写作兴趣)、写作思维和写作方法并重,课前、课内与课外并举,将线型、平面、短期的教学模式转变为圆形、立体、循环结构的教学模式,因此,笔者设计的创新作文教学过程如下。

1. 前写作

(1)布置任务。教师在上作文课的前一周就告知学生本次作文训练的主题,将学生分为各个学习小组,教师总指导,小组长分配任务,使每个小组成员都有自己的任务。

(2)收集资料。每个小组成员按照自己的兴趣、任务收集与本次作文训练有关的资料,并将资料共享,小组内互相借阅。

这种写作前的准备一般都会被教师忽视,但这个过程对于启发、开拓学生思维起到了非常重要的作用,不仅可以作为课外延伸阅读训练,也可使写作指导课达到事半功倍的效果。

2. 写作

(1)激趣。写作动力不足是写作失败的一个重要原因。想要真正提高学生的写作水平,最好的办法是让学生爱上写作。教师首先应给予学生积极的鼓励,让学生认识到提高写作不是一朝一夕就能做好的,这是一个漫长的交织着挫折与幸福的过程,只要坚持不懈反复琢磨,发自内心地想去创作,最后就一定会成功。其次,教师应该选择和学生的生活体验接近的作文话题。赞可夫说:"应该打开窗户,让沸腾的社会生活、奇异的自然现象映入学生的脑海,借以丰富学生的感情经验,激发学生的感情。"打开这扇生活的窗户就为师生之间的交流找到了一个愉悦的平台,让学生感受到写作的亲切。最后,教师应有针对性地指出学生习作中存在的问题,并在课堂上运用多种教学手段(如讲故事、听音乐、播放视频、提问等),吸引学生注意,激发学生思维。

(2)点拨。这个阶段,引导学生拓展思路,发散思维。如以"路"为话题,教师就可提醒学生"路"可以指物质的、真实的路,可指精神的、文学中提到的路,可以是想象的沟通之路、理想之路,等等,从而点拨学生尝试走写作的"新路"。教师还可读一两篇与之相关的短文,最好是学生佳作和教师的下水作文,简单点评,并将本次作文训练的重点突出,如本次作文主要提高学生的开头构思,教师就应让学生留意开头。

(3)讨论。经过教师的点拨,学生的思路大受启发,开始有自己的见解了。这时就先进行小组内讨论,讨论话题围绕本次作文训练的重点(如怎样写好开头),交流各自收集的资料中哪些可以利用。然后再班内讨论,教师请几组代表说说他们的讨论结果。

(4)初作。经过以上的活动,学生基本确立了写作方向,这时不妨让学生安静沉思,动笔写写。可以写提纲,可以写个开头,也可以写对话题的感受,目的是让学生将此刻活跃的思维、灵感沉淀下来,化作笔端的乐趣。

(5)批改。包括对初作和再作的批改。对于初作,可以让几位学生分享自己的初作,谈谈自己的创作思路,师生给予意见(以鼓励为主)。对于再作,批改的方式有:教师多媒体评改、学生自批自改、学生互批自改、学生互批互改,等等。笔者认为创新批改应突出学生的主体性,强调教师的主导性。教师可先用多媒体演示、指导学生如何批改,再由学生互批互改,接着交由教师给予点评,最后让学生自己修改。这种方式有利于学生在批改过程中发现不足,得到多方意见,从而不断进步。

3. 后写作

(1)再作。通过课前的准备和课堂上的"思维大爆炸",学生再写这篇大作文已经不难,而且容易写出新意。教师应鼓励学生课后再根据自己文章的需要阅读课外素材,丰富文章内涵,让写作的过程也成为阅读、拓展视野的过程。

(2)修改。"作文如攻玉然,今日攻去石一层,而玉微见;明日又攻去石一层,而玉更见;再攻不已,石尽而玉全出矣!"(清·唐彪《家塾教学法·学有专攻深造之法》)反复修改是作文训练中应引起重视的一项内容,本环节是文章经过师生批改后,最后再由学生自己重新修改、润色。

(3)发表。要让作文优秀和有进步的学生体会到成功感,发表他们的作文是一种很好的途径。学生体会到成功的喜悦后,会更有动力去写作,有利于形成写作教学的良性循环。

这个教学过程设计摆脱了课堂有限时间的束缚,将课前、课中、课后三个阶段有序连接，从而形成一个循环、可持续的圆形作文训练模式。在这个圆形作文漩涡式的训练过程中，又附带了对学生课外延伸阅读的训练，有助于提高学生的阅读鉴赏、采集资料等多方面的能力。同时，在整个教学过程中，教师始终关注学生的创作动力和成功感，关注学生的个性情感发展，各个以学生为主体的环节都体现了以人为本的精神，使学生感受到写作是他们生命的一部分，最终由情感推动写作，由方法提高写作。

四、创新性作文教学的意义

教育是立人的事业，我们要培养的是一个个大写的、能立直的人。而一个大写的人必定是一个有个性，具有独立自由精神品质的人，这样的人就不会人云亦云、不愿思考地跟在他人后面，这样的人追求的是"不走寻常路"，这样的人热衷于探索自己思维的火花，用笔尖写下自己独特的丰富的生命体验。语文教育是一种塑造人类灵魂的教育，读、写、听、说都是表达灵魂的方式，教师应尊重每个学生，尊重每个学生鲜活、个性的生命，引导他们与自己的心灵对话，引导他们写出个性化的、创新的文字。创新作文教学的道路，就是激发学生新思维、敢于质疑的道路，就是丰富学生的审美情感和生命体验的道路，就是引领学生走向一个大写的人的道路！这条道路，应该由师生结伴而行，学生应不断尝试勇于创新，教师应不断致力于有效创新作文教学模式的研究，使一代代的学生在这条路上可以走得更好、更远！

第十五节 个性化作文教学模式

作文一直是语文教学的重中之重，同时也是难中之难。虽然现代语文教学强调作文要重真实，倡导自由作文，写出属于自己的个性作文，但在实际作文教学中，我们发现学生作文仍然缺少独立的思考、见解，很多时候甚至难以写出真情实感，更毋庸说要张扬个性，抒我之见了。深思个中缘由，在于现存的作文教学以及作文环境使得学生长期以来养成了依赖性的习惯，教师往哪个方向引导，学生就跟着写，在作文中缺乏自己的生命体验、收获和感悟,时常局限于现成的结论,缺乏个性化。于是,从注重引导学生关注自身的生命体验入手,重视增强学生独立思考的能力,珍视学生对生活的独特感受,引导学生走出呆板的、单调的作文模式就显得尤为重要了。

一、个性化作文提出的背景

关于语文作文教学的模式观点有很多,比如活动作文、创新作文、绿色作文、快乐作文、开放式作文等。这些模式观点都是基于不同的侧重点来定的,而个性化作文就是针对学生作文的个性体现所提出的。那么,个性化作文提出的具体背景到底如何呢?

传统作文教学的种种弊端给现代作文教学提出了新要求。长期以来,传统作文讲求思想内容紧跟时代大潮流,追求"统一性""划一性",要求作文主题符合社会主旋律,开头结尾讲究模式化,有种"现代八股"的倾向。作文不讲求个性化、创新性,流于千篇一律,多以"我们"的话语权淹没"我"的话语权。

传统作文教学的结构模式基本上遵循:教师命题—教师指导—学生作文—教师批改—教师讲评,这样的模式虽然有利于在短时间内教授学生作文技巧和方法,但却不能兼顾每位学生的个性思维,并且缺少学生的主体体验和参与。而且多年教学成效的事实表明,这样的教学方式收效甚微。作文教学,可以说是语文教学中的一大瓶颈,在现实教学中,大部分中学教师作文理论修养不足,教学方法缺乏系统性整合。学生的作文水平不能得到有效的提高,容易人云亦云,缺乏属于自己的作文语言。

《全日制义务教育语文课程标准》中关于作文教学的新理念提出:"在发展语言能力的同时,发展思维能力,激发想象力和创造潜能。作文要感情真挚,力求表达自己对自然、社会、人生的独特感受和真切体验。"[1]并在5—6年级的习作要求中提出:"养成留心观察周围事物的习惯,有意识地丰富自己的见闻,珍视个人的独特感受,积累习作素材。"在7—9年级的作文教学中提出:"作文要感情真挚,力求表达自己对自然、

---

① 中华人民共和国教育部:《全日制义务教育语文课程标准(实验稿)》,北京师范大学出版社2001年版。

社会、人生的独特感受和真切体验"，"多角度地观察生活，发现生活的丰富多彩，捕捉事物的特征，力求有创意地表达"。《普通高中语文课程标准》中也提出："力求有个性、有创意的表达，根据个人特长和兴趣自主作文。在生活和学习中多方面地积累素材，多想多写，做到有感而发。"①这些新要求概括起来可以用"个性""创新"来表达，这对现代作文教学提出了更高的要求，时代呼唤个性化作文，唤醒沉睡在传统作文教学模式中的个性与灵性。

周姬昌的《作文学高级教程》中指出作文学作为一门古老而又年轻的学科，出现了蓬勃发展的生机，传统的知识体系正在被突破，研究的视野逐渐开阔，研究的领域正在开拓。② 这本书无疑为作文学科的建设献上了一块铺路石。

二、个性化作文的理论阐释

（一）个性化作文界定

个性化，顾名思义，就是非一般大众化的东西。在大众化的基础上增加独特、另类，拥有自己特质的独具一格的风格。我们的作文也需要个性化，呼唤个性化只有我们学生的作文里流淌着个性化的思维与语言，渗透着个性化的生命体验与经历感悟，学生才会有作文的乐趣与寄托感，也才能写出更好的内心体悟。那么，什么是个性化作文呢？

关于个性化作文的定义有很多，每种定义各有千秋，有些客观科学，有些主观感性，但都毫无例外地体现出其"个性""创意"的本质特点。以下是我摘录的几个关于个性化作文的定义：

1. 所谓个性化作文是指在学生天赋所及的范围内极大地发挥他的主观能动性，使其充满作文的激情和创作的欲望。个性是文章的灵魂，因此作文应该是"用我的自由之笔，写我的自得之见，抒我的自然之情，

---

① 中华人民共和国教育部：《普通高中语文课程标准（实验稿）》，人民教育出版社 2003 年版。

② 周姬昌：《写作学高级教程》，武汉大学出版社 1989 年版。

显我的自在之趣"①。

2. 所谓个性化作文教学就是以"以人为本"教育思想为出发点,结合现代作文理论,通过学生积极主动的作文活动,培养学生的独立人格、个性才能,促进学生个性自主和谐发展的一种作文教学思想。②

3. 个性化作文是指在学生天赋所及的范围内极大地发挥他的主观能动性,使其充满作文的激情和创作的欲望,使其个性在作文中得以凸现。③

4. 个性化作文是指学生在天赋所及的范围里极大地发挥他作文的主观能动性和创造性,充满激情和欲望地进行作文。④

5. 什么是个性化作文? 简单说,就是学生能独立作文,写真实的文章,写出的文章有所创新。也就是学生根据自我需要,写自己想写的内容,选取自己喜欢的表达方式,不受过多的外部干扰。文中体现着强烈的"自我意识",着力表现自己与众不同的"个性";文中写的是"我"的观察、"我"的发现、"我"的感受、"我"的思想、"我"的情感等,写出"我"的喜怒哀乐,写出"我"的独特经验和真切体会。⑤

综上所述,个性化作文是学生通过自己的个性化思维活动和书面语言组织,将自己生命成长历程中的个性化体验融入作文活动的一种充满"我"的个性、创意的书面表达方式。

(二)个性化作文的特点

1. 重真实

作文首先要注重真实。个性化作文尤为重要的就是要在真实的基础上提倡个性。陶行知说过:"千教万教教人求真,千学万学学做真人。"只有字里行间流露着真情、真意、真性情的作文才是个性化作文所推崇

---

① 李成、赵幼萍:《个性化写作教学所面临的困惑与对策》,《经济研究导刊》2010 年第 22 期。

② 毕国珍:《新课程理念下的个性化写作教学探讨》,《时代文学(下半月)》2010 年第 6 期。

③ 蒋捷:《个性化写作教学初探》,《成功(教育)》2008 年第 12 期。

④ 高山:《个性化写作的呼唤与写作的实质》,《辽宁教育行政学院学报》2008 年第 3 期。

⑤ 刘坛祥:《个性化作文教学的实施途径》,《文学教育(下)》2007 年第 4 期。

的。所以,所谓真实的作文并不局限于作文内容的真实,还在于抒发内心真实的情感,表达真实的"自我"的思想,而不是人云亦云,做别人的传声筒,这样才能碰撞出真实的作文火花。总之,学生为抒发真情而作文,为兴趣而作文,为生活中的所见所闻而作文,一切由"真"。

2. 重自由

好的作文需要自由呼吸。个性化作文尤其需要,要在作文中展现学生不同的个性体验——或细腻的心灵路程,或宽阔的社会视野,或犀利的观点评论……不要让学生戴着镣铐,僵硬着思想背负名为"作文"的酷刑。要给学生充分的作文自由,这不仅包括自由定主题、自由定文题、自由定体裁、自由定切入角度等,也包括作文时间、地点、形式上的自由,尽量避免出现逼学生作文,最后潦草交作业这样低效率且影响学生作文积极性的情况发生。为学生提供一方自由呼吸的作文天地,让学生作文的自主性、独立性和创新性能得到充分的发展。

3. 重体验

个性化作文最重要的还是要让学生体验学习,体味生活,融入社会。一句话,就是要注重学生的个性化体验。具有人文内涵的大语文课堂要跳出课堂小范围,基于课堂又高于课堂,放大课堂外延,使校园学习与社会生活有机接轨,比如学校组织的下乡实践活动就是很好的例子。培养学生感受生活的能力,让学生在学会生活的过程中表达自己的思想感情和内心体验。作文教学只有真正融合了生活体验,学生才能真诚地、自由地表达,写己之见闻,抒己之情感。实践固然是加深学生体验的直接途径,但我国普遍采取的班级授课制决定了这只能是教学的小部分,所以需要强化课外阅读,引导学生多读文笔活泼自由的时文,关注科技、文化、教育、经济、政治等多领域的最新动向,这有助于激活思维,同时也能储存更多的作文材料。

(三)个性化作文的要求

1. 主题个性化

主题是作文的灵魂、统帅,是作文精气神的大方向,决定了作文的内涵意蕴。在主题立意方面,当然需要彰显正确的价值观、人生观,但更应该在此基础上,凸显每个学生的个性立意,表达自己的想法。在平时的作文教学中注意训练学生独立思考的习惯,培养个性的逻辑思维,启迪学生创造性地将个人的生命体验融入作文,教会学生变通、从多角度思考。学校也要营造宽松和谐的氛围,让学生可以大胆说出心中的想法,真正做到"言为心声"。吾手写吾心,这样写出来的作文就不会是千篇一律、众口一词了。

2. 材料个性化

材料的整理与整合是作文的血肉骨架的组成部分,是使作文丰满起来的必要组成。所以,一篇充满个性化色彩的作文就需要材料中有"个人""真我"的渗透。很多学生觉得自己的作文干巴巴,无话可说,人云亦云,无非也就是作文材料挖掘不够,但其实每个人自身都是一座潜力无限、蕴含无限宝藏的矿藏,只是对自身的经历,对自己的内心体验没有深入挖掘与感悟,所以提起笔来,才会脑袋空空。其实作文材料处处可见,或散落在生活琐事中,或潜藏在心灵深处,或来源于一瞬间的灵感……所以在作文指导中可以引导学生向生活要材料,从自身体验中取素材。自然现象、社会生活、心灵鸡汤、奇人异事等,只要角度恰当,每天的所见所闻都可入文。

3. 结构个性化

固然一篇作文的主题方向和材料的组织很重要,但要作文构思精巧、奇特,让人眼前一亮,还需要有个性化的结构,也就是怎样把现有的材料,融合主题意蕴组织安排起来,使得作文各部分都井井有条又别出心裁,正所谓"文似看山不喜平"。所以,在平时的作文指导中如何教会学生在作文的谋篇布局上,有自己的个性化的思维和创新的构思,就是教师的一大课题了。启发学生从自身的经历,对学习、生活的体验出发,从新的角度切入,从新的视野拓展,让作文在"山重水复"之后迎来"柳暗花明"。

4. 语言个性化

语言是思维的表现形式,是文章的载体。文章要有新意,语言的运用就弥足轻重,个性化作文的文章语言必须是新鲜活泼而富有个性的。唯有浓烈的具有"自我"色彩的语言,才能让作文有风格,有特色,让人过目不忘,回味良久。个性化的作文主题,个性化的材料组成,个性化的谋篇布局都需要浸润在个性化的语言中,才能浑然一体,张扬个性,正好比是一条惟妙惟肖的龙上的"点睛"。

(四)个性化作文的过程

古诗词说得精辟有理——"问渠那得清如许,为有源头活水来。"作文来源于生活。要写出有个性的作文,学生必定要从生活中广泛摄取信息,这是学生作文的基础。只有从自己的成长经历和遭遇出发来体验、感悟生活,才有可能储存生活中有意义、有价值的信息,写出交织着自己情感、个性的生活作文。因此,个性化作文要充分强调学生的个性体验。

1. 在观察体验中获取信息

虽说生活处处有"美",处处有"材",但需要发现"美"的眼睛,所以观察体验成为摄取信息最有效的一条直接渠道。若对观察到的现象用心体味思考,细心分析、判断,就能获取更全面深刻的认识,提取到上好的作文素材。观察体验借用心理学的术语可以简单分为两个方面。(1)感觉。在心理学中,感觉是指人脑对直接作用于感觉器官的客观事物的个别属性的反映。[①] 在生活中,我们会接触到各种各样的人和事,这些都可以成为作文的素材,虽然当下并不觉得,但之后说不定某一天就灵光一闪,将之变成笔下的鲜活形象。所以在生活中学生要做一个善于观察的"有心人",充分调动自己的感知器官,"眼观八方耳听六路",在信息高速膨胀的现代潮流冲击里,切不能像古代的读书人所说的"两耳不闻窗外事,一心只读圣贤书",要用敏锐的触角去用心感受周围的事物,捕捉生活中一闪而逝的点点滴滴,使作文与生活紧密融合起来。(2)知觉。在心理学中,知觉是指在感觉的基础上产生的,人脑对直接作用于感觉器官的客观事物整体属性的反映。[②] 观察很重要,但是体验更重要,因为这是真正接纳外界事物的纽带。所以学生带着感情去观察就很有必要了,这样才能达到古人所说的"搜求于象,心入于境,神会于物,因心而得"的境界。在观察的基础上,获得内心的感悟,迸发作文的灵感与冲动、成功的作文体验,又会反过来促进观察的效果,学生就渐渐学会多角度观察思考,更细腻地感受体味。于是这种观察体验的能力就会呈螺旋式上

---

① 伍新春:《浙江省教师招聘考试专用教材教育基础知识》,首都师范大学出版社 2010 年版,第 141 页。

② 同上,第 143 页。

升,帮助学生写出具有自己独特视角的个性化作文。

2. 在活动实践中获得感悟

在平时的课堂教学中,学生学到的大都是间接经验,感悟到的也是老师、课本想让他们感悟的,那么学生自己想感悟、能感悟的呢? 生活中到处都有信息,但并不是每一个学生都有很好的搜集处理信息的能力,所以调查体验的实践活动就是很好的平台了。学校与社区对接,与科技园对接,与历史博物馆等对接,这样就使学生可以利用课余时间自主去调查摄取相关信息,也可在社区做访问等,以此达到有意体验的目的。这样的体验目的性明确,收获比较大,可以帮助学生完成有主题性的作文,比如想象作文《未来我们的生活会怎样?》、应用文《关于社区健身器材的调查报告》、散文《清朝的欲说还休》,等等。

当然这样的活动毕竟费时颇多,不能随时随地地体验。所以学生可以通过读书看报、收听广播、有选择地观看电影和电视节目等来获取更大量的信息,拓展知识面,打开思维,提高作文能力。

3. 在诵读识记中开发个性

俗话说:“读书百遍其义自见”,“读书破万卷,下笔如有神”,“熟读唐诗三百首,不会作诗也会吟”,这些话都充分说明了阅读对于作文的重要性。所以,个性化作文也必须要有广泛的阅读作为基础。大部分作文写得不错的学生,都比较喜欢看课外书,积累了丰富的“营养”。如果内心世界的触感很灵敏,但没有比较广泛的知识文化背景打底,那么再细腻的心灵感受力也只是无水之源,空有一腔情感无奈望空纸。

虽说阅读识记是基础,但要写好个性化作文,还得在此基础上,择其所好,激发兴趣,然后才能从中得到共鸣与感悟,渗入学生自己的个性化体验,把他人的精髓吸收消化为自己的“墨水”。学生之间的差异是客观存在的,每个学生对阅读的兴趣都不一样。有些学生喜欢科普类读物,脑子中一个接一个的为什么,好奇着世间万物,那么文章中若能体现出这种探索质疑的气息,就是个性化作文;有些学生喜欢闲适疏散的文章,读着觉得心情放松,深有感触,那么文章中若能散发着这种闲适淡然的笔调,就是个性化作文;有些学生喜欢充满哲理与智慧的诗歌,读着觉得心智成熟,心灵共鸣,那么文章中若能来几句串联全文的哲理性的“点睛之笔”,就是个性化作文……

三、个性化作文的教学

个性化作文涵盖"作文的个性化"和"作文教学的个性化"两大方面。前者之前已经有了比较详细的阐述,接下来就"作文教学的个性化"这一方面展开论述。

（一）个性化作文教学内容

个性化作文的内容可以是丰富多样、毫无拘束的,以学生自身的成长经历中接触的事物为体验,融入作文。最理想的状态是可以没有时间、地点、内容的限制,给学生完全自由的作文天空,充分挖掘自身体验中与众不同、充满个性的材料。但是现实教学中总会受到这样那样的限制,所以学校需要营造使学生能够尽可能放松、自主的作文环境:允许学生有自己的看法、观点,诱导学生从不同的角度去观察、思考,充分尊重学生的个性差异,注重学生的个性发展。教师在作文教学上要引导学生打开思路,打破传统作文观念,突破定势思维,引导学生用自己的眼睛去看去观察,用自己的耳朵去听去分辨,用自己的内心去想去感受,建立自己独特的思维体系、观点与评价。如可以引导他们观察、分析、思考我们天天看到的、听到的和感受到的生活:生活中随处可见的有趣小事,身边朋友的新变化,陪伴我们的四季花开花落,自己心情的起伏跌宕,对社会上热点事件的看法评价等都可以写进学生的作文。这些都是学生实实在在经历过的、思考过的、感受过的,不仅有话可以写,更能融入自己个性化的生命体验,写出真实的感受与收获。都说生活比电影更电影,再平凡的事物,换个角度,换种表达,就可以写出不同的感受,发现不一样的美。而在个性化作文教学中,这些随处可见的素材就是我们最好的教学资源,是培养学生缜密的思维、发表独到的见解、思考解决的办法等的很好的教材。当它们进入学生的视野,进入作文的课堂,融入个性化的笔触中,个性化作文教学就会有一方更加广阔的天空。

（二）个性化作文教学策略

1. 改革作文教学模式,注重引导启发

与传统的"填鸭式"作文教学不同,个性化作文教学注重对学生的引导和启发。引导启发学生从不同角度、不同方式去理解同一件事物,鼓励学生有自己的想法和创意,保护学生的这种个性化、创造性的表达。让语文个性化的作文教学成为学生自由表达,抒写自我生命体验与感悟的精神天堂。

2. 拓宽作文学习空间,努力开拓视野

新课标提倡要发展学生综合、全面的语文能力,增加了综合性语文活动模块。作文更需要这样的拓展与延伸,可以说,生活有多宽广,作文的天地就有多大。我所说的拓宽作文学习空间,也是有指向性的,主要是指拓展个性化的作文学习空间,让学生的生命体验更丰富,对个性化作文的认识也更深刻。开展活动的主体自然是学生,教师所做的只是指导、参与,在学生需要帮助的时候给予针对性的符合学生状况的指导。

拓宽协作学习空间,开阔视野的方式多种多样。比如教师组织全班学生开展"读书漂流活动",每人带几本自认为受益匪浅的书,放在班级的"读书角"里,大家可以随意取阅,阅后归还,定期更换书目,这样,既能使每个学生都读到经过筛选的"精华"书,又能开阔眼界,知道别的同学都在读些什么,还可以在阅读后交流心得,迸发思想的火花,无形中就在班里形成了良好的读书氛围,读得多了,自然"下笔如有神",自己的思想也源源不断地渗入笔下。又比如利用下午兴趣活动课的时间,开展每周一次的"活动调研",内容可以根据学生的提议而定,可以去附近的公园做植物分类笔记,学习园林布景艺术,走进故居博物馆了解文化名人,自开课题分小组做出调查报告等,让学生更细腻地感知身边的生活,对自己有更清晰的认识,在作文中表达自己独特的心灵感受,让个性化作文鲜活、生动。

3. 改进作文布置模式,提倡个性创新

传统的作文布置模式比较单一、死板,约束过多,难以体现学生的不同个性。个性化作文倡导个性、创新,那么就必须要充分体现学生个性的作文布置,开放作文的写作。

4. 建立作文评价体系,评价方式多样

作文的评价和反馈对学生来说至关重要,付出的努力得到怎么样的评价是学生所关心的,他们会根据教师反馈的评价调整自己的努力方向,很多时候,也会影响学生的自信心。个性化作文提倡作文评价方式的多样化与灵活性。要使评价真正起到激励与导向的作用,就必须建立完善的作文评价体系,包括评价主体、评价方式、评价内容等。特别是评价主体要多元化,在作文教学中,我们力求做到师评、自评及学生互评相结合。可以组织作文兴趣小组,将有共同兴趣的同学组织起来互相商量,互相探讨,共同提高作文能力。还可以在班级网络论坛中放上"星级作文",让全班同学浏览、学习、提出改进意见,这也是一种评价方式,更加客观、多元。

(三)个性化作文教学过程

1. 积累个性化的体验

学生经历得越多,体验越多,感悟越多,肚里的墨水也就越多,拿起笔来自是轻松自在。作为老师,就要提供各种可能的途径增加学生的体验。

(1)通过观察记录积累体验。每天我们身边都有好多值得写下来的事情发生,教师可以指导学生将随时随地观察到的自己觉得感兴趣的记下来,并且添加融合自己当下感受的句子,这样不仅随时随地可以练作文,还可以在完成作文的时候拿出来翻阅参考。虽然要坚持下来很难,但是我相信教师耐心地经常提醒、强调还是可以收到好的效果的。

(2)通过实践活动积累体验。作文活动是动态的思维活动,是流转的思想火花,学生平时的实践活动会是作文时极好的素材来源。所以教师在作文教学中要注重实践活动的开展,不能把作文教学局限于三尺讲台,讲得口干舌燥也许比不过一个小活动来得生动形象,简单易接受。选择学生更容易接受的方式,化难为易,化抽象为具体才是真正成功的作文教学。因此在教学过程中,教师可以有目的地为学生设计各种生动有趣的实践活动,让他们投入地参加,从中积累富有个性的作文素材。

2. 培养个性化的思想

(1)营造开放、民主、自由的作文环境——一个能容忍、支持标新立异的想法或偏离常规思维的做法的环境,让学生感受到"心理上的安全和自由"。教师可以引导学生把自己心里的想法写出来,真正做自己,说自己想说,写自己想写,挣脱传统作文的牢笼,摒弃那些陈词滥调,帮助学生开拓思维,写出具有自己个性的作文。

（2）注重学生个性的塑造，保护其最真实自然的个性，而不要让作文课堂成为磨平学生个性棱角的工厂。保护、接纳学生的好奇心、探索心理，并引导他们自己去认识、去发现、去感受、去体验，鼓励学生进行各种作文探究活动，比如作文标题形式的探究、语言风格的探究等。

3. 充实个性化的语言

（1）在阅读中学习语言。积极引导学生进行课外阅读活动，并进行适当的摘抄整理，学习别人富有个性特征、鲜活生动的语言，为自己形成个人特色的语言打下良好的基础。所谓"书是人类进步的阶梯"，大量的阅读，能让学生在短时间内获取大量的信息和学习作文的模范，边读边记也是很好的阅读习惯，但这需要教师有意识地去慢慢培养，平时可以布置一点摘抄作业，这是快速积累作文素材的方法，也是一种个性化的行为。

阅读的范围、形式不仅限于书本，还可以引导学生摘抄经典网络语言、时尚广告、时事趣闻等，并进行信息的分类加工，还可以在边上标注上自己的看法和评价，这就等于在学习语言的同时，加入"思考"的环节，因为语言与思维是密不可分的，语言是思维的外壳，所以积累语言的同时也要活跃思维。为了检验这一方法的成果，教师可以定时开展"语言学习汇报交流周"这样的活动。

（2）在生活中发现语言。生活中的语言是最真实、最鲜活、最有生命力的。只要仔细留心，生活中处处有"惊喜"，很多生动形象的语言都来自生活，甚至来自方言。像鲁迅的文章，好多个性鲜明的、富有浓郁地方色彩的语言都来自家乡绍兴的方言，这让文章更加亲切而独具风格。教师要让学生充分地体验生活，丰富学生的作文语言。这样就可以避免学生由于对作文对象不熟悉而无话可写、无真话可写的尴尬状况，也可以避免学生因为没有相似生活经验而行文枯燥乏味、文采缺乏的现象。当学生在生活中听着不同风格的语言，说着具有自己特色的语言，写着自己的个性化体验的时候，作文的语言也就丰富多彩、个性鲜明了。

四、个性化作文教学的意义

个性化作文的教学目的在于让学生自由自在地、真实自然地表达"自我意识"，在作文中融合自己生命成长的体验与感悟，让学生学会作文,接受作文,喜欢作文。而教师在整个作文教学的过程中,最大的作用就在于激发和调动学生作文的积极性和主动性,并保护学生作文的个性和创造性,努力创设一种更为宽松的作文环境,打碎套在学生脖子上的枷锁,充分尊重信任每一位学生,重视学生间的个性差异,并根据因材施教原则给以明确、具体、有效的指导和帮助。这样,渐渐的,我们便会发现学生的作文充满了个性化的体悟和灵性,真实而又鲜活,到处都闪耀着个性思维的火花。

第十六节　研究性作文教学模式

研究性作文是以"研究性学习"教育理念为指导,引导学生从自身的学习生活、社会生活、自然界以及人类自身的发展中选取问题或专题,以探究的方式主动获取知识,应用知识,解决问题,练习写作的综合性作文训练模式。它把生活的需要、语言文字的训练与儿童心理的发展三者有机地统一起来,使生活与作文、作文与研究融合为一体,具有鲜明的实践性、开放性、自主性、探究性等特点。

《全日制义务教育语文课程标准》积极倡导自主、合作、探究的学习方式。指出:"语文教学应为学生创设良好的自主学习情境,帮助他们树立主体意识,根据各自的特点和需要,自觉调整学习心态和策略,探寻适合自己的学习方法和途径。为改变过于强调接受学习、死记硬背、机械训练的状况,特别要重视探究的学习方式。"研究性作文就是在这样的背景下应运而生的。研究性作文教学有利于学生在探究活动中提高学习效率,培养科学精神和研究能力。有利于鼓励学生在个人钻研的基础上,积极参与探究活动,体验研究过程,学会积累资料,培养写作能力。

一、研究性作文的产生

就所查资料看,我国搞研究性写作最早的当属北大附中的"小论文"写作。他们在 1979 年就开始了小论文的写作教学与答辩活动,并应邀到人大附中、延庆中学等进行过答辩活动及经验介绍。至 1999 年,北京的人大附中、清华附中、101 中学、八一中学,还有上海的七宝中学、杨浦中学、大同中学等许多学校都开展了小论文的写作与答辩的教学。北大附中从 1979 年设立语文小论文写作课,至今已经坚持了 30 多年。让学生体验小论文写作的过程,在这个过程中提高写作的综合能力,进而培养研究能力,为将来的大学深造和论文写作奠定基础。

"研究性写作"概念提出并在学校开展教改实验的是广州第 86 中学的任荣学老师,他在 1998 年正式提出这一课题(属于广东省"九五"重点教育科研课题"和谐共振教育"实验研究的一个子课题)。任老师所强调的研究性写作不像记叙文和议论文那样只是简单记录作者日常生活经历和对一些问题的浅显认识,而是以整个世界和社会为研究对象,一般性地去探究客观事物的特征、性质和规律性的问题,所以在写作内容的广度、深度和思维的层次上远远高于其他文体。再见到的就是江苏东台琼港中学的张加龙,浙江的杨红卫等的研究性作文教学的实践尝试,但其实践的规模与研究的力度还相当不够。从网络、著作和语文杂志上搜索的结果来看,进行研究性作文教学研究的教师不多,与研究性作文教学相关的文章和论著也不多。

二、研究性作文的分类

在素质教育和创新教育的思想观念中催生出了研究性作文。研究性作文重视对学生科学精神、情感和意志品质的培养,有助于学生科学能力的提高和个性的全面发展,体现了认知心理学和人本主义心理学的内涵和精髓。未来社会是学习化社会,每个人都会纳入终身学习的体系,研究性作文正是适应这一趋势而产生的一种新的写作方式,为个性的发展和终身学习奠定基础。一般来说研究性作文可分为五类。

1. 学科论文类。学科论文是中小学生应用学科知识,就某一学科或若干交叉学科涉及的理论性或实际性问题进行研究并取得一定的成果后,用论文形式书面表达的研究成果。这既是从事研究性学习的工具,又是研究性学习成果的载体。同时,它又是进行研究成果交流与展示的一种手段。中小学生通过研究性学习,发现某些现象,取得某种认识,并通过搜集到的各种资料,进行分析、取舍、整合,并从中获得新的见解,提炼新的观点,对它们进行描述、阐发、组织成文,就形成学科论文。

2. 研究报告类。研究报告是研究性作文中的一种重要的形式,它包括科研报告、调查(考察)报告、实验(实践)报告等。作为研究成果的一种载体,研究报告与学科论文一样,都具有记录和报告研究成果,推动学科与认识发展的作用。有的研究报告发表后就被看作论文。研究报告是调查、考察、实验、实践及研究的如实记录,包括整个过程所用的方法、细节及结果。研究报告可以重复前人工作,可以没有明确的论点,不论研究取得的结果与预期的目标是否一致,也不论是证明了预期的目标还是否定了预期的目标,都可以写成研究报告;研究报告的重点不在于证明了什么,而在于报告事实,报告研究发现了什么,报告调查或实验取得了什么样的结果。

3. 综合评述类。综合评述简称综述,是用于反映某一学科领域或某一事物在一定的时期内研究进展的综合性情况报告,其中的评述则反映了作者对问题的认识,它是在综合已有研究成果的基础上进行研讨,获得一种资料性、前瞻性的成果。由于它是在广泛搜集文献资料的基础上,通过较为系统的比较分析形成自己的见解,因此可以为人们了解某一学科或某一事物的研究发展提供科学的参考。同时还可以节省同一学科研究者的时间和精力。综述的内容一般包括问题的提出、历史的发展、现状的分析、趋向的预测、前景的设想等部分,既总结既往,又开拓未来,因此往往能孕育出新的课题。中小学生写综合评述一定要选择自己熟悉的并有优势的项目,不要涉及自己不熟悉的内容,也要避免以别人的综述为蓝本作第二手的综述。

4. 创新设计方案类。中小学生的创新设计是指依据已有的和拓展获得的知识,提出某种新鲜事物的研究或设计方案,或是某种新技术产品、新的用品的设计方案;创新构想是指依据已有的和开拓扩展获得的知识以及实际生活、实践体会对教学活动或某些社会生活问题提出的一种改革性的设想。构想在形式上类似于论文,需要对所构想的内容做出论证,证明其合理性与可行性,不过这没有固定的格式,也不如学科论文那么有系统性和规范性。创新设计方案相当于一份较为具体的科研计划,是对某项研究课题的总体设计。

5. 科普(科幻)类。科普作文是指通过研究把某种科学知识、科学精神、科学方法传播给大众的一种研究性作文形式,其目的是开拓人们的视野,丰富读者的知识,启迪读者的思想。科普作文应该简明而通俗易懂,生动而富有情趣。无论是自然科学还是人文科学的科普作品都是普及科学的重要手段。研究性作文中的科普作文主要指以下两类:把研究性学习中通过自己调查、考察、实验、实践所取得的材料提炼加工成一般人容易接受的文章。这类文章虽是普及性的,但如果涉及的对象比前人述说得更符合实际,同样具有创新意义乃至学术价值,实际相当于通俗的科学或实验报告;另一类是对科学文献资料中获得的素材进行研究分析,提炼加工,用人们易于接受的方式通俗地表达出来。它的体裁可以多种多样,表达方式可以多种多样,比较适合中小学生写作的是科学小品(散文)与科学幻想小说(或童话)。

三、研究性作文的写作

研究性作文的理念是:从研究中来,到研究中去,服务于研究。研究性作文强调在写作教学过程中培养学生的探究精神和探究兴趣,强调培养学生自主合作探究的学习习惯和学习方式,强调开设开放的写作环境,提供多渠道获取素材,理解生活,并将所学到的知识综合运用到实践。学生在这一过程中自主活动并体验到成功和快乐,体验和认识外部世界,实现态度价值观的发展成熟。研究性作文旨在为学生提供开放的写作思维空间,丰富的写作素材,使学生在写作中获得了积极发展自己的兴趣爱好的机会,在作文的同时体会和他人合作的愉快。

1. 研究性作文的内容

研究性作文的内容可以是由教材的学习引发的探究、质疑、想象与创造活动,以书面形式表达出来。例如:改写想象类命题,以对课文内容的学习研讨为基础进行有条件的改写,改写中发挥合理的想象;感悟联想类命题,以对文章特别是叙事性文章,如小说中的人物情节及思想等理解评价为基础,联系现实生活,命题写作;评论感想类命题,对文章的情节、人物、思想、观点及创作手法或艺术特色做独具己见的评论或阐释自己的感悟;质疑论辩类命题,对教材内容、作者的思想及老师、同学的观点提出质疑并表达出自己的见解;想象创造类命题,以文章内容为依托,展开想象,重新写作,以鼓励学生大胆创造,写出个性为要旨;仿写创造类命题,以所学文章为原型写模仿文章,命题可限制模仿原文的某一方面或某几方面,同时允许模仿中有创造。

研究性作文是内容表达呈现多样性的写作。例如：绘画，对《死海不死》一文，在充分研究探讨之后，想象死海前景，绘制一幅《死海前景图》，并在图中作简短的介绍；制作，开展一次活动，用电脑制作社区模拟动画，并配上语音简介；表演，在表演中对教材语言进行再创造，例如学习《孔乙己》，就可引导学生分析孔乙己面对众人嘲笑时的心理活动以及他无法言表的内心痛苦，让学生写孔乙己的内心独白，然后表演；实验，让学生运用物理、化学等学科中学到的知识，自己做实验，然后写出实验报告。

2. 研究性作文的程序

研究性作文的整个过程可分为准备阶段、研究阶段和表达阶段。在准备阶段可通过听取有关讲座，参加相关参观考察，获取选题背景资料，以激活原有的知识储存，开阔视野，诱发探究动机，确定研究问题；提出问题后开始收集资料，可以采用调查访问，观察实验，选择恰当的方法开展自主的探索研究。刚开始，材料繁多复杂，作文时不可能全部用到，这就要对材料进行分析整理；有些专题（或问题）的解决光靠查阅资料是不行的，还得进行调查、访问、观察、实验、制作等，需要采取讨论、分工合作等方式。研究思考阶段，对问题进行细致的思考论证，得出结论，自由创意撰文。这一步是在充分占有资料和调查访问等研究活动的基础上进行的。它的基本思路是：提出问题—分析问题—解决问题。写出的文章就是分析问题的过程和结果。书面成文阶段，对前几个阶段的研究成果进行书面表达，同样需要遵循写作的规则，可以采用形式自由、多样的表达方式。

四、研究性作文教学模式的建构

研究性作文教学，是指在教师的科学指导下，学生发挥自己的主体性，主动自觉地探索、发现作文规律，进而建构写作模型，进行实践操作的教学方式，其目的是培养、提高学生的作文能力。

（一）研究性作文教学原则

"研究性写作"就是把"研究"引入作文教学，让学生围绕课题开展研究并把研究成果表达出来的写作行为。"研究性写作"的实施必须以"学生是学习的主体"为指导,让学生在自主、自信、自律、自悟中写有所得。教师应加强指导,制订实施计划,提供写作阵地,组织开展实践活动,落实评价措施。

研究性作文教学体现探究性、开放性、差异性、合作性、自主性、激励性以及成功与快乐的原则。学生掌握"研究性学习"方法,并将其运用到写作中去,让学生获得真切的研究性作文的感受,体验探索研究的艰难和快乐,增强学生的探索精神、创新意识和创造能力。在综合的实践探索中,充分展示学生的个性,锻炼学生的实践能力,让学生学习收集、筛选与整理重组信息的技能,提高运用语言文字的能力,养成与他人合作的习惯。在研究性作文活动的全过程中,丰富学生的学习生活和作文内容,提高学生的人文素养,从而切实提高学生的写作水平。最终使学生能在研究中自行作文、自行修改、自我评价、自我提高,学生的作文能做到有思想、有个性、有文采、有真情、有创意。

(二)研究性作文教学过程

教师指导学生写研究性作文,首先要引导学生从生活中去发现问题,进入问题情境,然后让他们通过自己或小组的探索研究找到解决问题的方法和问题的答案;然后指导他们把探究的过程和结果整理成文。

1. 确定研究课题。首先,要激发学生的兴趣,营造良好的研究氛围。我们可以通过开设有关讲座,组织参观考察,提供选题背景资料,以激活学生原有的知识储存,开拓学生视野,诱发探究动机。可以用一些故事激发兴趣。其次,要指引方向,引导学生自主确定研究专题(或问题)。研究性作文的专题(或问题),一是应遵循学生的兴趣爱好,让学生自主选择或设计(教师确定一个大的范围或方向);二是专题的研究过程应有利于学生获得多方面的积极体验并有一定的实际价值。可以从实际生活(社会生活、学校生活、家庭生活)中选取专题。如:超市为什么生意兴隆、校园噪音情况的调查、本地交通安全的现状调查、学生课业负担问题的调查等。也可以从科技、自然中选取专题。如:爬山虎为什么会爬墙、沙尘暴是怎样产生的、鲨鱼的生活习性有哪些特点、动物尾巴功能的研究、树叶颜色变化与气温的调查研究等。或者从文化历史、乡土民俗中设计专题。如:中国扇子的发展与艺术、纸(布、电视机)的演变、家乡民间故事的搜集与研究、饮食文化(茶艺文化、民歌民谣)等乡土文化的搜集与研究等。或者从教材入手,挖掘研究性写作的话题。教师可以在学生学习课文的同时,引导学生找出自己最感兴趣的一个或几个方面的知识点进行研究,根据内容写出自己设计的研究计划和研究的设施方案。如:对课文的改写、续写;对课文中所涉及的科学知识的归纳研究,文章的比较阅读欣赏等。

2. 自主探索研究。查阅资料,搜集与专题相关的信息资料。这是一种专题性阅读,带有很强的目的性与针对性。实践证明,在研究性写作过程中,学生都要查阅资料、搜集信息。可以说,搜集、处理信息既是研究性作文过程中的重要一环,也是学生进行专题研究应有的一种基本技能,更是现代社会公民必须具备的重要素质之一。为了帮助学生尽快掌握搜集、处理信息的技能,可以开展专题讲座与专题阅读活动,指导学生学习信息筛选法,如导练浏览式查阅法、筛选式查阅法,提高信息检索能力;导练问题式查阅法、评价式查阅法,提高信息判断能力;导练摘读式查阅法,提高信息处理能力。当然,搜集处理信息的技能更多的是结合具体的研究过程予以指点与训练的。调查访问,观察实验,选择恰当的方法开展自主的探索研究。刚开始,材料繁多复杂,作文时不可能全部用到,这就要研究小组对材料进行分析整理;有些专题(或问题)的解决光靠查阅资料是不行的,还得进行调查、访问、观察、实验、制作等。在这个过程中,教师作为活动中的一员,要尽可能扮演好合作者、参与者的多重角色。对进行主题综合类研究的小组,教师要尽可能向他们提供资料索引信息的支持,引导他们分解专题,拟定提纲(小标题或小题材),并综合利用多种渠道、多种资源(图书馆、科技馆、博物馆、书店等场所,书籍、期刊、报纸、音像及网络资源)开展学习研究。

3. 记述探究结果。综合思考,得出结论,自由创意撰文。这一步是在充分占有资料和调查访问等研究活动的基础上进行的。它的基本思路是:提出问题—分析问题—解决问题。写出的文章就是分析问题的过程和结果。但是我们绝不把作文的思路拘泥于一种固定的格式,提倡自由表达,创意写作,怎样好写就怎样写。加德纳的多元智力理论告诉我们:每一个体都有相对优势的智力领域,如有的孩子擅长用表演来表现自己的情感,有的擅长用歌唱来表达自己的感受,有的则喜欢用语言来表述自己的观点。就语言表达而言,有的侧重于形象描述,有的擅长于逻辑分析,有的个性鲜明,有的平易随和。这就是智力优势领域的差异。

(三)研究性作文教学评价

鉴于研究性作文教学是一种以学生为主体的教学模式,其评价遵循自主性、差异性、过程性、激励性以及多元性的原则。研究性作文教学评价内容要注意丰富性,要包含非智力因素发展情况,例如在语文研究性作文教学中学生参与语文研究性学习的态度、合作精神、人际交往、创新精神等;要注意学生学习和研究能力的发展,学习和研究的结果;要注意评价内容的全面化(从语言文字技能、探究能力及其他综合素养全面考虑),评价方法的多样化(如教师观察、与学生谈话、杰出的表现记录、成果分析、学生探究过程记录等),评价时机的全程化(重过程评价)。

研究性作文教学评价方式应采取定性和定量相结合的方式,以促进学生的可持续发展。将自我评价和他人评价相结合,注重自我评价,例如可以将研究性作文打印成册,小组成员先自我评价,并向他人作口头成果报告,也可说说参与研究性作文活动的感受和新的想法;再将成果报告发给全班同学,安排一段时间让学生充分地欣赏成果,比较鉴别;然后进行评奖,向学校、家长甚至社会做宣传,让更多的学生获得成功的喜悦。最终构建起学生自我评价、同伴评价、教师评价、家长评价、社会评价五位一体的互动开放的评价体系。

五、研究性作文的教学意义

当前,研究性学习已经成为世界教育改革发展的大趋势,我国教育部已经将研究性学习列入为中小学课程改革的一项重要内容。随着素质教育的不断深化,研究性学习越来越受到人们的重视。而研究性作文就是研究性学习的理念在作文教学中的具体体现。实施研究性作文教学能够发挥教师的创造性,可以帮助学生解决写作兴趣、材料来源、认识深度等有关问题,从而提高写出文质兼美文章的能力;可以促使学生养成有针对性地多方获取信息资料,进而分析解决问题的严谨治学态度和良好的学习习惯、思维品质;可以培养学生的求索精神、科研意识和探究能力。研究性作文教学是一种"富有独创性的"作文教学模式。

研究性作文教学是一种全新的作文教学方式,它以学生发展为本,对于培养学生创新精神和实践能力,提高学生的作文水平,完善学生的基本素质,有着十分重要的现实意义。研究性作文教学有利于激发学生积极的写作动机,有利于丰富学生的写作内容,有利于培养学生的创新思维和实践能力。教师应努力拓展"研究性写作"的空间,提供个性写作的土壤,让学生在主动探索、发现和体验中获得真切的习得感受,提高运用语言文字的能力。

参考文献

［1］陈家生.写作［M］.北京:高等教育出版社,1999.

［2］陈子典.写作大要新编［M］.广州:中山大学出版社,2004.

［3］程琪.现代信息技术教学环境下作文教学模式初探［J］.现代企业教育,2008(5).

［4］程琪.现代信心技术环境下作文教学模式初探［J］.现代企业教育,2008(5).

［5］董小玉.现代写作教程［M］.北京:高等教育出版社,2000.

［6］杜林康.中学语文作文教学模式研究［J］.教学研究,2008(10).

［7］段建军,李伟.写作思维学导论［M］.北京:中国社会科学出版社,2004.

［8］范康熙.创新性作文教学模式的建构与突破［J］.学科教学论坛,2000(12).

［9］封力华,彭小明.语文教学模式:解构与建构［J］.现代语文,2008(11).

［10］高婉荣.多媒体网络环境下新型作文教学模式初探［J］.中国电化教育,2003(2).

［11］何明.中学作文教育实践问题研究［M］.长春:东北师范大学出版社,2000.

［12］何小玲.构筑网络氛围下作文教学模式初探［J］.小学教育参考,

2000(6).

[13] 胡裕树.大学写作[M].北京:高等教育出版社,1993.

[14] 黄滨.课本作文[M].香港:中国评论学术出版社,2007.

[15] 黄绮雯.语文活动教学浅谈[J].教育导刊,2002(11).

[16] 简雪娟.论互动式写作教学模式的建构[J].漳州师范学院学报,2003(3).

[17] 姜丹.信息技术环境下的中学语文教学实践[J].中国电化教育.2012(4)

[18] 姜宁生.建立"三层渗透"的作文教学新模式[J].教学理论与参考,2003(6).

[19] 教育部.语文课程标准[M].北京:北京师范大学出版社,2006.

[20] 教育部基础教育司.走进新课程[M].北京:北京师范大学出版社,2002.

[21] 金子翔.习作龙舟齐齐划——种组团式习作的教学模式研究[J].学科教与学,2010(1).

[22] 兰玉琼.读写结合在作文教学中的具体运用[J].基础教育论坛,2011(2).

[23] 李白坚.大作文[M].上海:上海交通大学出版社,2001.

[24] 李法军,赵祥亮."四部曲"作文教学模式的尝试[J].临沂师专学报,1998(8).

[25] 李和田.小学启发式作文教学模式探究[J].现代中小学教育,1995(6).

[26] 李吉林.李吉林情境教学——情境教育[M].济南:山东教育出版社,2001.

[27] 李景隆.基础写作[M].北京:中央广播电视大学出版社1993.

[28] 李柒根.也谈以人为本的写作教学模式[J].大语文论坛,2009(6).

[29] 李伟.作文训练课教学模式探索[J].教育改革,1998(3).

[30] 李先德.初中作文教学模式初探[J].中学语文教学,2001(10).

[31] 梁靖云.构建教学模式:教师应当具备的基本功[J].教育理论与实践,2012(23).

[32] 梁凯.作文教学模式漫议[J].徐州教育学院学报,1999(12).

[33] 刘福根,等.语文教学模式论[M].杭州:浙江人民出版社,2003.

[34] 鲁宝元.国外作文教学[M].郑州:文心出版社,1986.

[35] 鲁迅.鲁迅全集(第4卷)[M].北京:人民文学出版社,1981.

[36] 陆志平.语文新课程新探——新课程理念与语文课程改革[M].长春:东北师范大学出版社,2002.

[27] 路德庆.普通写作学教程[M].北京:高等教育出版社,1994.

[38] 吕媛.中学语文作文教学模式初探[J].牡丹江大学学报,2007(12).

[39] 马立平.多元化思维与作文教学[J].写作教学与研究,2007(2).

[40] 马正平.高等写作思维训练教程[M].北京:中国人民大学出版社,2002.

[41] 马正平.高等写作学引论[M].北京:中国人民大学出版社,2002.

[42] 马正平.中学写作教学新思路[M].北京:中国人民大学出版社,2003.

[43] 庞维国.自主学习——学与教的原理和策略[M].上海:华东师范大学出版社,2003.

[44] 彭小明."新课标"视野下的语文活动[J].当代教育论,2006(20).

[45] 彭小明.论活动教学模式[J].语文建设,2005(8).

[46] 彭小明.我国中小学典型作文教学模式述评[J].温州大学学报,2012(1).

[47] 彭小明.语文课程与教学新论[M].杭州:浙江大学出版社,2009.

[48] 普通高中语文课程标准(实验稿)[S].北京:北京师范大学出版社,2003.

[49] 钱理群.关于中小学写作教学的断想[J].中学语文教学资源网,2003(3).

[50] 乔桂英.写作问题中的若干问题研究[J].教学与管理,2006(12).

[51] 全国中语会编.叶圣陶吕叔湘张志公语文教育论文选[M].北京:开明出版社,1995.

[52] 茹红忠.对语文教学模式改革的思辨[J].教育与教学研究,2009(9).

[53] 史明周.写作概论[M].西安:陕西师大出版社,1991.

[54] 史银德.中学作文教学模式的建构与突破[J].教育科学,2011(7).

[55] 谭彦廷.写作[M].北京:高等教育出版社,1999.

[56] 托斯顿·胡森.国际教育百科全书,第 6 卷[Z].贵阳:贵州教育出版社,1991.

[57] 王风国.作文教学模式的探讨[J].中学语文,2005(1).

[58] 王鹏伟.中学语文作文教学研究[M].长春:东北师范大学出版社,2000.

[59] 王天平.教学实践家的品质及其成长[J].当代教师教育,2011(3).

[60] 王永.作文教学的本质和写好作文的三个因素[J].中学语文教学参考,2007(5).

[61] 韦祖庆.构建素质教育的作文教学模式[J].小学教育参考,2000(4).

[62] 魏星.小学作文"读写结合"训练法之我见[J].才智,2011(7).

[63] 巫汉祥.大学写作教程[M].北京:科学出版社,1999.

[64] 吴伯威.基础写作教程[M].太原:山西教育出版社,1997.

[65] 徐梅,屠锦红.大学语文教学模式的建构[J].开封教育学院学报,2009(3).

[66] 杨初春.实用快速作文法[M].桂林:漓江出版社,1992.

[67] 叶澜.中国基础教育改革的文化使命[M].北京:教育科学出版社,2003.

[68] 伊道恩.中学语文教学建模[M].南宁:广西教育出版社,2003.

[69] 全日制义务教育语文课程标准(2011 年版)[S].北京:北京师范大学出版社,2011.

[70] 余承滨.写作概论[M].武汉:华中师大出版社,1989.

[71] 虞宏逸.构建主体性主题作文的教学模式[J].上海教育科研,2003(3).

[72] 虞哲中."四位一体"作文课堂模式初探[J].小学语文教学,2000(10).

[73] 语文课程标准研制组.语文课程标准(实验稿)解读[M].武汉:湖北教育出版社,2002.

[74] 岳秀峰、秦胜.中学生作文心理的调查及对策[J].山东教育科研,1996(6)

[75] 查有梁.教育建模[M].南宁:广西教育出版社,2000.

[76] 查有梁.课堂模式论[M].桂林:广西师范大学出版社,2001.

[77] 查有梁.论教育建模[J].高等教育研究,1997(9).

[78] 查有梁.新教学模式之建构[M].南宁:广西教育出版社,2003.

[79] 张定远.作文教学论集[C].天津:新蕾出版社,1982.

[80] 张薇.网络时代的作文教学模式思考[J].科技创新,2011(4).

[81] 张文泰,等.中学作文教学研究[M].长春:东北师范大学出版社,1999.

[82] 赵明.自能作文不待老师改——写作教学的理想境界[J].现代中小学教育,2003(6).

[83] 郑逸农.非指示性语文教育初探[M].杭州:浙江教育出版社,2006.

[84] 中国社会科学院语言研究所词典编辑室编.现代汉语词典[M].北京:商务印书馆,1978.

[85] 钟启泉.基础教育课程改革纲要(试行)解读[M].上海:华东师范大学出版社,2001.

[86] 钟启泉.课程设计基础[M].济南:山东教育出版社,1998.

[87] 钟启泉.课程与教学概论[M].上海:华东师范大学出版社,2004.

[88] 钟启泉.现代课程论[M].上海:上海教育出版社,1999.

[89] 周姬昌.写作学高级教程[M].武汉:武汉大学出版社,1989.

[90] 周进芳.中学作文教学研究[M].武汉:华中科技大学出版社,2002.

[91] 朱彬茹.写作是一种打开[J].中学语文教学通讯,2009(12).

[92] 朱丹.语文教学模式的建构与创新[J].首都师范大学学报,2002(3).

索　引

后　记

　　"写作"即写文章,它是人类用书面语言反映客观事物、再现社会生活的一种行为过程、实践活动和技能技巧,是一种借助书面语言完成观念、感情和信息传递的复杂精神产品的制作过程。"写作教学"又称作文教学,它是指在教师指导下学生学习写作的教学活动。"模式"是指某种事物的标准形式或使人可以照着做的标准样式。模式具体到写作学习、作文教学上就是"写作教学模式",它是指在写作教学中值得遵循的、具有推广可能性的,并具有操作程序的"套路"或"范式"。写作教学模式建构即在实践基础上,在理论指导下教师继承、改造和创新写作教学模式的过程。写作教学模式的建构是为了写作教学的科学性、艺术性和可操作性。

　　研究写作教学模式的建构具有重要的现实意义与学术价值。21 世纪是"写作时代"。韦斯特说:"写作包围着你。"我们这个社会已离不开写作,写作已成为我们的一种生活方式。研究写作教学模式为的就是让学生更快地学会写作,让教师更高效地实施作文教学。

　　在长期的教学实践和研究基础上,2011 年我成功申报了国家社科基金(教育学)项目"新课程改革背景下的写作教学模式研究"。从此开始了有计划、有目的、有组织的写作教学模式建构的实践与研究。为了扩大影响面,一方面我在大连教育学院(周健教授负责)建立了实践基地,另一方面我邀请了我的学生、中小学进修骨干老师加盟我的团队参与教学实践与研究。在这期间我的研究生刘亭玉、马雪颖、赵文静、罗思梅、范全越、邓瑛、袁逸仙、阮晨,我的本科生张丹、金琦、何莉莎、胡金芬、邵楚滢、陈彦羽、张琦,我的教师培训班学员郭静雯、陈正云、王丽芳等人参与了大量的资料收集与部分章节撰写工作。在这里表示衷心的感谢。另外,在写作过程中还参考了许多专家和一线教师的研究与教学实践成果,在这里一并表示感谢!

书稿还有许多不成熟的观点和错误,抛砖引玉,求教于各位同仁,希望得到批评指正。

彭小明

2014 年 11 月 8 日